Gordon MacDonald
Du machst mich stark

AUFATMEN

Gordon MacDonald

Du machst mich stark

Wie unser Glaube widerstandsfähig wird –

Aus der Weisheit eines reichen Lebens

Aus dem Amerikanischen von Sylvia Lutz

SCM

R.Brockhaus

SCM

Stiftung Christliche Medien

Der SCM-Verlag ist eine Gesellschaft der Stiftung Christliche Medien, einer gemeinnützigen Stiftung, die sich für die Förderung und Verbreitung christlicher Bücher, Zeitschriften, Filme und Musik einsetzt.

Die Edition

AufAtmen

erscheint in Zusammenarbeit zwischen

SCM R.Brockhaus im SCM-Verlag, Witten

und dem Bundes-Verlag, Witten.

Herausgeber: Ulrich Eggers

Published by arrangement with Thomas Nelson, a division of HarperCollins Christian Publishing, Inc.

Soweit nicht anders angegeben, sind die Bibelverse folgender Ausgabe entnommen:

Lutherbibel, revidierter Text 1984, durchgesehene Ausgabe in neuer Rechtschreibung, © 1999 Deutsche Bibelgesellschaft, Stuttgart

5. Gesamtauflage 2015

© der deutschen Ausgabe 2005 SCM R.Brockhaus
im SCM-Verlag GmbH & Co. KG
Bodenborn 43 · 58452 Witten
Internet: www.scmedien.de I E-Mail: info@scm-brockhaus.de

Umschlaggestaltung: Yellow Tree – Agentur für Design und Kommunikation
www.yellowtree.de
Satz: Punkt für Punkt GmbH, Düsseldorf
Druck und Bindung: CPI books GmbH, Leck
Gedruckt in Deutschland
ISBN 978-3-417-26626-9
Bestell-Nr. 226.626

INHALT

Eine Vorbemerkung
von Gordon MacDonald

Im großen Wettlauf des Lebens gibt es einige Christen, die aus der Masse herausragen. Ich nenne sie Menschen mit Ausdauer. Je länger sie laufen, desto stärker werden sie. Sie scheinen folgende geistliche Qualitäten zu besitzen:

- Menschen mit Ausdauer wollen einen starken Endspurt hinlegen.
- Menschen mit Ausdauer haben das große Bild vor Augen.
- Menschen mit Ausdauer sind frei von den Lasten der Vergangenheit.
- Menschen mit Ausdauer trainieren für die lange Strecke.
- Menschen mit Ausdauer laufen im Kreis von »glücklichen Wenigen«.

Die Christen, deren Bedrängnis so groß war, dass sie in Gefahr standen, ihr Gottvertrauen zu verlieren, erinnert der Verfasser des Hebräerbriefes an die Abenteuer der großen biblischen Helden. Sie waren Männer und Frauen mit einem unerschütterlichen Glauben, *die ersten Christen mit Ausdauer*. Dann stellt er diese Sieger als Zuschauer bei einem sportlichen Wettkampf dar und ruft seine Leser zu einem großen Rennen an den Start.

> Darum auch wir: Weil wir eine solche Wolke von Zeugen um uns haben, lasst uns ablegen alles, was uns beschwert, und die Sünde, die uns ständig umstrickt, und lasst uns laufen mit Ausdauer in dem Kampf, der uns bestimmt ist, und aufsehen zu Jesus, dem Anfänger und Vollender des Glaubens, der, obwohl er hätte Freude haben können, das Kreuz erduldete und die Schande gering achtete und sich gesetzt hat zur Rechten des Thrones Gottes. Gedenkt an den, der so viel Widerspruch gegen sich von den Sündern erduldet hat, damit ihr nicht matt werdet und den Mut nicht sinken lasst. (Hebräer 12,1–3)

EINLEITUNG

Simon Petrus sprach zu Jesus: Herr, geh weg von mir! Ich bin ein sündiger Mensch. (...) Und Jesus sprach zu Simon: Fürchte dich nicht! Von nun an wirst du Menschen fangen. (Lukas 5, 8+10)

Ein Jammerlappen

Tief verankert in meinem Gedächtnis ist das Bild von einer weißen Anschlagtafel. Sie besteht, oder vielmehr bestand, aus einem einfachen Holzbrett (ungefähr 60 Zentimeter mal ein Meter fünfzig), das auf zwei senkrechte, zehn mal zehn Zentimeter dicke Pfosten genagelt war. In diesem Brett waren mindestens tausend alte Reißzwecke versenkt, die an die vielen Blätter erinnerten, die irgendwann einmal auf dieser Anschlagtafel angebracht gewesen waren. Diese Anschlagtafel stand in der Nähe der oberen Kurve einer Aschenbahn an der *Stony Brook School*, an der Nordküste von Long Island, New York.

Die Zettel, die jeden Wochentag gegen Mittag auf die Anschlagtafel geheftet wurden, spielten in den drei Jahren, die ich als Schüler in *Stony Brook* verbrachte, eine wichtige Rolle in meinem Leben.

Einige betrachteten dieses weiße Anschlagbrett als das persönliche Eigentum von Marvin W. Goldberg (MWG war sein bestens bekanntes Kürzel). Er war in *Stony Brook* der Trainer der Laufmannschaft. Ich kann ihn jetzt noch vor mir sehen (fast fünfzig Jahre später), wie er sein Büro verlässt – kurz vor dem Klingeln der Mittagsglocke – und zur Aschenbahn geht. In der einen Hand hat er mehrere Blätter Papier, und in der anderen Reißnägel, mit denen er die Blätter an das Brett heftet.

Auf den Blättern stand mit blauer Tinte aus der breiten Spitze von Goldbergs Füller das individuelle Trainingsprogramm für jedes Mitglied seiner Mannschaft: Aufwärmen, Konditionstraining und Technikübungen.

Läufer, deren Name, wie meiner, mit einem M begann, standen normalerweise auf dem dritten oder vierten der sieben Blätter, die Goldberg an das weiße Brett heftete. Neugierig trabte ich oft zur Aschenbahn hinunter, sobald der Trainer wieder fort war, um zu erfahren, was er an diesem Tag für mich plante.

Wenn ich es nicht schaffte, selbst zur Anschlagtafel zu laufen, taten dies andere Mannschaftskameraden. Beim Mittagessen konnte man dann die Läufer zueinander sagen hören: »Du wirst nicht glauben, was Goldberg heute für dich vorhat!« oder »*Dich* beneide ich heute Nachmittag wirklich nicht!« Nie sagte jemand: »Heute wartet ein gemütlicher Nachmittag auf der Aschenbahn auf uns! Goldberg lässt uns bis zum Umfallen laufen. Ich kann es kaum erwarten.«

Um fünfzehn Uhr dreißig begann für das Laufteam das Training. Zuerst kam das unerbittliche Aufwärmen, dann das Konditionstraining mit dem Ziel, Ausdauer und Geschwindigkeit zu erhöhen, und zum Schluss die Technikübungen: Verbesserung der Schrittlänge, Übung der Stabübergabe, Gespräch über die Wettkampfstrategie und so weiter.

Das Konditionstraining, von dem jede Einheit ungefähr zwei Stunden dauerte, war von Trainer Goldberg sorgfältig ausgearbeitet worden. Die Übungen waren nicht aus einer Laune des Trainers heraus entstanden. Alles stand in Übereinstimmung mit einem persönlichen Plan, der für jeden einzelnen Läufer Monate (wenn nicht sogar ein ganzes Jahr) vorher aufgestellt worden war. Wenn man ihn fragte, warum man an einem verschneiten Donnerstagnachmittag im Januar bestimmte anstrengende Übungen machen musste, konnte man zur Antwort bekommen: »Wenn du das jetzt schaffst, ermöglicht dir das, beim Penn-Staffelwettbewerb Ende April 400 Meter in (hier nannte er eine bestimmte Zeit) zu schaffen. Dann fügte er noch hinzu: »Alles was wir heute tun, zahlt sich Ende Mai aus. Du wirst schon sehen.«

Die Stabübergabe in der Staffelmannschaft ist ein gutes Beispiel für das Techniktraining: Fünfundzwanzig Minuten Stabübergabe bei voller Geschwindigkeit üben. Ermüdend! Der Trainer erinnerte die Staffelmannschaft wiederholt daran, dass knappe Rennen bei der Stabübergabe gewonnen oder verloren werden. Das rechtfertigte sein Bemühen um das perfekte Timing bei der Übergabe. Einen Stab bei der Übergabe fallen lassen? Undenkbar! Das hätte Marvin Goldberg unglücklich gemacht.

MWG war sich dessen bewusst, dass einige von uns hinter seinem Rücken über das endlose Einüben der Stabübergabe klagten. »Du bist dein ganzes Leben lang Teil von Staffelmannschaften«, sagte er eines Tages zu mir. »Wenn du eine Familie hast oder wenn du mit Leuten im Beruf zusammenarbeitest, wird es Augenblicke geben, in denen du eine wichtige Botschaft oder Aufgabe an jemanden weitergeben musst. Bei diesen Stabübergaben im Leben passieren die meisten Fehler und beginnen oft die Probleme. Übe also jetzt *diese* Art der Stabübergabe ein, und du wirst später für wichtigere Übergaben bereit sein.«

Ich brauchte Jahre, bis ich die größere Perspektive des Trainers schätzen lernte. Als Jugendlicher sah ich darin nicht viel mehr als die Übergabe eines Stockes von einer Hand in die andere. Aber Goldberg sah alles unter dem Gesichtspunkt, Menschen für die Zukunft aufzubauen. Ich konnte damals noch nicht so weit vorausschauen.

Ich habe schon oft über Marvin Goldberg und den unauslöschlichen Eindruck, den er in meinem jungen Leben hinterlassen hat, geschrieben und gesprochen. Er war ein ernster Mann, der von jedem das Beste erwartete. Menschen, die ihn kannten, würden wahrscheinlich nicht behaupten, dass er einen großen Sinn für Humor hatte, aber sie erinnern sich bestimmt an seine Leidenschaft für Perfektion und totale Hingabe. Zweifellos erinnern sie sich auch an seinen Ehrgeiz, jungen Männern (und später, als an *Stony Brook* weibliche Schüler zugelassen wurden, auch jungen Frauen) zu helfen, ihr menschliches Potenzial zu entwickeln, und sie werden nie vergessen, dass es sein Wunsch war, den lebenslangen Gehorsam gegenüber Gott zu ihrem höchsten Ziel zu machen.

Ich kam in meinem zweiten Highschooljahr nach *Stony Brook*. Ich kam mit der Absicht, Football zu spielen. Ich träumte von dem

Tag, an dem der Footballtrainer mir beim Sportlerempfang ein großes »S« überreichen würde. Dass er sagen würde: »Und jetzt eine Auszeichnung für *Stony Brooks* größten Running Back und den besten Spieler dieses Jahres ...« Der Buchstabe würde auf einen weißen Strickpullover genäht werden, und in meiner Fantasie bat irgendein hübsches Mädchen mit Pferdeschwanz, ob sie den Pullover für einen Nachmittag anziehen dürfe.

Die größte Hürde zwischen mir und diesem »S« bestand leider darin, dass ich dürr war wie eine Bohnenstange. Und das stellte mich in den ersten Tagen des Herbstfootballtrainings vor ernste Probleme. Niemand hatte mich darauf vorbereitet, dass von mir erwartet würde, gegen Spieler anzurennen, die erheblich (und das ist eine Untertreibung!) stämmiger gebaut waren als ich. Niemand hatte mir erzählt, dass diese Riesen einem mit Vergnügen wehtaten. Da ich nicht besonders viel von blauen Flecken und Schrammen hielt, waren meine Tage als Footballspieler gezählt.

Ich stelle mir ein Telefongespräch zwischen den Footballleuten und Trainer Goldberg vor. »Marvin, wir haben hier einen Jungen. Er ist, ehrlich gesagt, ein kleiner Jammerlappen. Er tut sich nicht gern weh. Aber dieser Jammerlappen kann gut laufen. Vielleicht möchtest du ihn dir anschauen. Es wäre nicht schlecht, wenn du das bald tun könntest. Wir brauchen seinen Spind und seine Schoner.«

Ich weiß natürlich nicht, ob ein solches Gespräch stattgefunden hat oder nicht. Tatsache ist, dass ich vom Footballtrainer an den Lauftrainer weitergereicht wurde. Am nächsten Tag meldete ich mich in einer Badehose und mit hohen Trainingsschuhen auf der Aschenbahn. Mehrere zähe, schnelle, konditionsstarke Läufer, die bereits auf der Aschenbahn ihre Runden drehten, grinsten.

In den ersten Tagen lief ich viel, und Trainer Goldberg stoppte meine Zeiten. Er schaute mir zu, machte dann ein paar Vorschläge zu meinen Armbewegungen, meiner Kopfhaltung oder meiner Schrittlänge. Er verteilte nur selten Komplimente und kritisierte viel. Mein Selbstvertrauen – das auf dem Footballfeld bereits sehr angeschlagen worden war – sank noch tiefer, da dieser Mann kein einziges Wort darüber verlor, welchen Eindruck er von meinen Laufqualitäten hatte. Nichts! Ich begann daran zu zweifeln, dass ich jemals das große »S« von *Stony Brook* bekäme, weder als Footballspieler, noch als Läufer. Alles, was Goldberg am Ende einer Übungseinheit sagte, war: »Bis morgen.« Also trat ich am nächsten Tag wieder an.

Doch eines Tages rief mich Goldberg zu sich, als ich gerade eine Reihe Sprints hinter mir hatte: »Gordie, komm bitte her.« *Gordie.* Der Trainer hatte mir einen neuen Namen gegeben. Die Footballtrainer hatten mich einfach MacDonald oder Mac genannt. Aber für Marvin Goldberg war ich ab dem ersten Tag »Gordie«. Mir gefiel dieser Name, und – so seltsam es klingen mag – er veränderte das Bild, das ich von mir selbst hatte. Ich hatte immer das Gefühl gehabt, »Gordon« sei der Name eines alten Mannes. Er hatte mir nie gefallen. Hatte MWG das geahnt? Heute bin ich ein älterer Mann, und ich bin wieder für alle *Gordon.* Nur meine Frau nennt mich immer noch »Gordie«, besonders wenn sie mit mir zufrieden ist. Ein »Gordon!« aus ihrem Mund ist eine Sturmwarnung.

Als ich meinen neuen Namen hörte, lief ich in Goldbergs Richtung. Er stand neben der weißen Anschlagtafel. Als ich bei ihm ankam, legte mir Goldberg die Hand auf die Schulter und begann zu sprechen. Ich versuche, mich nach den vielen Jahren so gut wie möglich an seine Worte zu erinnern: »Gordie, ich habe dich genau beobachtet. Ich glaube, du hast das Zeug zu einem ausgezeichneten Läufer. Du hast den Körper eines Läufers und ein natürliches Talent. Und du bist schnell. Aber du musst noch viel lernen. Wenn du für *Stony Brook* in einem Wettkampf laufen willst, musst du schwer arbeiten. Du musst Selbstdisziplin üben, und das heißt, dass du mir vertrauen und meine Anweisungen befolgen musst. Jeden Tag musst du auf diese Aschenbahn kommen und das Training absolvieren, das auf dieser Anschlagtafel steht. Also, Gordie (der Trainer wiederholte oft den Namen seiner Läufer), lass dich nicht darauf ein, wenn du nicht bereit bist, alles was du hast, dafür zu geben.« Dann stellte er mir die folgenschwere Frage: »Gordie, bist du bereit, den Preis zu zahlen, den es kostet, ein Stony-Brook-Läufer zu werden?«

Wenn ich jetzt mit etwas größerer Weitsicht zurückblicke, begreife ich, wie wenig Ahnung ich davon hatte, was dieser Mann da sagte. Ich hörte die Worte, verstand aber ihre Bedeutung kaum. Ihm vertrauen? Seine Anweisungen befolgen? Den Preis zahlen? Noch nie hatte jemand so mit mir gesprochen! »Klar, warum nicht?«, dachte ich. »Vielleicht bekomme ich dann doch noch ein ›S‹.«

Ich glaube, dass ich an jenem Tag, an dem Marvin Goldberg mich zur weißen Anschlagtafel rief, meine ersten ernsten Schritte unternahm, um ein Mann zu werden. Ich glaube sogar, die Aschenbahn verhalf mir zu meinem heutigen Verständnis davon, was Leben heißt, und insbesondere, was christliches Leben heißt. Goldberg lud mich ein zu entdecken, was *Ausdauer* ist. Ein sehr wichtiger Begriff auf meinem geistlichen Weg. Heute weiß ich, dass ich zuerst als Sportler lernte, was Ausdauer heißt. Erst später und ganz langsam lernte ich das auch als Nachfolger Jesu.

Aus diesem Grund zieht sich die Geschichte von Marvin Goldberg wie ein roter Faden durch dieses Buch. Das, was er mich lehrte, als ich sechzehn war, bestimmt in großem Maß, wie ich heute, mit fünfundsechzig Jahren, lebe.

An jenem unvergesslichen Tag verlangte der Trainer von mir keine sofortige Antwort. Vielmehr sagte er: »Geh jetzt von der Aschenbahn nach Hause und denk über das nach, was ich dir gesagt habe. Wenn du entschieden hast, was du willst, komm wieder und lass es mich wissen.«

Einen Tag später sagte ich Marvin Goldberg, dass ich ihm vertrauen wollte, und dass ich bereit sei, den Preis zu zahlen. Am nächsten Tag tauchte mein Name zum ersten Mal auf dem dritten der sieben Blätter, die auf das weiße Anschlagbrett geheftet waren, auf.

Vier Monate später trug ich meinen ersten weißen Pullover mit einem großen »S«.

Fast fünfzig Jahre später

Vor ein paar Jahren lud mich der Rektor der *Stony Brook* School ein, die Rede bei den bevorstehenden Abschlussfeiern zu halten. Ich sagte sofort begeistert zu. Obwohl es bis zu dieser Veranstaltung noch mehrere Monate dauerte, malte ich mir aus, wie es wäre, auf dieses schöne Schulgelände zurückzukehren, das in den 50er Jahren drei Jahre lang mein Zuhause gewesen war.

Ich habe *Stony Brook* geliebt, und ich war immer dankbar für das Opfer, das meine Eltern auf sich genommen hatten, um mich dorthin schicken zu können. Die Männer und Frauen, bei denen ich in die Schule ging, waren solide, reife, noble Menschen gewesen. Durch sie habe ich ein wunderbares Gesamtbild davon bekommen, was es heißt, ein Mann oder eine Frau zu sein. Ich begegnete Beispielen von guten Ehen, überdurchschnittlichen Charakteren und klugen Köpfen. Und niemand hat das für mich stärker repräsentiert als Marvin Goldberg.

Jetzt, Jahrzehnte später, sollte ich als Redner bei einer Abschlussfeier zurückkehren. Ich wollte, dass meine Frau Gail mitkäme. Außerdem wollte ich unsere zwei ältesten Enkelkinder Erin und Lucas auch an diesem Erlebnis teilhaben lassen. Ich konnte mich sehen, wie ich sie über den Campus führte und ihnen die Orte zeigte, mit denen ich besondere Erinnerungen verband.

Als Erstes würde ich sie zur Bibliothek führen, überlegte ich, wo ich unzählige Stunden über Büchern verbracht hatte. Dann würde ich ihnen meinen alten Schlafsaal im dritten Stockwerk zeigen, wo ich ein unvergessliches Abschlussjahr verbracht hatte.

Ich hatte vor, die Kapelle zu besuchen, ein schönes, traditionelles Anbetungshaus mit einem kleinen Turm. Ich hatte mich oft nach dem Lauftraining in diesen kleinen Raum der Stille zurückgezogen und Klavier gespielt, während die Dunkelheit sich über den Campus legte.

Aber der beste Augenblick bei dem Besuch in *Stony Brook* würde es sein, wenn ich Gail, Erin und Lucas mit zur Aschenbahn nehmen würde, auf der ich so viele Nachmittage verbracht hatte. Ich stellte mir vor, wie ich ihnen die weiße Anschlagtafel zeigen und ihnen meine Spannung beschreiben würde, während ich auf diesem dritten Blatt meinen Namen suchte um zu erfahren, welches Training Trainer Goldberg für mich ausgearbeitet hatte.

Schließlich kam das Wochenende. Genau wie ich es geplant hatte, besuchten wir die Bibliothek, besichtigten meinen alten Schlafsaal und warfen einen Blick in die Kapelle. Dann ging es weiter zur Aschenbahn.

Aber die Aschenbahn – meine Aschenbahn – war nicht mehr da! Alles war anders. Die Laufbahn war verlegt worden, und die neue hatte nicht die geringste Ähnlichkeit mit dem, was ich gekannt hatte. Diese Bahn hier hatte eine moderne, witterungsbeständige Laufoberfläche. Auf dieser neuen Bahn hätte ich Weltrekorde laufen können!

Die weiße Anschlagtafel? Auch fort! Was war aus ihr geworden? Und warum war ich so enttäuscht, als ich sie nicht fand?

Meine starken nostalgischen Gefühle zeigten, wie sehr mein Leben während jener Jahre in *Stony Brook* verändert worden war. Ich war als Junge dorthin gekommen. Als ich wegging, war ich ein Mann. Ich kam hin und fragte mich, was im Leben von mir erwartet würde. Als ich wegging, hatte ich einige Antworten. Ich kam dorthin und war auf der Suche nach Vorbildern für christliche Reife. Als ich wegging, hatte ich sie gefunden. Einen großen Teil dieser Entdeckungen machte ich auf Marvin Goldbergs Aschenbahn. Vielleicht war ich deshalb so erschüttert, als ich feststellte, dass sie nicht mehr da war.

Drei Jahre lang war ich fast jeden Nachmittag mit Laufschuhen in den Händen zu der weißen Anschlagtafel gegangen und hatte den Trainingsplan für den Tag betrachtet. Keine dieser Trainingseinheiten war je leicht gewesen. Bis ich endlich kapierte, dass der Trainer nie nachgeben würde, versuchte ich manchmal, wegen der einen oder der anderen Übung mit ihm zu verhandeln.

»Sir, haben Sie wirklich gemeint, dass ich heute zehnmal 400 laufen soll? Ich weiß nicht, ob ich ...«

»Sir, ich wollte nur fragen, ob Ihr Füller vielleicht ausgerutscht ist, als er fünf Meilen Konditionstraining schrieb.« Es war leichter, Goldbergs Füller in Frage zu stellen als Goldberg selbst.

»Sir, wir haben gestern zwölfmal 200 gesprintet; wollten Sie wirklich, dass ich heute fünfzehnmal 200 sprinten soll?«

»Sir, ich bin erkältet. Ich habe rasende Kopfschmerzen. Ich habe mir das Schienbein angeschlagen ... Sir, ich glaube, ich sterbe!«

»Was ist, Gordie?«, sagte er dann zu mir. »Warum fängst du nicht an, dich aufzuwärmen? Du wirst dich viel besser fühlen, wenn du dich gelockert hast.« MWG ließ nicht mit sich handeln. Er hatte Pläne für seine Läufer, und er hatte die Absicht, sich daran zu halten. Er wusste, dass ich (und andere) zu guten Leistungen fähig waren. Das heißt, dass er mehr an uns glaubte, als wir selbst an uns glaubten.

Aber ich möchte es noch einmal betonen: Was ich damals nicht verstand (was ich aber jetzt verstehe), war, dass Goldberg in die Zukunft sah: Er sah unser Leben mit fünfunddreißig, siebenundvierzig oder achtundfünfzig – wenn wir eine viel größere Verantwortung tragen und nicht auf die Verführungsrufe von Schnupfen und Kopfschmerzen und andere Ablenkungen würden hören dürfen, sondern das würden tun müssen, was getan werden musste. Er half uns, mit fünfzehn und sechzehn zum ersten Mal zu erfahren, dass derjenige Befriedigung im Leben erfährt, der Selbstbeherrschung praktiziert, und der bereit ist, seinen Körper und seinen Geist zu fordern und natürliche Widerstände zu überwinden. Wir dachten an Bequemlichkeit. Er dachte an ... *Ausdauer*.

Heute – fünfundvierzig Jahre später – lebt Trainer Goldberg im Himmel. Aber er lebt auch in meinem Herzen. Es vergeht kaum ein Tag, an dem ich nicht an seinen Einfluss auf mein Leben erinnert werde.

Ich bin in meinem 65. Lebensjahr und laufe in unserer Kleinstadt in New Hampshire über die Shaker Road. Es nieselt leicht; meine Beine sind schwer. Und eine Stimme in mir schlägt vor, dass ich umkehre.

Aber dann ertönt irgendwo in meinen Erinnerungen die Stimme des Trainers: »Wenn du jetzt aufgibst, Gordie, kann es leicht passieren, dass du später bei etwas Wichtigerem auch aufgibst.« Also laufe ich weiter, weil der Trainer nicht locker lässt.

Der Abgabetermin für etwas, das ich zu schreiben versprochen habe, rückt immer näher. Ein Teil von mir will dem Lektor eine E-Mail schicken und ihm sagen, dass ich zu viel zu tun habe und meine Verpflichtung nicht einhalten kann. Wieder meldet sich Goldberg zu Wort: »Gordie, du hast eine Verpflichtung einzuhalten. Du hast dein Wort gegeben.«

Ein Enkelkind ruft an, um zu fragen, ob wir uns treffen können. Für einen kurzen Moment bin ich versucht, es auf ein anderes Mal zu vertrösten, weil ich dringende Dinge zu erledigen habe, die mir so wichtig erscheinen. Und ich höre den Trainer sagen: »Gordie, Männer und Frauen wie ich waren für dich da. Denk darüber nach ...«

In meiner Geschäftigkeit bin ich versucht zu verdrängen, dass ich mir Zeit nehmen muss, um meine Seele ruhig werden zu lassen und auf Gott zu hören. Sehr häufig meldet sich in solchen Momenten der Trainer zu Wort: »Gordie, wie oft haben wir darüber gesprochen, wie wichtig dein Training ist und dass es dich auf das Rennen vorbereitet? Deine Kondition wird Tag für Tag durch das Training aufgebaut. Aber du musst auch deine Seele trainieren.«

Ich sage Ihnen, der Trainer »lebt«. Und was höre ich immer wieder von ihm? Dass das Rennen des Lebens ein Langstreckenlauf ist, kein Sprint. Ich muss ein geistliches Leben entwickeln, das diese Entfernung zurücklegt und *nie* den Blick auf den Führungsläufer verliert, auf Jesus. Das ist der Beginn eines Lebens mit Ausdauer.

Im Rückblick

In *Stony Brook* wurde ich zu einem sehr guten Läufer, aber ich wurde nie der *herausragende* Läufer, für den Marvin Goldberg das Potenzial in mir sah. Zwar gewann ich die meisten Rennen, in denen ich antrat, und bekam für jede Saison, in der ich in Wettkämpfen lief, mein großes »S«, aber es lässt sich nicht leugnen: Ich hätte viel, viel mehr schaffen können.

Ein weiterer Aspekt von Goldbergs Vorstellung von sportlichen Leistungen wurde in meinem letzten Schuljahr deutlich, in dem ich für die Mannschaft viele Punkte holte: Die Trophäe »Läufer des Jahres« – die Trophäe, die wir alle anstrebten – überreichte er einem anderen Läufer: Einem Läufer, der sehr hart trainierte und die gesteckten Ziele *übertraf.* Und ich? In jenen Tagen gab ich mich zu oft damit zufrieden, nur so viel zu tun, dass ich meinen Gegner schlug. In MWGs Augen war das zwar ganz nett, aber es genügte nicht, um die Trophäe als Läufer des Jahres zu verdienen.

Trotzdem habe ich eine sehr eindrückliche Lektion gelernt, die ich seit fünfzig Jahren nicht vergessen habe. Seit jenen Tagen auf der Aschenbahn habe ich ein Verständnis für Marvin Goldbergs Methode bekommen, Sportler aufzubauen. Und was noch wichtiger ist: Er zeigte mir, wie man ein Leben als Nachfolger Jesu führen kann. Damals ahnte ich nicht, wie tief mich die Art des Trainers beeinflussen würde. Ich wusste nicht, dass ich fast jeden Tag meines Lebens bei meinen Entscheidungen seine Prinzipien anwenden würde.

Auch wenn es MWGs unmittelbares Ziel war, Sportler mit Ausdauer aus uns zu machen, glaube ich, war es sein langfristiges Ziel, Christen mit Ausdauer aus uns zu machen. Eines Tages sagte er zu seiner Crosslauf-Mannschaft: »Wenn ihr euch morgen der Ziellinie nähert, dann sprintet, selbst wenn niemand in eurer Nähe ist. Außerdem will ich, dass ihr *nach der Ziellinie* noch vierhundert Meter in einem guten Tempo weiter lauft.« Wir trauten unseren Ohren nicht. Über acht Kilometer laufen, dann sprinten und dann noch einmal vierhundert Meter weiter laufen?

»Sir, Sie scherzen, oder?«

»Gordie, die Mannschaften, die bei den nächsten Wettkämpfen gegen euch antreten, werden hören, dass die *Stony-Brook*-Läufer das machen. Und sie werden begreifen, dass wir viel mehr Kondition haben als sie. Das wird ihnen etwas zu denken aufgeben.«

Viele Jahre später erinnerte ich mich an diese Strategie, über die Ziellinie zu sprinten und dann noch vierhundert Meter weiter zu laufen. Ich musste lachen. Goldberg hatte sich in Wirklichkeit nicht sehr für die anderen Mannschaften interessiert. Diese Strategie war auf uns ausgerichtet. Mit dieser Taktik hatte er uns zeigen wollen, dass wir viel mehr Kondition hatten, als wir selbst glaubten. Außerdem sollten wir daraus lernen, wie wichtig es ist, jedes Wettrennen im Leben kraftvoll zu Ende zu führen und mehr zu leisten als nur das Minimum.

Im Laufe der Jahre, in denen ich tausendmal über meine Tage auf der Aschenbahn nachgedacht habe, bin ich zu dem Schluss gekommen, dass Marvin Goldbergs Training meine Grundeinstellung zum Leben als Christ stark geprägt hat. Wenn er heute bei uns wäre, würde er vielleicht andere Worte benutzen als ich, aber ich glaube, er würde mir zustimmen, wenn ich sage, dass er versuchte, vier Dinge zu erreichen:

- Erstens: Er wollte, dass seine Athleten beim Laufen ein größeres Bild von ihren Möglichkeiten vor Augen haben. Er konnte den Gedanken nicht ertragen, dass ein Sportler am letzten Tag der Saison sein Potenzial nicht ganz ausgeschöpft hat.
- Zweitens: Er bestand darauf, dass seine Sportler zurückblicken und aus den Erfahrungen von gestern lernen sollten. Man kann sowohl aus Siegen als auch aus Niederlagen etwas lernen.
- Drittens: MWG lehrte seine Sportler, Selbstdisziplin zu lieben und sich vor der Versuchung, sich zu schnell mit einer Leistung zufriedenzugeben, in Acht zu nehmen.

»Ich sorge dafür, dass euch das Training weh tut«, sagte er oft, »damit der Wettkampf ein Vergnügen wird.« Das war seine Art, uns daran zu erinnern, dass es im Leben immer wieder anstrengende Zeiten gibt. Wir sollten uns daran gewöhnen.

Selbstdisziplin war immer gefragt. In kleinen Dingen genauso wie in großen. In der einen Minute bedeutete Selbstdisziplin vielleicht, sich anzustrengen, um einen persönlichen Rekord auf der

Aschenbahn aufzustellen. In einem anderen Moment ging es um scheinbar unwichtige Kleinigkeiten:

Als wir einmal in den Mannschaftsbus stiegen und zu einer anderen Schule fuhren, hielt der Trainer mich an. »Gordie«, sagte er. »Deine Krawatte ist locker. Binde sie bitte fest. *Stony Brookers* reisen mit Würde.«

Ein anderes Mal stand ich an der Startlinie eines 800-Meter-Laufs. Die Läufer tänzelten mit ihren Spikes auf der Stelle und warteten darauf, dass die Startpistole gehoben würde. Plötzlich hörte ich eine leise Stimme hinter mir: »Gordie, dein Hemd steckt hinten nicht in der Hose. *Stony Brookers* tragen ihre Mannschaftsuniform mit Stolz.«

Die Abschlussklasse hatte eine Party geplant, die bis spät in die Nacht dauern würde. »Gordie, ich weiß, dass du dich auf Freitagabend freust, aber du hast am Samstagnachmittag einen Wettkampf. Es kann von dir abhängen, ob die Mannschaft gewinnt oder nicht. Deshalb bitte ich dich, um halb zehn die Party zu verlassen.«

- Viertens und letztens, wollte MWG, dass seine Sportler stolz darauf sein sollten, zu einer Mannschaft zu gehören, zu den »glücklichen Wenigen«, die sich dafür einsetzten, große Ziele zu erreichen.

Marvin Goldberg glaubte an die Stärke einer Mannschaft. Er sah den Tag voraus, an dem jeder Einzelne von uns entweder Anführer einer Mannschaft oder Mitglied einer Mannschaft sein würde. Er hatte sich vorgenommen, uns schon in jungen Jahren zu lehren, wie wir etwas zum Leben der anderen beitragen und wie wir voneinander etwas annehmen können.

Wenn bei einem wichtigen Rennen ein Läufer von uns an der Startlinie stand, sorgte Goldberg dafür, dass der Rest der Mannschaft an jeder Kurve und entlang der Geraden verteilt war, damit unser Mann während des Rennens immer die Anfeuerungsrufe der anderen hören konnte.

In meinem Büro liegt ein Holzstab, der von einer Staffelmannschaft, die in einem wichtigen Schulwettkampf die Ein-Meilen-Staffel gewann, viermal um eine Aschenbahn getragen wurde. Auf dem Stab stehen alle Namen meiner Mitläufer. Wenn ich diese Namen von Zeit zu Zeit betrachte (obwohl die Tinte schon sehr verblasst ist), sehe ich jeden von ihnen vor mir. Wir waren eine Gruppe von Brüdern oder, wie Shakespeare es nannte, »glückliche Wenige«. Goldberg hatte uns zu einer Mannschaft zusammengeschweißt.

Ich muss betonen, dass wir, *die Läufer,* die Mannschaft waren. Goldberg war der *Trainer.* Das ist ein Unterschied. MWG versuchte nie, ein Freund seiner Läufer zu sein oder sich mit ihnen auf eine Stufe zu stellen, nur um ihre Loyalität zu gewinnen. Bis zu unserem Abschluss war er der Trainer: *Mr. Goldberg* oder *Trainer* oder *Sir.* Erst als wir das Abschlusszeugnis in Händen hielten, sagte er: »Du kannst Marvin zu mir sagen.«

Wenn er während jener Tage kein Freund war, wem ähnelte der Trainer dann? Er war ein Vater. Genau das brauchten wir in jenen Tagen. Wir brauchten einen Vater, weil wir weit weg waren von unseren richtigen Vätern, und weil wir noch Kinder waren.

Ich erinnere mich an viele Male, bei denen der Trainer die Hand auf meine Schulter legte und mir mit seiner ruhigen, beherrschten Stimme einen Rat gab. Fast immer begann er mit: »Hör mal, Gordie ...«

Auf diese Weise brachte Marvin Goldberg seinen Jungen Ausdauer bei. Und er gab mir, ohne es zu ahnen, die Richtung für dieses Buch vor. Denn ein Leben mit Ausdauer – ein Leben, bei dem ich stärker werde, je älter ich werde – baut man auf ganz ähnliche Weise auf, wie Marvin Goldberg seine Sportler trainierte.

Danke, Sir, dass Sie mich das gelehrt haben!

I

Menschen mit Ausdauer wollen einen starken Endspurt hinlegen

Sie glauben, dass Aufgeben nicht in Frage kommt.

Sie wissen, dass »Gehen« undenkbar ist.

Sie sind überzeugt, dass das Ausdauertraining
eine tägliche Übung ist.

Sie verabscheuen Ziellosigkeit.

Sie haben das Gesicht von Siegern.

Kapitel 1

Aufgeben kommt nicht in Frage

Als meine Mutter vor ein paar Jahren starb, rief ich eine entfernte Kusine an, um ihr die Nachricht von ihrem Tod zu überbringen. Unser Gespräch dauerte viel länger, als ich erwartet hatte, da sie anfing, mir Geschichten über die Familie meiner Mutter zu erzählen, die ich bis dahin noch nie gehört hatte.

Meine Mutter war das jüngste von acht Kindern einer schwedischen Einwandererfamilie gewesen. Mit ihr waren jetzt alle acht gestorben. »Die Familie deiner Mutter waren lauter Leute ohne Durchhaltevermögen«, sagte meine Kusine unverblümt. »Als das Leben hart wurde, begannen die Brüder zu trinken und die Schwestern zu jammern. Dann gaben sie einfach auf und starben ... einer nach dem anderen.«

Die Bemerkung verfolgte mich noch lange, nachdem das Telefongespräch beendet war. *»Ohne Durchhaltevermögen!«*, hatte sie gesagt. Kein schönes Kompliment für eine Familie. Da ich das Urteil meiner Kusine nicht widerlegen konnte, begann ich, die Puzzlestücke aus dem Leben meiner Mutter, so gut ich mich an sie erinnern konnte, zusammenzufügen.

Sie hatte sich sehr bemüht, meinem Bruder und mir eine gute Mutter zu sein. Aber hin und wieder hatte meine Mutter Enttäuschungen verkraften müssen. Viele Dinge liefen für sie einfach nicht so, wie sie es sich gewünscht hatte. Sie bekam eine Arbeit, gab sie aber kurze Zeit später wieder auf. Sie begann überall in unserem Haus irgendwelche Projekte, stellte sie jedoch nur selten fertig. Sie verkündete, dass sich unser Familienleben ändern sollte, aber die Entschlossenheit, etwas zu verändern, hielt nicht an.

Mutter schien eine viel beschäftigte Frau zu sein, aber nur sehr wenig wurde wirklich erledigt. Sie kannte viele Leute, aber ich bin nicht sicher, ob sie viele enge Freunde hatte. Nur eine einzige Freundin fällt mir ein. Sie besaß Talente (Klavier spielen zum Beispiel), aber ich glaube nicht, dass sie eines davon weiter entwickelte.

In unserem Haus hängt ein kleines Gemälde, das meine Mutter zu malen anfing, als sie schon älter war. Es ist eines der wenigen Andenken, die sie uns nach ihrem Tod hinterlassen hat. Aber das Gemälde ist von jemand anderem fertig gestellt worden.

Ich habe meine Mutter geliebt, und ich bin ihr dankbar, dass sie treu zu ihren beiden Söhnen gehalten hat. Aber mir ist auch bewusst, dass ein ordentliches, diszipliniertes, ausdauerndes Leben eine ständige Herausforderung für sie war. Und obwohl ich weiß, dass ihr Tod die Folge eines schweren Schlaganfalls war, fürchte ich, dass sie gleichzeitig an einem gebrochenen Herzen gestorben ist.

Vor dem Gespräch mit meiner Kusine hatte ich die Einzelteile aus dem Leben meiner Mutter nie so zusammengefügt, dass ich dieses zugrunde liegende Muster gesehen hätte. Eine einzige abwertende Bemerkung – »Leute ohne Durchhaltevermögen« – hatte mir jetzt die Augen dafür geöffnet. Von diesem Wort aufgewühlt, wurden mir viele Dinge klar: über meine Mutter und über mich selbst. Dinge zu Ende zu bringen war für uns beide eine Herausforderung. Es war ein Kennzeichen für unseren Charakter.

Am positivsten kann ich es so ausdrücken: Ich habe ein Gen in mir, das mir das Durchhalten schwer macht. Ich weiß, dass dies keine medizinisch korrekte Diagnose ist, die ein Psychologe stellen würde. Aber es erklärt mir einiges, selbst wenn es zu schmerzlichen Erkenntnissen führt ... über meine Mutter und über mich selbst.

Marvin Goldberg war vielleicht der Erste, der dieses Gen bei mir entdeckte. Im Sommer vor meinem letzten Jahr in *Stony Brook* beschloss ich, aus seiner Laufmannschaft auszusteigen. Ich hatte keine Lust mehr zu den anstrengenden Trainingsstunden. Ich wollte etwas mehr Zeit haben, damit ich (wie soll ich das ernstzunehmend ausdrücken?) mich mehr mit Mädchen treffen konnte und mehr von den Dingen tun konnte, die unter die Rubrik »einfach Spaß haben« fallen. Ein Sportlerleben war mit solchen Wünschen nicht vereinbar.

Im nächsten Frühling, sagte ich mir, würde ich das Laufen wieder ernst nehmen und in Goldbergs Aschenbahnteam laufen, aber ich wollte im Herbst nicht all die Crossläufe bestreiten müssen, bei denen unsere Mannschaft häufig in Wettläufen über zehn Kilometer gegen Mannschaften aus niedrigeren Klassen antrat.

Da wir die Ferien zu Hause verbrachten – in meinem Fall dreitausend Kilometer von der Schule entfernt –, entschied ich mich, das alles in einem Brief darzulegen. Ehrlich gesagt, hätte ich nie die Kühnheit besessen, dem Trainer diese Dinge ins Gesicht zu sagen. Er hätte meine Argumente innerhalb weniger Minuten widerlegt. Ein Brief war also die beste Möglichkeit, entschied ich. Ich versuchte, meine Entscheidung so klingen zu lassen, als hätte ich plausible Gründe, als wäre die Entscheidung »Partys zu feiern«, statt in der Mannschaft zu laufen, Gottes Wille oder so etwas.

Es dauerte keine Woche, bis der Antwortbrief eintraf. MWG hatte mir postwendend geantwortet. Soweit ich mich erinnere, war sein mit Schreibmaschine engzeilig geschriebener Brief mehrere Seiten lang. Ich wünschte, ich hätte ihn noch. Denn selbst ich, ein junger, unreifer Teenager, hatte sehen können, dass dieser Mann vieles im Blick hatte, das größer und weitreichender war als nur die Frage, ob ich im Herbst in der Laufmannschaft bleibe oder nicht.

Ich erinnere mich, dass mein Vater mich bat, den Brief lesen zu dürfen. Als er ihn gelesen hatte, sagte er: »Das ist vielleicht der wichtigste Brief, den du in deinem ganzen Leben bekommen hast.« Vielleicht war diese Einschätzung etwas übertrieben, aber meine Aufmerksamkeit war damit eindeutig geweckt.

Kurz zusammengefasst, hatte Goldberg gesagt: »Wenn du im Herbst nicht in der Laufmannschaft bleibst, hast du damit folgende Entscheidungen getroffen: Du enttäuschst deine Mannschaftskameraden, die sich darauf verlassen, dass du ihnen hilfst, Wettkämpfe zu gewinnen. Du kehrst den Fans der Mannschaft den Rücken, die in der Vergangenheit zu jedem Rennen erschienen sind, um Sportler wie dich anzufeuern. Aber am meisten« – und damit traf er voll ins Schwarze – »verstärkst du unbewusst einen gefährlichen Charakterzug in dir: Immer wenn du mit einer Herausforderung konfrontiert wirst, die dir nicht gefällt, oder die dir zu schwer erscheint, oder die von dir ein zu großes Opfer verlangt, wird es dir von Mal zu Mal leichter fallen, ihr den Rücken zu kehren.« Mit anderen Worten: aufzugeben und kein Durchhaltevermögen zu zeigen.

Goldberg hatte nicht ahnen können, was ich Jahre später über meine Mutter erfahren sollte. Aber ich denke, er hat schon damals dieses Gen bei mir entdeckt.

Sein Brief und die Worte meines Vaters über den Brief waren stärker als mein Instinkt, alles einfach hinzuwerfen. Ich änderte meine Meinung, kehrte in die Mannschaft zurück und half, sie in jenem Jahr zur Meisterschaft in unserer Liga zu führen. Ich kann nicht behaupten, dass das ein großer Genuss für mich gewesen wäre, aber auf einer tieferen Ebene erfuhr ich die Genugtuung, dass ich etwas geleistet hatte, das gut ausging. Vielleicht ist auf lange Sicht diese Genugtuung im Leben wichtiger als der Genuss.

Goldbergs Brief hatte einen Warnschuss abgegeben. Er hatte Recht gehabt. Die Versuchung, angesichts von schweren Herausforderungen aufzugeben, meldete sich in den vielen Jahren meines Lebens in regelmäßigen Abständen. Immer wieder – bis auf den heutigen Tag – wenn ich versucht bin zu zaudern, eine eingegangene Verpflichtung nicht einzuhalten, Mühen zu umgehen, erinnere ich mich bewusst an den Tag, an dem ich als Jugendlicher in die Laufmannschaft zurückkehrte und etwas tat, zu dem ich eigentlich keine Lust hatte. Und in einem inneren Zwiegespräch mit dem Teil in mir, dem die Kraft fehlt, etwas zu Ende zu führen, sage ich: »Ich habe es damals zu Ende geführt; ich werde es auch jetzt zu Ende bringen. Ich habe es damals geschafft; ich werde es auch jetzt schaffen.«

Diese beiden Geschichten – über das Leben meiner Mutter und über meine Entscheidung als Jugendlicher – sind nur zwei Beispiele von vielen, bei denen es in meinem eigenen Leben um Ausdauer und Durchhaltevermögen ging. Es ist ein Thema, an dem ich immer wieder arbeiten muss, aber jedes Gramm Kraftanstrengung, das mich dieser Kampf kostet, lohnt sich.

Überall wo ich über ein Leben mit Ausdauer spreche, betone ich eines: Man muss damit rechnen, dass die größten Leistungen die Gott für uns plant, in der zweiten Lebenshälfte geschehen werden. Sie sollten die Reaktion meiner Zuhörer sehen, wenn ich hinzufüge: »Sind Sie unter vierzig? Ehrlich gesagt, das meiste von dem, was Sie bis jetzt getan haben, ist nicht mehr als die ersten Runden des Rennens.«

Kaleb aus dem Alten Testament ist für mich der größte Meister der zweiten Lebenshälfte. »Gib mir das Bergland«, bat er Josua. »Ich bin fünfundachtzig, und ich bin genauso stark, wie ich es mit fünfundvierzig war« (siehe Josua 14). Ich vermute, dass er das im Beisein von vielen jungen Männern sagte, die sich um leichte Aufgaben bemühten, als es darum ging, das verheißene Land einzunehmen. Im Bergland gab es geschützte Städte und Männer, von denen es hieß, sie wären Riesen. Wer wollte es schon mit ihnen aufnehmen? Der fünfundachtzigjährige Kaleb!

Wenn ich über Kaleb und seine Ausdauer spreche, frage ich meine Zuhörer manchmal: »Was ist das provozierendste Wort oder die provozierendste Idee, die Sie in letzter Zeit gehört haben? Ein provozierender Gedanke, den Sie vielleicht mit nach Hause nehmen und über den Sie noch länger nachdenken werden?«

Ausnahmslos antwortet jedes Mal jemand: »Der Gedanke, dass ich weiter wachsen kann und dass ich wie Kaleb sein und in der zweiten Lebenshälfte meinen wichtigsten Beitrag leisten kann.« Es ist nicht ungewöhnlich, wenn nach dem Ende der Veranstaltungen jemand auf mich zukommt und sagt: »Danke. Sie haben mir Hoffnung gegeben, dass meine besten Jahre noch kommen.« Ich habe in den Augen von Menschen, die das sagen, schon Tränen gesehen. Irgendwie haben sie das Gefühl, dass die ersten vierzig Jahre mehr oder weniger gescheitert sind. Sie haben ihre Kinder nicht perfekt erzogen. Sie haben eine Ehe in den Sand gesetzt. Sie haben falsche Prioritäten gesetzt. Und jetzt, in der Mitte des Lebens, blicken sie auf vierzig Jahre mit vertanen Gelegenheiten zurück, die sie bedauern.

Das muss nicht sein. Christen glauben an einen Gott, der das Leben jedes Menschen nehmen kann (und nimmt), es umkrempelt und es gebraucht, um ein Stück an seinem Reich zu bauen.

Die Geschichte von Eli, einem Priester im Alten Testament, lässt mich nicht los. In ihm sehen wir einen alten Mann, der sowohl als Vater als auch als geistlicher Führer Israels jämmerlich versagt hat. Es hätte Grund genug gegeben, ihn aufzugeben. Aber etwas geschah in seinem Leben, das die Bibel nicht ausführlich beschreibt. Wir wissen nur, dass Gott ihn gebrauchte, um einen Jungen, Samuel, auszubilden. Es war, als hätte Eli eines Tages zu sich selbst gesagt: »Ich habe alles andere in meinem Leben verpatzt; diese Gelegenheit werde ich jetzt nicht vermasseln.«

In Elis Schule wuchs Samuel zu einem der größten Propheten in Israels gesamter Geschichte heran. Sie können seine Geschichte im 1. Buch Samuel nachlesen. Für Eli war das eine wichtige Leistung in der zweiten Hälfte seines Lebens. Gewiss, er musste mit einigen Konsequenzen aus seinen früheren Fehlern leben und sterben, aber er gab Israel einen leidenschaftlichen jungen Richter. Hier ist wenigstens *eine gewisse* Ausdauer zu erkennen.

Zu meinen Lieblingsgeschichten in der Bibel gehört der Bericht über Paulus und seinen Begleiter Silas. Sie waren geschlagen und in ein römisches Gefängnis geworfen worden, weil sie den Frieden gestört hatten, als sie auf den Straßen von Philippi das Evangelium von Jesus predigten. »Um Mitternacht aber beteten Paulus und Silas und lobten Gott. *Und die Gefangenen hörten sie*« (Apostelgeschichte 16,25; Hervorhebung durch den Verfasser).

Wenn das keine Ausdauer ist! Hier sehen wir zwei Männer, die von einem Mob misshandelt worden sind – ohne rechtliche Grundlage, wie sich herausstellt –, die zusammengeschlagen und unter unbeschreiblichen Zuständen ins Gefängnis gesperrt worden sind, und sie singen! Ihre Lieder geben nicht nur ihnen selbst Kraft, sondern durch ihr Verhalten werden offensichtlich auch andere Gefangene bereichert. Man könnte sagen, dass durch zwei Männer, die nicht aufgaben, ein Gefängnis in einen Gottesdienstraum verwandelt wurde.

Einige Wochen vor dem Tod meiner schwerkranken Mutter führten sie und ich ein langes Gespräch über eine kaputte Beziehung in ihrem Leben. Sie weinte, als sie mir erzählte, was sie zur Verschlechterung dieser Beziehung beigetragen hatte. Während sie mir ihr Herz ausschüttete, spürte ich, dass ihr Gefühl versagt zu haben, sehr stark war und dass dieses Gefühl sogar ihren Blick auf ihr ganzes Leben verdunkelte.

Unser Gespräch lief ungefähr folgendermaßen ab:

»Mutter, warum lässt du dich von deinen Gedanken so sehr nach unten ziehen? Warum bekennst du nicht deine Schuld und bittest um Vergebung?«

»Ich bin nicht sicher, ob (...) je wieder mit mir sprechen würde.«

»Du kannst einen Brief schreiben. Vielleicht wäre das der erste Schritt zur Versöhnung.«

»Ich habe nicht die Kraft dazu.«

»Mutter, sag mir einfach, was du gern schreiben würdest. Ich schreibe dann den Brief für dich, und du kannst beurteilen, ob ich richtig zum Ausdruck gebracht habe, was du meinst oder nicht.«

»Ich versuche es.«

Meine Mutter zählte alle Punkte bei der gescheiterten Beziehung auf, für die sie sich verantwortlich fühlte. Da das Gespräch sie stark mitgenommen hatte, zog ich mich auf die andere Seite des Zimmers zurück und schrieb den Brief, während sie ein Nickerchen machte.

Als ich ihn fertig geschrieben hatte und sie aufgewacht war, sagte ich: »Ich habe es so geschrieben, wie ich dich verstanden habe. Ich lese dir den Brief vor, und du sagst mir, wo ich noch etwas ändern muss.« Ich begann zu lesen. Wieder gab es viele Tränen, als sie die Worte hörte, die ihre Gedanken zum Ausdruck brachten.

»Unterstreiche diesen Satz«, sagte sie beispielsweise. »Nein, sag es lieber so.« Nach und nach ging aus dem Brief immer deutlicher hervor, wie sehr meine Mutter ihre Schuld bereute. Schließlich waren wir fertig.

»Das alles will ich schon seit zehn Jahren sagen«, seufzte sie. Ich dachte bei mir: »Meine Mutter schleppt diese erdrückende Last seit so vielen Jahren mit sich herum. Warum hat sie zugelassen, dass die Last so schwer wurde?«

Der Brief wurde am nächsten Tag weggeschickt. Es dauerte nicht lang, bis eine Antwort kam. In dem Brief wurde meiner Mutter die Vergebung zugesprochen. Ihr war deutlich anzusehen, dass sie sich von einer Sekunde auf die nächste um vieles leichter fühlte.

Meine Mutter hatte etwas Wichtiges zu Ende gebracht. Einige Wochen später beendete sie ihr Rennen und ging heim zu Jesus.

Kapitel 2

»Gehen« ist undenkbar

Bei aller Bewunderung, die wir für die Christen der ersten Generation haben, dürfen wir nicht vergessen, dass die Neigung aufgeben zu wollen, auch in jenen Tagen nicht unbekannt war. Die Menschen, an die das neutestamentliche Buch, das wir als Hebräerbrief kennen, gerichtet war, hatten offensichtlich Mühe, dem heimtückischen Druck standzuhalten, dem man ausgesetzt war, wenn man in einer nichtchristlichen Welt am Glauben festhielt.

Familien wurden getrennt; Menschen wurden aus lange bestehenden sozialen Kontakten ausgeschlossen; es gab gelegentlich körperliche Verfolgung. Der Preis den es kostete, wenn man erklärte, dass man Jesus zum Mittelpunkt des eigenen Lebens gemacht hatte, war, gelinde gesagt, hoch. Die Folge? Mehr als nur ein paar Leute gingen den Weg nur ein bestimmtes Stück. Dann gaben sie auf, dann stiegen sie aus dem Rennen aus.

Diese Welle von »Aussteigern« sorgte unter den Christen die durchhielten, für ernste Probleme. »Hatten diese Aussteiger Glauben gehabt und ihn dann verloren?«, fragten sie sich. Oder war ihr Glaube von Anfang an unecht gewesen? Der Schreiber des Hebräerbriefes ringt mit diesen Fragen.

In unserer westlichen Gesellschaft, in der der christliche Glaube seit Jahrhunderten mehr oder weniger Bestand hat, wäre es absurd, unser Leben mit den Situationen zu vergleichen, mit denen die ersten Christen konfrontiert waren. Es gibt gelegentlich Geschichten von Bedrängnissen, die Ähnlichkeit haben mit denen der damaligen Zeit. Aber in unserer Zeit hat die Frage um das Festhalten am Glauben ein ganz anderes Gesicht. Wir sind ein Volk, das (statistisch gesehen) in den meisten Fällen doppelt so lang lebt wie die Menschen im ersten Jahrhundert. Wir stehen (wenigstens in der nahen Zukunft) nicht vor der Frage, ob wir unter offener und schwerer Verfolgung zusammenbrechen werden; vielmehr stehen wir vor den folgenden Fragen: Kann man durchhalten, und kann man wachsen? Und kann man tatsächlich in der zweiten Lebenshälfte für das Reich Gottes brauchbarer sein als in der ersten?

Ausdauer hatte bei den Christen der ersten Generation viel mit echtem Leiden zu tun. Ausdauer hat für uns in den meisten Fällen mehr mit *Durchhalten* und *Wachsen* im geistlichen Sinn zu tun.

Ich möchte an dieser Stelle etwas einschieben: Mir ist bewusst, dass einige meiner Bücher bis nach China und Nordkorea und in Teile Russlands gelangen. Dort werden sie vielleicht von Menschen gelesen, die weitaus mehr mit den Christen des ersten Jahrhunderts gemeinsam haben als die meisten von uns in der westlichen Welt, wenn es darum geht, für den Glauben zu leiden. Falls solche Menschen mir die Ehre geben sollten dieses Buch zu lesen, will ich ihnen sagen, dass alles was ich über Ausdauer schreibe, auch für eine Welt wie ihre gilt. Sie sollen wissen, dass ich sie im Blick habe.

Im elften Kapitel des Hebräerbriefes wird ein begeistertes Crescendo angestimmt, als der Verfasser des Briefes auf die Geschichte biblischer Personen zurückblickt und das meisterhafte Verhalten von Menschen beschreibt die Glauben hatten, und die nicht aufgaben. Abel, Henoch, Noah, Abraham und Sarah, Josef und Mose stehen auf der Liste. Gideon wird erwähnt, Samuel, David und dann eine viel größere Zahl von Helden, deren Namen wir nicht kennen. Von ihnen heißt es: »Diese haben durch den Glauben Königreiche bezwungen, Gerechtigkeit geübt (...), Löwen den Rachen gestopft (...), sind gemartert worden (...), haben Spott und Geißelung erlitten (...). Sie sind gesteinigt worden (...), sie haben Mangel (...) erduldet (Hebräer 11,33–37). »Diese alle haben durch den Glauben Gottes Zeugnis empfangen« (Hebräer 11,39), schließt der Verfasser. Er beschreibt hier Menschen, deren gemeinsames Merkmal ein *ausdauernder* Glaube ist. Sie sind die Großen, die nicht aufgegeben haben!

Nachdem er diese sprichwörtliche Ruhmeshalle aufgestellt hat, geht der Verfasser zum zwölften Kapitel über und schreibt einige der provozierendsten Bibelverse, die ich je gelesen habe:

Darum auch wir: Weil wir eine solche Wolke von Zeugen um uns haben, lasst uns ablegen alles, was uns beschwert, und die Sünde, die uns ständig umstrickt, und lasst uns laufen mit Geduld (lesen Sie hier: Ausdauer) in dem Kampf, der uns bestimmt ist, und aufsehen zu Jesus, dem Anfänger und Vollender des Glaubens, der, obwohl er hätte Freude haben können, das Kreuz erduldete und die Schande gering achtete und sich gesetzt hat zur Rechten des Thrones Gottes. Gedenkt an den, der so viel Widerspruch gegen sich von den Sündern erduldet hat, damit ihr nicht matt werdet und den Mut nicht sinken lasst. (Hebräer 12,1–3)

Der Schreiber dieses Briefes muss oft bei Wettkämpfen dabei gewesen sein. Er hatte nahe an der Startlinie gestanden, an die die Läufer voller Spannung herantraten, wenn der Schiedsrichter rief: »Läufer, auf die Plätze.« Das war das Signal, alle Kleidung abzulegen. Bei den antiken Spielen zogen die Läufer *alles* aus – sie liefen nackt. »Alles, was uns beschwert«, sagt der Verfasser des Hebräerbriefes.

Heute ist die Sportkleidung der Athleten so beschaffen, dass die Körperreibung so gering wie möglich ist. Die Kleidung ist fast wie eine zweite Haut. Die Laufschuhe sind federleicht. In einem Rennen, bei dem eine Hundertstelsekunde über den ersten und zweiten Platz entscheiden kann, kommt es auf solche Kleinigkeiten wie ein unnötiges Gramm Material an.

»Lasst uns laufen mit Ausdauer ...« Ausdauer beschreibt die abgehärtete Kondition sowohl des Körpers als auch des Geistes. Bei dieser Beschreibung hat der Verfasser meiner Meinung nach einen Crosslauf vor Augen, einen Lauf, der die Läufer querfeldein über einen Kurs von Straßen und Wegen führt, der »uns bestimmt ist«. Wer an einem solchen Crosslauf schon einmal teilgenommen hat, weiß, dass er auf orangefarbene Kegel, Flaggen auf Pfosten, Tore in

einem Zaun oder in einer Mauer oder auf vorübergehend auf-
gerichtete Abgrenzungen oder Seile achten muss. Diese Zeichen
zeigen den Läufern den Weg zur Ziellinie an. Die sieben besten
Läufer von jeder Schule gehen zur Startlinie. Normalerweise stehen
sie hintereinander hinter dem Führungsläufer. Wenn der Startschuss fällt, laufen die Mannschaften los, und bald sieht man von
den Läufern nur noch ein verwirrendes Knäuel aus Schuluni-
formen verschiedener Farben. Die Führungsläufer sind normalerweise vorne und geben das Tempo an.

Unsere Mannschaft lief in einer sogenannten »Eins-Drei-Drei-
Aufstellung«. Die »Eins« war unser Führungsläufer (ich nenne ihn
John), und die zwei »Dreien« waren Läufer, die der Trainer wegen
ihrer ähnlichen Laufstärken und weil sie sich gut ergänzten, zusam-
mengestellt hatte. Beide Dreiergruppen ließen sich von John, der
»Eins«, das Tempo vorgeben.

In unserem Dreierteam spornten wir einander an und folgten
gemeinsam einer Laufstrategie, die Marvin Goldberg vorgegeben
hatte. Er war mit uns den Kurs abgegangen und hatte uns die Stellen gezeigt, an denen wir an anderen Läufern vorbeiziehen sollten.

Der Verfasser des Hebräerbriefes scheint diese Art von Wettläufen zu kennen. Er stellt Jesus als die »Eins« dar, den Führungsläufer. »Aufsehen zu Jesus«, schreibt er, wenn er die christliche
Gemeinde mit einer Laufmannschaft vergleicht.

John, unsere Nummer »Eins«, war ein großartiger Läufer. Er war
ein erfahrener Sportler, ruhig, geistreich, zuverlässig und fleißig.
Wir anderen sechs hatten große Achtung vor ihm. Jedes Mal, wenn
ich diese Worte im Hebräerbrief lese, in denen es heißt, wir sollen
aufsehen zu Jesus, muss ich unweigerlich an John denken.

Die Nummer »Eins« in dem Rennen, das im Hebräerbrief
beschrieben wird, wird als der Anfänger und Vollender unseres
Glaubens bezeichnet. Der christliche Glaube beginnt mit ihm. Jesus
ist ein einmaliges Vorbild, besonders in Bezug auf die Ausdauer,
die Eigenschaft, auf die die Botschaft dieses Kapitels abzielt. Die
Nummer »Eins« in unserem Glauben, Jesus, ließ sich weder durch

das körperliche Leiden am Kreuz noch durch die psychische Belastung der Demütigungen, die er erdulden musste, einschüchtern.

Das Kreuz war den schlimmsten Verbrechern vorbehalten. Die Kreuzigung war eine unbeschreiblich grausame Art zu sterben. Es ist ein aufwühlender Gedanke, dass der Sohn Gottes die erniedrigendste Behandlung über sich ergehen lassen musste, die sich die Menschen jener Generation hatten ausdenken können. Aber er erduldete sie. Er gab nicht auf. Diese Botschaft – dass die »Nummer Eins« des Glaubens nicht aufgab – ist das Anliegen des Hebräerbriefes.

Jeden Herbst trat unsere Mannschaft mindestens zweimal beim legendären Van-Courtland-Park-Lauf in der Bronx von New York City an. Heute, fast fünfzig Jahre später, kann man an jedem Samstag im Herbst in den Van-Courtland-Park gehen und sieht dort Hunderte, manchmal sogar Tausende von Läufern, die in einem Rennen nach dem anderen in College- und High-School-Wettkämpfen gegeneinander antreten.

Leider hatte John, unser Führungsläufer, mit dem Van-Courtland-Park Probleme. Aus Gründen, die ich nie verstand, entwickelte John an einer bestimmten Stelle bei diesem Kurs eine psychische Blockade. Wenn er diesen Punkt erreichte, brach etwas in seinem Willen zusammen, und er verlangsamte sein Tempo und begann zu *gehen.*

Bei einem Wettkampf oder im Training stehen zu bleiben oder zu gehen, war in Marvin Goldbergs Augen eine der schlimmsten Sünden, die ein Läufer begehen konnte. So etwas tat man einfach nicht. Langsamer werden, wenn es unbedingt sein musste, aber nie (!) stehen bleiben. Und gehen? Daran durfte man nicht einmal denken!

Ich erinnere mich an das erste Mal, als das passierte. Als der Startschuss gegeben wurde, lief John mit den anderen Führungsläufern voraus. Unsere Dreiergruppe war vielleicht dreißig bis vierzig Meter hinter ihnen. Wir hatten die Hälfte des Weges geschafft, vielleicht auch schon zwei Drittel, und bogen um eine Kurve. Vor uns war unsere »Nummer Eins«, John, ... *er ging!*

Mit dem Wort »schockiert« beschreiben wir Augenblicke völliger Überraschung. Einen Augenblick, in dem wir einfach nicht wissen, was wir tun sollen. Unsere Dreiergruppe war *schockiert.* John ging!

Sofort verlangsamte einer aus unserer Dreiergruppe (nicht ich) auch sein Tempo und begann, neben John zu gehen. Jetzt waren wir nur noch zwei. Ich konnte fühlen, wie der andere an Tempo verlor, und mir selbst ging es auch nicht sehr gut. Die Mannschaft hat sich im ganzen Rennen nicht mehr erholt. Das alles fällt mir ein, wenn ich die Worte lese: »aufsehen zu Jesus ...« Und ich werde daran erinnert, dass *er nie stehen blieb.* Er erduldete die Leiden am Kreuz und den Tod und erlebte seine große Auferstehung, die die Christen jedes Jahr feiern.

»Der sich gesetzt hat zur Rechten des Thrones Gottes«, lesen wir im Hebräerbrief. Das ist der Platz des Siegers, der höchste Ehrenplatz. Viele von uns standen schon einmal auf einem solchen Platz, auf dem den Sportlern, die als erste, zweite und dritte ins Ziel kommen, Pokale und Medaillen verliehen werden. Es fällt uns schwer, uns aufregendere Augenblicke im Leben vorzustellen als einen Augenblick, in dem man nicht einen Preis dafür bekommt, dass man das Ziel erreicht hat, sondern dass man gewonnen hat. Jesus steht ganz oben auf dem Podest.

Dann überträgt der Verfasser des Hebräerbriefes dieses Bild auf unsere Situation: »Gedenkt an den, der so viel ... erduldet hat, damit *ihr nicht matt werdet und den Mut nicht sinken lasst.*«

Zu den heutigen Helden des Glaubens, die mir viel Mut machen, gehört E. Stanley Jones, der methodistische Missionar und Evangelist, der über fünfzig Jahre seines Lebens in Indien verbracht hat. Mit dreiundachtzig Jahren, nachdem er sein Leben lang viel durch die Welt gereist war und zu Millionen von Menschen gesprochen hatte, mit Präsidenten und Premierministern zusammengekommen war und bei der Bekehrung von unzähligen Menschen mitgewirkt hatte, erlitt er einen Schlaganfall. Er konnte nicht mehr sprechen und sich nicht mehr bewegen.

In den letzten Monaten vor seinem Tod gelang es Jones, mit praktisch gelähmten Lippen das Manuskript eines bemerkenswerten Buches zu diktieren. Das Buch ist kurz und, zugegeben, an manchen Stellen auch etwas zusammenhangslos, aber es ist E. Stanley Jones' letztes Bekenntnis seiner Treue zu Jesus. In einem erstaunlichen Absatz schreibt er:

Auf meinem Glauben sind Narben, aber unter diesen Narben gibt es keine Zweifel. Ich gehöre Jesus Christus mit der Zustimmung meines ganzen Seins und mit der Kooperation meines ganzen Lebens. Das Lied, das ich singe, ist ein strahlendes Lied. Nicht der vorübergehende Jubel der Jugend, der oft verblasst, wenn wir in ein mittleres oder hohes Alter mit seiner Desillusionierung und seinem Zynismus kommen. (...) Nein, ich bin 83, und ich bin heute aufgeregter darüber, dass ich Christ bin, als damals, als ich mit 18 das erste Mal diesen Weg einschlug.

So klingt Ausdauer am Ende des Rennens. Diese Ausdauer ist das Anliegen des Hebräerbriefes.

Kapitel 3

Ausdauertraining ist eine tägliche Übung

Oswald Chambers gehört zu den herausragenden christlichen Autoren des zwanzigstens Jahrhunderts. Er starb 1917 mit Anfang vierzig in Ägypten, wo er während des Ersten Weltkriegs unter englischen Soldaten arbeitete. Nach seinem Tod veröffentlichte seine Frau, Biddy, einen großen Teil seiner Arbeit, darunter auch das bekannte Buch *Mein Äußerstes für sein Höchstes*.

Oswald Chambers führte Tagebuch. In diesem Tagebuch gewährt er uns einen Einblick in sein eigenes geistliches Leben. Ein Eintrag lautet:

> Eine große Angst lässt mir keine Ruhe. Gott gebraucht sie, um mich zum Gebet zu rufen. Ich traf einen Mann, den ich vor Jahren gekannt habe, einen mächtigen Mann Gottes. Jetzt sind zehn Jahre vergangen, und ich treffe ihn wieder – schwatzhaft und unbelebt. Wie viele Männer scheinen so zu werden, wenn sie über vierzig sind! Die Angst vor Trägheit und Verweichlichung ist groß und treibt mich stark zu Gott, dass er mich nie vergessen lässt, was ich ihm verdanke.

Zwei Schlüsselworte kennzeichnen diese Beschreibung eines Menschen, auch wenn sie beide etwas altmodisch klingen: »schwatzhaft«, eine Beschreibung für jemanden der viel redet, aber wenig sagt, und »unbelebt«, eine Bezeichnung für einen Menschen, dessen Geist tot zu sein scheint. Solch eine Beschreibung ist kein Kompliment.

In seinen Briefen an Timotheus verrät Paulus eine Sorge um den jüngeren Mann, die viel Ähnlichkeit mit der Angst hat, von der

Chambers spricht. Timotheus war nach Ephesus gegangen, wo er offenbar die Verantwortung eines Hirten für die christliche Gemeinde in dieser Gegend hatte. Er scheint ein Mann mit tiefer Nächstenliebe und großem Mitgefühl gewesen zu sein. Paulus schreibt einmal über ihn: »Denn ich habe keinen, (...) der so herzlich für euch sorgen wird. (...) Ihr aber wisst, dass er sich bewährt hat.« (Philipper 2,20+22)

Aber obwohl Paulus von Timotheus' Nächstenliebe überzeugt war, hatte er zu seiner Ausdauer nicht so viel Vertrauen. Beim Lesen der beiden Briefe des Paulus an Timotheus bekommt man den Eindruck, dass der junge Mann sich von einflussreichen, älteren Leuten zu leicht einschüchtern ließ, dass er nur widerstrebend Menschen dazu aufrief, in ihrem Glaubensleben widerstandsfähiger zu werden. Es ist auch möglich, dass Timotheus weniger Selbstdisziplin an den Tag legte, als er das hätte tun sollen. Deshalb schreibt Paulus:

Niemand verachte dich wegen deiner Jugend; du aber sei den Gläubigen ein Vorbild im Wort, im Wandel, in der Liebe, im Glauben, in der Reinheit. Fahre fort mit Vorlesen, mit Ermahnen, mit Lehren, bis ich komme. Lass nicht außer Acht die Gabe in dir, die dir gegeben ist durch Weissagung mit Handauflegung der Ältesten. Dies lass deine Sorge sein, damit gehe um, damit dein Fortschreiten allen offenbar werde. Hab Acht auf dich selbst und auf die Lehre; beharre in diesen Stücken! Denn wenn du das tust, wirst du dich selbst retten und die, die dich hören. (1. Timotheus 4,12–16)

Paulus fordert Timotheus heraus, sein Leben sozusagen unter die Lupe zu nehmen und sicherzustellen, dass jeder Bereich den höchsten christlichen Maßstäben entspricht.

»Sei den Menschen ein Vorbild«, fordert er Timotheus auf. Mit anderen Worten: »Lebe so, dass die Menschen dir gern nachfolgen.« Die wörtliche Wiedergabe von Paulus' Worten lautet: »Drücke dem Leben der Menschen deinen Stempel auf.«

Paulus sieht Timotheus' Einfluss sehr umfassend: im Wort (bei dem, was du sagst und wie du es sagst), im Wandel (in der Qualität

deiner Lebensweise), in der Liebe (in der Qualität deiner persönlichen Beziehungen), im Glauben (in der Art, wie du Gott liebst)
und in der Reinheit (in deinem moralischen Leben). In all diesen
Bereichen soll Timotheus' Leben eine Leinwand sein, auf die das
jesusähnliche Leben gemalt wird, das die Menschen betrachten
können.

Henri Matisse sagte einmal: »Künstlern sollte die Zunge heraus-
geschnitten werden.« Was kann er damit gemeint haben? Vielleicht
wollte er damit sagen, dass die Botschaft des Künstlers durch die
Farbe auf der Leinwand zum Ausdruck kommt, nicht durch das
Plappern von Worten. Ich kann hören, wie Paulus zu Timotheus
sagt: »Wenn nötig, dann schneide deine Zunge heraus und ver-
schaffe deinem Dienst allein durch deine Lebensweise Durch-
schlagskraft.«

»Hab Acht auf dich selbst und auf die Lehre«, fügt er hinzu. Hier
stellt Paulus heraus, wie wichtig es ist, sich selbst kritisch zu sehen.
Wahrscheinlich, so argumentiert er, wird das niemand sonst für
Timotheus tun. Er muss es selbst tun.

In seinem Buch über Dr. Paul Brand, den Arzt, der sich sehr dafür
einsetzte, die Behandlung von Leprakranken voranzutreiben, erzählt
Philip Yancey, dass Brand regelmäßig in siedend heißem Wasser
badete. Er wollte herausfinden, ob er an irgendwelchen Teilen seines
Körpers kein Gefühl mehr hätte. Das wäre ein Zeichen dafür gewesen, dass er sich mit Lepra angesteckt hätte. Das klingt ähnlich wie
das, um was Paulus Timotheus bat. Es ist keine Aufforderung zu
krankhafter Selbstanalyse, vor der viele warnen würden. Vielmehr
steht es in Einklang mit dem Gebet des Psalmisten, der ausruft:

Erforsche mich, Gott, und erkenne mein Herz; prüfe mich und
erkenne, wie ich's meine. Und sieh, ob ich auf bösem Wege bin,
und leite mich auf ewigem Wege (ich bin versucht, an dieser
Stelle zu sagen: Leite mich auf dem Weg der Ausdauer).« (Psalm
139,23–24)

Das Streben nach Ausdauer ist vergeblich, wenn ein Mensch nicht
bereit ist, sich regelmäßig einer Selbstüberprüfung im Sinne von

Paulus' Aufforderung an Timotheus zu unterziehen: *im Wort, im Wandel, in der Liebe, im Glauben, in der Reinheit.* Das ist natürlich nur eine Auswahl. Die Liste könnte noch ein bisschen länger sein.

Ich bin in Europa und leite ein Tagesseminar mit dem Thema »Ordne dein Leben«. Im Raum sitzen ungefähr hundert Pastoren und christliche Mitarbeiter. Als ich zum Gedankenaustausch einlade, meldet sich eine Frau zu Wort. Sie sagt sinngemäß: »Wenn Sie zu mir nach Hause kämen, fänden Sie jedes bekannte Buch, jedes Hilfsmittel und jedes System, das dafür konzipiert wurde, meine Welt in Ordnung zu bringen. Aber nichts davon funktioniert bei mir. Ich will, dass die Tage und die Stunden meines Lebens etwas bewirken. Aber es scheint, als ob ich, nachdem ich all meine Listen erstellt und alles aufgeschrieben habe, was ich tun will, meine Willenskraft total verliere. Ich habe schon zu oft versucht, wieder neu anzufangen. Und jetzt habe ich Angst, es noch einmal zu versuchen.«

Aus diesen Worten spricht eine persönliche Krise. Als die Frau das sagte, ging ich im Geiste fünfunddreißig Jahre zurück in eine Zeit, in der ich etwas Ähnliches über mich selbst hätte sagen können.

Ich war Anfang dreißig, als ich in einem Augenblick tiefer persönlicher Einsicht erkannte, dass die Räder meines Lebens anfingen, sich mit weniger Schwung zu drehen. Was diese Frau an jenem Tag sagte, war extremer als meine eigenen Erfahrungen, aber ich konnte mich mit ihr identifizieren. Wenn ich keine innere Kontrolle über mein Leben erlangt hätte, wäre jeder Bereich meines Lebens unweigerlich immer mehr in die Mittelmäßigkeit abgeglitten. Mein Gen, das mir das Durchhalten schwer macht, drohte sich durchzusetzen.

Die Wahrheit ist, dass ich viele Vorträge gehört und Bücher gelesen hatte, bei denen es darum ging, mit einer größeren Vision vor Augen sein Leben aufzubauen. Aber, wie viele junge Leute, schaffte ich es nicht. Ich war zu sehr gesegnet mit scheinbar grenzenloser Energie, mit einem Selbstvertrauen, das an Anmaßung grenzte, und mit einer praktischen Überzeugung, dass schnelles Denken einen fast überallhin bringen könne. Das Heute war wichtig; das Morgen konnte für sich selbst sorgen.

Ich war blind für die Tatsache, dass jedes Gestern das Heute meines Lebens bestimmt, und dass jedes Heute Konsequenzen nach sich zieht, die einen Einfluss auf das Morgen haben. Das Gestern, das Heute und das Morgen waren miteinander vernetzt und beeinflussten einander. Sie ließen sich nicht in einzelne Schubladen stecken.

Erst später, nachdem ich ein paar Jahre als Pastor christliche Leitung praktiziert hatte, fing ich allmählich an, das zu begreifen. Leider konnten mich diese Einsichten nicht vor allen katastrophalen Fehlern bewahren. Jedem, der mich kennt oder der ein wenig über mich weiß, ist bewusst, dass ich Tiefen kenne. Aber als ich Anfang dreißig war, begriff ich plötzlich, dass ich einige massive Veränderungen bezüglich meiner persönlichen Prioritäten und Überzeugungen vornehmen und Paulus' Aufforderung an Timotheus als Mahnung an mich persönlich verstehen musste.

Wenn ich heute mit der Einsicht vieler Jahre zurückblicke, bin ich sicher, dass ich nichts von dem hätte, was ich heute genieße, wenn ich nicht einige dramatische Veränderungen in Bezug auf meine Lebensweise vorgenommen hätte.

Ich bin nicht sicher, ob ich damals die Grundregeln für das Streben nach Ausdauer, so wie ich sie heute verstehe, hätte formulieren können, aber ich muss sie trotzdem irgendwie erahnt haben. Zu diesen Grundgedanken gehören:

• Erstens: Einfach nur über Ausdauer zu sprechen bringt niemanden weiter. Genauso wertlos ist es, darüber zu sprechen, wie dringend ein anderer Mensch Ausdauer nötig hat. Ausdauer bekommt nur der, der sich unermüdlich für sich selbst darum bemüht.

Anders ausgedrückt: Es ist viel einfacher, anderen über Ausdauer zu predigen, als dafür zu sorgen, dass man (mit Paulus' Worten) »auf sich selbst und auf die Lehre Acht hat.«

Sowohl in meinen Büchern als auch in meinen Vorträgen lasse ich selten eine Gelegenheit aus, eine Person aus einem von Scott

Turrows Romanen zu zitieren. Diese Person beschreibt Freunde, die sie schon lange kennt, mit den Worten:

Vor vielen Jahren lernte ich ihre dunkelsten Geheimnisse kennen: Ihre Leidenschaft, die Welt zu verändern, entsprang der Tatsache, dass sie sich selbst nicht ändern konnten.

Hatte Turrow meine Post gelesen, als er diese Worte schrieb? Wusste er, dass ich früher regelmäßig über etwas gesprochen hatte, das ich selbst nicht in den Griff bekommen hatte? Wie hatte er diese menschliche Neigung entdeckt, dass wir oft so leidenschaftlich predigen und anderen ihre Schuld vor Augen halten, um damit unser eigenes Gefühl des Versagens zu übertünchen?

Eine zweite Sache, die ich über das Streben nach Ausdauer lernte, war ziemlich offensichtlich, musste aber trotzdem beim Namen genannt werden:

• Ausdauer zu entwickeln ist anstrengend, geschieht meist im Geheimen, ist oft demütigend, macht nicht immer Spaß.

Für mich war das Fundament, das mir half, dieses Prinzip zu begreifen und anzuwenden, auf der Aschenbahn und beim Crosslauf gelegt worden. Fünf Tage in der Woche trainierten wir, manchmal zweimal, manchmal dreimal am Tag, und dieses Training konnte grausam sein. Mit Ausnahme weniger Mannschaftskameraden, die mit ihrer eigenen Version des bereits genannten Gens, das ihnen das Durchhalten schwer machte, zu kämpfen hatten, gab es niemanden, der uns angefeuert hätte. Das Training war oft weitaus anstrengender als der Wettkampf. Beim Training gab es die strengen Korrekturen eines Trainers, der das Beste sehen wollte, was wir zu bieten hatten. Unser Körper wurde an die Grenze seiner Leistungskraft gebracht, und wenn am Ende des Tages auch nur ein Gramm Energie übrig war, bedeutete das, dass ich nicht mein Bestes gegeben hatte. – All die Erinnerungen an das harte Training meldeten sich Jahre später, als ich die Parallelen zwischen der Ausdauer, die ich als Sportler entwickelt hatte, und der Ausdauer, die ich als geistlicher Sportler noch entwickeln musste, erkannte.

Genau davon spricht der Apostel Paulus, wenn er schreibt:

> Wisst ihr nicht, dass die, die in der Kampfbahn laufen, die laufen alle, aber einer empfängt den Siegespreis? Lauft so, dass ihr ihn erlangt. Jeder aber, der kämpft, enthält sich aller Dinge; jene nun, damit sie einen vergänglichen Kranz empfangen, wir aber einen unvergänglichen. Ich aber laufe nicht wie aufs Ungewisse; ich kämpfe mit der Faust, nicht wie einer, der in die Luft schlägt, sondern ich bezwinge meinen Leib und zähme ihn, damit ich nicht andern predige und selbst verwerflich werde. (1. Korinther 9,24–27)

Anstrengend? Darauf können Sie wetten! Geistliche Ausdauer zu entwickeln bedeutet, härter zu sich selbst zu sein, als die meisten von uns das je sein wollen. Es bedeutet regelmäßige Selbstkontrolle, bei der unser Reden und die Beziehungen und die Entscheidungen in unserem Leben unter die Lupe genommen und, wenn nötig, korrigiert werden.

Geschieht im Geheimen? Absolut! Menschen, die an ihrer Ausdauer arbeiten, lernen im Laufe der Zeit, nicht über das zu sprechen, was sie tun. Jedem zu erzählen, was man in den privaten Augenblicken des geistlichen Trainings tut, verwässert nur die Qualität und Effektivität des Trainings. Ich wiederhole Matisse: Es ist eine Zeit, in der man seine Zunge herausschneiden sollte. Reden ist billig. Es gilt: »Tu es einfach!«

Demütigend? Keine Frage. Wenn man trainiert, einen Schritt vorangeht, sich auf Gottes Verheißungen stellt und seine Macht sucht, gibt es Niederlagen, Versagen und gelegentlich Demütigungen. Wo andere einfach einer Sache den Rücken kehren und ihr eigenes Versagen leugnen oder sich herausreden, bleibt der geistliche Sportler stehen und stellt sich seiner Schuld. Warum? Um zu wachsen und Ausdauer auf einer tieferen Ebene zu lernen.

Macht nicht immer Spaß? Das Streben nach Ausdauer ist eine *befriedigende* Erfahrung; es ist nicht immer eine Erfahrung die Spaß macht. Aber Befriedigung ist viel besser als Spaß!

Ich weiß, was es heißt, Spaß zu haben. Wollen Sie Spaß erleben? Dann begleiten Sie meine Frau Gail und mich eine Weile. Wir haben gelernt, Spaß zu haben. Aber Spaß allein bringt keine Ausdauer. Geistliche Disziplin bringt Ausdauer.

Ein drittes Prinzip beim Streben nach Ausdauer:

• Das Streben nach Ausdauer hört nie auf. Es ist ein lebenslanges, kalkuliertes Abenteuer.

Ich empfehle diesen konkreten Lebensstil nicht als Rezept für jeden, aber ich bin fasziniert von der biblischen Beschreibung der Hanna, einer der zwei alten Menschen, die Jesus erkannten, als seine Eltern, Josef und Maria, ihn zum ersten Mal in den Tempel brachten.

> Und es war eine Prophetin, Hanna (...), die war hochbetagt. Sie hatte sieben Jahre mit ihrem Mann gelebt, nachdem sie geheiratet hatte, und war nun eine Witwe an die vierundachtzig Jahre; *die wich nicht vom Tempel und diente Gott mit Fasten und Beten Tag und Nacht.* (Lukas 2,36–37; Hervorhebung durch den Verfasser)

Diese Verse sind für mich eine Inspiration, einfach weil sie einen Menschen beschreiben, der nie aufhörte, sich um persönliches Wachstum zu bemühen und Gott und seinen Willen immer besser kennen lernen wollte. Sie widmete diesen Zielen ihr ganzes Leben. Wo sie außerhalb des Tempels wohnte, wie sie ihren Lebensunterhalt bestritt, ob sie eine Familie hatte oder nicht, wird nicht gesagt. Lukas will hier einfach eine Frau darstellen, die nie aufhörte zu suchen.

Ich bin enttäuscht über die große Zahl so genannter Christen, die ich kennen gelernt habe, die sich in einem frühen Alter entschieden haben, sich nicht länger um Ausdauer zu bemühen. Sie hören auf zu denken und klammern sich an Ideen, die gefährlich überholt sind. Sie halten das Abbild eines geistlichen Lebens aufrecht, das in der Vergangenheit entwickelt wurde, und das sich nie weiter entwickelt hat und nie vertieft wurde, um den neuen Realitäten des Lebens gerecht zu werden. Sie schöpfen aus ihrem geistlichen Repertoire mit den Ideen und den Visionen von gestern und halten sich äußerlich an die Formen eines nicht mehr vorhandenen Glaubens, der in der wirklichen Welt keinen Sinn ergibt.

Ich bin jetzt Mitte sechzig. Die Herausforderung, meine Ausdauer zu vertiefen und zu vergrößern, ist heute für mich realer als zu irgendeinem anderen Zeitpunkt in meinem Leben. Ich darf keinen Tag vergehen lassen, ohne auf »mein Leben und meine Lehre Acht zu haben«, ohne etwas für meinen Muskelaufbau in diesem Bereich zu tun und meine Muskeln zu testen, um sicher sein zu können, dass sie echt sind.

Ein viertes Prinzip:

• Das Streben nach Ausdauer wird gedämpft, wenn man sich auf seine natürlichen Fähigkeiten und Talente verlässt.

Die Wahrheit dieses Prinzips musste ich auf die harte Tour lernen! Ich wuchs in einem Pfarrhaus auf und war mit einem gewissen Verständnis von Leitung, einem geschickten Umgang mit Worten, ein wenig Charme in zwischenmenschlichen Beziehungen und einer Fähigkeit, schnell zu reagieren, gesegnet. Genau die Fähigkeiten, die man braucht, um eine Gemeinde zu leiten ... für eine Weile.

Mit Ende zwanzig nutzte ich diese Fähigkeiten und wurde Pastor. Sie kamen mir sehr zugute. Aber ich fürchte, das was einige für geistliche Tiefe und Weisheit hielten, war in Wirklichkeit ein ziemlich oberflächlicher Gordon mit einer erstaunlichen Gabe zu schwafeln. Vielleicht bin ich zu hart zu mir selbst. Aber lieber bewege ich mich auf dieser Seite der Wahrheit.

Tatsache ist, dass ich als christlicher Leiter nicht lange durchgehalten hätte. Ich hätte nach und nach meine Effektivität als geistlicher Leiter verloren, wenn Gott nicht vehement eingegriffen und mir meine fast leere Seele gezeigt hätte. Ich habe oft von dem Augenblick geschrieben, in dem mir klar wurde, dass ich nicht länger leben konnte, ohne das zu beachten, wozu Paulus Timotheus auffordert: »Hab Acht auf dich selbst und auf die Lehre.« Das hatte ich bis zu diesem Zeitpunkt nicht getan!

Und so versuchte ich umzuschalten: Von einem Leben, in dem ich von meinen natürlichen Gaben profitierte, hin zu einem Leben mit einem festen Ziel, bei dem ich – wie ich später ausführlicher beschreiben werde – immer bewusster und zielgerichteter handelte, genauso wie ein Sportler nach höheren Leistungen strebt. Das sagte Paulus, als er Timotheus herausforderte: »Beharre in diesen Stücken.«

Ein letztes Prinzip beim Streben nach Ausdauer:

• Das Streben nach Ausdauer ist mit kurzfristigen Maßstäben schwer zu messen. Es ist eine langfristige Lebensinvestition.

Martin Buber schreibt:

Wenn man vor einem Baum steht und ihn unablässig im Auge behält, um zu sehen, ob er wächst, und um zu sehen, wie viel er gewachsen ist, wird man überhaupt nichts sehen. Aber wenn man ihn immer pflegt, die Wassertriebe abschneidet und das Ungeziefer fernhält, wird er – zur rechten Zeit – wachsen. Für den Menschen gilt das Gleiche: Es ist nur nötig, dass er seine Hindernisse überwindet, und er wird blühen und wachsen. Aber es ist nicht richtig, ihn jede Stunde zu untersuchen, um zu sehen, um wie viel er gewachsen ist.

Wir sprechen hier von einer ganzen Lebenszeit. Wir haben das geistliche Leben eines Menschen im Auge, das vielleicht erst in der zweiten Hälfte seines Lebens vollständig sichtbar sein wird, wenn Weisheit, intellektuelle Vitalität, körperliche Ausdauer und eine tiefe Geistlichkeit endlich zusammenkommen und einen Menschen aus ihm machen, der in der Lage ist, große Dinge zu leisten, um Jesu Reich voranzubringen. Zählen Sie darauf: Die zweite Hälfte des Lebens kann (und sollte vielleicht) die beste und produktivste Lebenshälfte sein.

Es gibt kein größeres Streben als das Streben nach Ausdauer – jene geistliche Qualität, die die Effektivität des Lebens mit jedem Jahr, das vergeht, erhöht, jene Ausstrahlung, die andere zum Streben nach höheren Zielen anspornt, jene erstaunliche Persönlichkeit, die den Christus widerspiegelt, der das Rennen als die »Nummer Eins« gelaufen ist, und der jetzt auf dem Siegerstuhl sitzt.

Kapitel 4

Das Gesicht der Ziellosigkeit

Wenn Ausdauer ein Gesicht hätte, wie würde es aussehen und wie würde es nicht aussehen? Gespräche mit zwei Männern (der eine jung, der andere ziemlich alt) kommen mir in den Sinn. Das eine ist ein Beispiel für Ausdauer, und das andere von etwas anderem. Ich würde es *Ziellosigkeit* nennen.

Der jüngere der beiden Männer hatte mich um ein Gespräch gebeten. Er kam am Ende einer Wochenendkonferenz für Männer, bei der ich Referent war, auf mich zu. Mein Thema bei dieser Konferenz war »Ausdauer«.

Meine Vorträge hatten sich um das gedreht, was ich »die kritische Frage« nannte. Ich fragte die Männer bei der Konferenz: »Haben Sie die geistliche Ausdauer, um das gesamte Rennen des Lebens zu bestreiten und die Ziellinie mit einem schnellen Schlussspurt zu überlaufen, wie man ihn bei großen Läufern sieht?«

Meine Frage hatte diesen Mann, der sich mit mir treffen wollte, offensichtlich herausgefordert und er war zu dem Schluss gekommen, dass er etwas Hilfe brauche.

Wir trafen uns am nächsten Morgen zum Frühstück. Sobald wir unser Essen vor uns stehen hatten, forderte ich ihn auf: »Erzählen Sie mir, wo Sie gerade auf Ihrem Lebensweg sind.«

Seine Antwort kam, nachdem er zwei oder drei Minuten lang seinen Kaffee umgerührt hatte. Schließlich blickte er auf und sagte: »Ihre Vorträge an diesem Wochenende ... sie haben mich sehr getroffen. Ich habe das Gefühl, ich gehe nirgendwohin.«

»Okay«, antwortete ich und war verblüfft über seine Offenheit. »Was meinen Sie damit?«

Er überlegte eine Minute und begann dann, mir seine Gedanken mitzuteilen, wie sie ihm gerade in den Sinn kamen. »Also, meine Ehe laugt mich aus. Ich weiß, dass meine Frau mich nicht respektiert. Wir sind jetzt seit zwölf Jahren verheiratet, und das Einzige, das uns zusammenhält, sind die Kinder.«

»Ist das alles?«

»Ich hasse meine Arbeit. Ich habe keine Ahnung, ob ich in den nächsten Monaten überhaupt noch Arbeit habe, und ich weiß nicht, was ich sonst tun könnte.«

»Ist das alles?«

»Meine Frau und ich sind Christen geworden, als Billy Graham vor ungefähr fünfzehn Jahren in unserer Stadt predigte. Sie nimmt die Sache ziemlich ernst. Sie liest in der Bibel und hält Kindergottesdienste. Aber ... ich weiß nicht ... ich lasse das mit der Kirche irgendwie einfach nur über mich ergehen ... und komme zu Sachen wie dieser Männerkonferenz. Ich lese nicht viel in der Bibel oder anderen christlichen Büchern. Sie wünscht sich, dass wir zusammen beten ... aber, wissen Sie, das steckt einfach nicht in mir.«

»Sie sind ziemlich streng zu sich selbst«, sagte ich.

»Aber es ist leider die Wahrheit«, erwiderte er. »Wirklich, wissen Sie, ich überlebe einfach nur von einem Tag zum anderen. Ich bin ein lustloser Mensch geworden, der einfach nur ein bestimmtes Programm durchzieht. Ich sehe, dass meine Frau von den Dingen, die sie tut, begeistert ist. Ich sehe, wie einige der Leute, mit denen ich aufgewachsen bin, etwas erreichen. Und ich? Ich zapple nur herum und versuche nicht unterzugehen. Mein Leben scheint sich im Kreis zu drehen. Vielleicht führt es irgendwohin, aber fragen Sie mich nicht wohin. Verstehen Sie, was ich damit sagen will?«

So verlief der Anfang unseres Gesprächs.

»Kann es sein, dass Sie depressiv sind?«, fragte ich.

»Nein. Ich war beim Arzt. Er sagt, bei mir ist alles in Ordnung. Ich hatte nur nie viel Willenskraft.«

Ich stellte ihm viele bohrende, neugierige Fragen. Ich schlug ihm mehrere Möglichkeiten vor, wie er einen neuen Anfang machen könnte. Ich sprach von den extremen Veränderungen (von innen nach außen), die geschehen, wenn ein Mensch es wirklich ernst damit meint, Jesus nachzufolgen. Aber jede Frage und jeder Vorschlag wurde von einer enttäuschenden Bemerkung erwidert: »Daran habe ich auch schon gedacht.« »Wissen Sie, ich habe das versucht, aber ...« »Das kann ich nicht.« »Das klappt bei mir nicht.« »Ich will nicht.«

»Wann haben Sie das letzte Mal einen Blick auf Ihr Leben geworfen und entschieden, dass Sie etwas daran ändern wollen?« Ich wollte wenigstens von einem Bereich in seinem persönlichen Leben hören, in dem er einen Schritt nach vorne gemacht hatte.

»Oh, ich denke die ganze Zeit über Dinge nach, die ich gern ändern würde. Aber ich mache irgendwie nie etwas. Ich bin wahrscheinlich nur zu faul.«

»Und was für Freunde haben Sie?« Es war die letzte Frage, die mir noch einfiel.

»Hmm ...« Er musste eine Weile nachdenken, bevor er antwortete. »Also, ich ...« Er machte eine Pause. Dann nannte er zwei Männer. »Aber sie sind wirklich gute Freunde, denn sie sind die Männer der Freundinnen meiner Frau. Und wenn die Frauen zusammenkommen wollen, sitzen wir Männer auch immer ein bisschen zusammen. Sie sind wahrscheinlich so ziemlich die besten Freunde, die ich habe.«

Ich begriff allmählich, dass dieser Mann irgendwie eine Zauberformel suchte, mit der er seine ganze Unentschlossenheit und seine Passivität auf einen Schlag vertreiben könnte. Er wollte, dass ihm jemand Motivation, Energie und die nötigen Fähigkeiten gäbe, und das sollte billig, schnell und schmerzlos geschehen. Was er nicht wollte, war jemand, der ihm erzählte, dass auf ihn ein großer Haufen persönliche Arbeit wartete, und dass ein Teil davon schwer werden würde.

Ich wusste nicht mehr, was ich ihm hätte sagen können. Mir fiel auf, dass ich angefangen hatte, die Verantwortung dafür zu übernehmen, eine Möglichkeit zu finden, das Leben dieses Mannes in

Ordnung zu bringen und ihn davon zu überzeugen, dass er das tun sollte, was ich für das Beste hielt. Das ist in der Seelsorge strikt verboten, und das ist wahrscheinlich auch ein Grund, warum ich kein so guter Seelsorger bin.

Aber ich bin frustriert, wenn ich sehe, wie ein Mann sein Leben vergeudet und nicht bereit ist, irgendetwas dagegen zu unternehmen. Und ich erkannte, dass ich auch so hätte sein können wie dieser Mann. »Ich hätte auch ein solcher Mensch werden können, wie der, als den dieser Mann sich beschreibt«, dachte ich. »Die Veranlagung dazu hätte in mir gesteckt ... wenn Gott nicht Männer und Frauen wie Marvin Goldberg in mein Leben gestellt hätte, die mir so lange ausreichend Druck machten, bis ich einen schnellen Start in eine gute Richtung hingelegt hatte. Vielleicht gab ich deshalb bei diesem Mann nicht so schnell auf, weil andere das bei mir auch nicht getan hatten. Aber in diesem Fall half es einfach nichts.

Schließlich sprach ich aus, was ich dachte, und war selbst über meine Härte überrascht. »Wissen Sie, ich möchte das respektvoll sagen ... von Mann zu Mann. Mir fällt nichts mehr ein, was ich sagen könnte. Ich habe keine Fragen mehr; ich habe auch keine Antworten mehr. Sie haben offensichtlich schon über jede Idee, die ich vorgeschlagen habe, nachgedacht, und Sie sehen keine davon als Möglichkeit, Ihr Dilemma zu beheben. Ich kann Ihnen nur eines sagen: Wenn Sie diesen Weg weitergehen, wird die zweite Hälfte Ihres Lebens nicht besonders viel Spaß machen.«

»Ja«, sagte er. »Wahrscheinlich haben Sie Recht.« Komischerweise war er nicht einmal beleidigt, als ich so auf Konfrontation ging.

»Wir sollten jetzt zahlen und gehen«, schlug ich vor. »Ich will über unser Gespräch nachdenken. Vielleicht kann ich Ihnen jemand anderen empfehlen, den Sie um Rat fragen können, aber ich habe Ihnen alles gesagt, was ich weiß. Und ich fürchte, die Lösung für die Probleme in Ihrem Leben muss bei Ihnen selbst beginnen und bei dem, was Jesus von Ihnen will, nicht bei den Lösungen von irgendeinem anderen Menschen.«

Er dachte einen Augenblick über diese Möglichkeit nach. Dann sagte er: »Okay. Ich bin dankbar, dass Sie mir zugehört haben, und ich lasse es Sie wissen, ob Sie für mich einen dieser Leute, die Sie erwähnt haben, ansprechen sollen. Danke, dass Sie sich Zeit für mich genommen haben.«

Ich hatte nie wieder ein persönliches Gespräch mit ihm. Wir winken oder lächeln uns gelegentlich aus der Ferne zu, wenn wir uns bei einer Veranstaltung sehen, aber er greift das Gespräch mit mir nicht wieder auf. Ich habe den Verdacht, dass er immer noch ähnliche Gespräche mit anderen Verantwortlichen bei Konferenzen, die er besucht, führt.

In meinem Tagebuch steht irgendwo der Satz:

Eine der traurigsten Erfahrungen ist es, wenn man alt ist und plötzlich entdeckt, dass man nur einen kleinen Teil seines Potenzials genutzt hat.

Dadurch, dass er sich einer durchgreifenden Lebensveränderung verweigerte, ist mein Frühstückspartner auf dem besten Weg zu einem solchen bösen Erwachen.

Aber ich habe gesagt, dass es zwei Männer und zwei Gespräche gab. Der Bericht von dem ersten macht mich traurig, aber das zweite Gespräch erfüllt mich mit Hoffnung.

Kapitel 5

Das Gesicht eines Siegers

Wenn es eine Ruhmeshalle für Menschen mit Ausdauer gäbe, kenne ich einen Mann, der dort unbedingt einen Platz haben müsste. Er ist heute neunzig Jahre alt. Er sagt, dass wir uns kennen, seit ich fünf war, was bedeutet, dass er mir seit sechzig Jahren ein treuer, kostbarer Freund ist.

Er heißt Vernon Grounds, ist pensionierter Leiter des Theologischen Seminars in Denver, ein Mann, der mir, seit ich erwachsen bin, eine Vaterfigur ist. Manchmal nenne ich ihn meinen Vater im Glauben.

Gott lebt in diesem Mann. Das stelle ich immer wieder fest, wenn ich mich mit ihm zusammensetze. Er strahlt eine Freundlichkeit aus, die man richtig spürt, wenn man in seine Nähe kommt und er auf einen zugeht, um einen liebevoll zu umarmen.

Vernon Grounds traf man normalerweise an fast jedem Schultag in seinem Büro am Seminar an. Ich betrachte sein Büro jedoch lieber als Kapelle, denn eine Kapelle ist der Ort, an dem heilige Männer wie er ihre Tage verbringen sollten. In einem Büro verrichtet man Verwaltungsarbeiten. Aber in einer Kapelle werden Menschenleben geformt. Und das ist es, was dieser Mann seit Jahrzehnten tut.

Als Vernon Grounds Mitte der 70er Jahre das Amt des Leiters abgab, war die neue Leitung so weise zu erkennen, wie wertvoll es war, ihn in der Mitte des Studentenlebens zu plazieren. Dort wurde er (mit meinen Worten ausgedrückt) zur Seele der Schule, Ansprechpartner für jeden Studenten, Professor oder Verwaltungsangestellten (einschließlich des neuen Leiters), der mit ihm sprechen wollte.

Es gab andere in der Hierarchie der Schule, mit denen man über finanzielle Probleme, einen Wechsel der Studienkurse oder über theologische Fragen sprechen konnte. Aber wenn das Leben aus den Fugen geraten war, wenn es persönliche Zweifel am Glauben gab und wenn es um Fragen ging, in welche Richtung das Leben gehen sollte, war Vernon Grounds der Mann, zu dem man ging.

Aus meiner Sicht ist Vernon die personifizierte Ausdauer. Lange bevor ich alt genug war, um zu erkennen, dass *christliche Ausdauer* eines der größten Ziele im Leben ist, sah ich in diesem Mann Qualitäten, von denen ich ahnte, dass sie die Essenz christlicher Tugenden sind. Ich traf mit Anfang zwanzig die bewusste Entscheidung, ihm so ähnlich zu werden, wie ich nur konnte. Eines der größten Komplimente ist für mich der Ausspruch: »Als du das sagtest (oder tatest), habe ich Vernon in dir gesehen.«

Und so stehe ich hier in seiner »Kapelle«. Die Wände sind mit Bildern von Männern und Frauen und ihren Familien bepflastert, die in früheren Jahren in diesen Raum kamen. Dass mein Bild auch unter diesen vielen Gesichtern zu finden ist, bedeutet mir sehr viel.

Bücher überall. Stapel über Stapel von Büchern, die offenbar alle gerade gelesen werden. Die Bandbreite des literarischen Interesses dieses Mannes ist verblüffend. Während ich in seinem Büro sitze, denke ich an unsere Orientierungstage am Seminar vor über vierzig Jahren zurück, als er, damals noch Leiter, augenzwinkernd zur ganzen Klasse sagte: »Kauft euch Bücher, bis ihr euer Ehebett verpfänden müsst. Und dann kauft weiter.« Viele von uns glaubten (und gehorchten) ihm damals ... und auch heute noch. Er legte den Grundstein für unsere Liebe zu Büchern.

Was mir im Laufe der Jahre so positiv auffiel, war, dass Dr. Grounds *von Jahr zu Jahr tatsächlich besser und besser wurde*. Und jetzt ist er neunzig und immer noch ein sehr gefragter Mann, immer noch ein Gentleman, der anderen Menschen Inspiration und Entschlossenheit vermittelt. Wie dumm, Menschen zu sagen, dass fünfundsechzig das Alter für den Eintritt in den Ruhestand sei, und dass man ab diesem Alter Blumen züchten oder Seniorenurlaub auf Mallorca machen solle. Ich spreche hier von einem Mann, dessen wichtigste Jahre begannen, *nachdem* er fünfundsechzig geworden war, und er ist immer noch aktiv.

Unser Gespräch beginnt. Sofort bombardiert er mich mit Fragen. Er fragt immer. Fragen sind ein Markenzeichen dieses Mannes. Fragen über meine Familie, meine Arbeit, meine Zukunftspläne. Er will wissen, was ich alles sehe und lerne, während ich durch die Welt reise. Er fragt, ob ich etwas über gemeinsame Bekannte weiß. Dann geht er über zu Fragen, die meine Seele betreffen: Liebe ich Gott noch? Halte ich mir in meinem vollen Terminkalender Zeit frei, um mich geistlich weiter zu entwickeln? Was lese ich zur Zeit? Und was halte ich von ...?

Es gab eine Zeit, in der ich eine ganze Stunde mit Vernon Grounds zusammensein konnte und nichts anderes tat, als seine Fragen zu beantworten und dabei nur über mich selbst zu reden. Er empfand nicht das Bedürfnis, *seine* Meinung kundzutun oder über sich selbst zu sprechen. Er zeigte immer großes, aufrichtiges Interesse an seinem Gesprächspartner. Dann, als ich reifer wurde, begann ich, Fragen über ihn zu stellen. Er beantwortete eine oder zwei und ging dann einfach nicht mehr auf meine Fragen ein und lenkte das Thema wieder auf mich. Und dann saß ich wieder da und erzählte von mir.

Aber jetzt, als alte Freunde, haben wir eine etwas bessere Ausgewogenheit erreicht. Ich habe gelernt, ihn aus der Reserve zu locken. Er gewährt mir Einblicke in sein Leben, und unser Gespräch bewegt sich in einem angenehmen Tempo dahin: Wir genießen Neuigkeiten über unser beider Familien, tauschen Ideen und Gedanken aus, die wir aus früheren Büchern haben, und fragen uns laut (wie alte Männer das eben tun), wie es mit dieser Welt weitergehen soll.

Ich kenne nur sehr wenige Menschen in meinem Leben, für die ich das Wort »Heiliger« reservieren würde. Dieser Mann ist einer davon. Wie wurde er so? Meine Antworten auf diese Frage bilden das Rückgrat dieses Buches.

Vernon Grounds ist für mich die Personifizierung eines Menschen mit Ausdauer, da er immer sein eigenes Leben und das Leben der Menschen um ihn herum vor dem Hintergrund eines »großen Bildes« sieht. Er hat immer gewusst, was das Zentrum seiner Kraft und seiner Berufung ist. Und er hat nie viel Zeit mit Aktivitäten vergeudet, für die er nicht so kompetent ist.

Sein persönlicher Bericht über seine Bekehrung zu Jesus ist etwas Besonderes, wenn er auch nicht spektakulär ist. Er hat nie auch nur für einen Augenblick daran gezweifelt, dass er zu einem bestimmten Zeitpunkt in seinem jungen Leben eine Entscheidung getroffen hatte, sein ganzes Leben auf Jesus auszurichten, und dass diese Entscheidung sein Leben verändert hat. Wer ihn gut kennt, weiß genau, dass ihn kein Bibelvers stärker kennzeichnet als Jesu Worte an Simon Petrus, der oft abgelenkt war und seine Kräfte auf zu viele Dinge gleichzeitig verwendete: »Was geht es dich an? Folge du mir nach!« Grounds verstand diese Aufforderung als Rat für sich persönlich.

Irgendwann in seinen jungen Jahren wurde ihm klar, dass er mehr als alles andere die Gabe hatte, Menschen in ihrer Entwicklung weiterzuhelfen. Menschen wuchsen unter seinem Einfluss einfach, selbst wenn er sich dieses Einflusses gar nicht bewusst war. Wenn sie mit ihm sprachen, fanden sie in seinem Leben eine unübersehbare Ordnung. Sie fühlten sich gezwungen, seinem friedfertigen Verhalten nachzueifern. Sie entdeckten in der Freundlichkeit, die er ihnen erwies, eine Ähnlichkeit mit Jesus.

Mit seinem Doktortitel in Psychologie hätte er ein Leben als Dozent oder in der Leitung einer Universität zum Ziel haben können. Aber obwohl er über fünfundzwanzig Jahre Leiter eines Seminars war, war er immer zuallererst jemand, der anderen Menschen zum Wachstum verhalf.

Da dies eindeutig seine Berufung und seine Gabe war, setzte er sich mit seiner ganzen Energie dafür ein, ohne je andere Formen beruflicher Größe oder Macht anzustreben, die ihm möglich gewesen wären. Er begriff, dass das Leben aus Berufung und Überzeugung gelebt wird. Vernon Grounds' Berufung war es, Menschen zu helfen, Gottes Plan für ihr Leben zu erkennen und diesen Plan immer mehr in ihrem Leben umzusetzen.

Das Ergebnis? Tausende von Männern und Frauen tun heute das, was sie tun, weil er für sie da war.

Ein zweites Puzzleteil, das Vernon Grounds' Ausdauer erklärt, hat mit der Tatsache zu tun, dass er Hindernissen in seinem Leben nie erlaubte, seine Seele zu verkrüppeln oder zu verletzen.

Ich kenne Vernon so gut, dass ich auch Geschichten über seine Kindheit gehört habe. Einige seiner Erfahrungen waren so hart, dass sie leicht Ärger oder Abneigung gegenüber bestimmten Menschen in ihm hätten wecken können. Aber das geschah nie.

In seinen Tagen als Leiter einer Organisation gab es genügend Kritiker und Gegner, die jede Gelegenheit nutzten, um ihn zu verleumden, um seine Motive in Frage zu stellen, um ihm seine Arbeit als Seminarleiter so schwer wie möglich zu machen. Aber ich habe ihn nie zurückschlagen oder sich verteidigen sehen. Das scheint ihm nicht in den Sinn gekommen zu sein. Er entschied sich lieber, Barmherzigkeit zu üben.

Drittens entwickelte Vernon Grounds Ausdauer, weil er beschloss, den Alltag seines Lebens mit *Zielstrebigkeit* zu bewältigen. Das ist eines der Worte, die ich gern für Disziplin oder Selbstmanagement benutze. Er arbeitete viel, aber seine Arbeitsgewohnheiten waren gesund und produktiv. Er achtete sorgfältig darauf, Energien und Ressourcen für die richtigen Prioritäten einzusetzen. Man bekam nie das Gefühl, dass er danach strebte, eine internationale christliche Berühmtheit zu werden. Er hungerte nicht nach Größe, was Ansehen in der Welt anging, oder nach Reichtum, was materiellen Besitz anging. Zielstrebigkeit bedeutete für ihn einen relativ einfachen Lebensstil, Treue zu seiner Familie, Loyalität zu seiner Gemeinde und der Organisation die er leitete. Zielstrebigkeit bedeutete regelmäßige körperliche Bewegung, geistliche Disziplin und das Bändigen all jener vom Ego getriebenen Impulse, die viele Leiter ins Straucheln bringen. Als ich ihn fragte, was er für das

Geheimnis seiner Vitalität bis ins hohe Alter halte, sagte er mit unübersehbarem Ernst: »Gott, Sport und Gene.«

Als Student traf ich meinen Vater im Glauben oft in einem Restaurant in der Nähe des Campus zum Frühstück. Wahrscheinlich traf ihn fast jeder Student dort genauso häufig wie ich. Er saß jeden Morgen am selben Tisch, als gehöre er ihm. Ich hatte immer den Verdacht, dass das Bedienungspersonal darum wetteiferte, wer ihn bedienen durfte. Sie sprachen ihn mit seinem Namen und mit großem Respekt an. Und sie wussten genau, was er essen wollte.

Gegen Ende des Frühstücks schnappte er sich immer die Rechnung, so dass kein anderer sie erwischen konnte. Wenn man protestierte, war seine allseits bekannte Antwort: »Eines Tages, wenn du ein wohlhabender Pastor bist (ein Witz in sich), kannst du die Rechnung zahlen. Ach ja, und dann kannst du auch dem Seminar großzügig etwas abgeben.«

Wenn wir jetzt, viele Jahre später, gemeinsam zu Mittag essen oder frühstücken, arrangiere ich es mit dem Kellner, noch bevor wir überhaupt unsere Bestellung aufgeben, immer so, dass ich die Rechnung bekomme. Wenn er über diese Taktik die Stirn runzelt, erinnere ich ihn an das, was er vor Jahren gesagt hat. Angesichts der vielen Rechnungen, die er in meinen jungen Jahren für mich gezahlt hat, habe ich noch einen weiten Weg vor mir, bis unser Konto ausgeglichen ist.

Zielstrebigkeit bedeutet für Vernon Grounds intellektuelle Stärke und geistliche Tiefe. Lange bevor es eine Generation evangelikaler Christen gab, die erkannte, wie wichtig intellektuelle Tiefe ist, hatte Grounds einen Universitätsabschluss in Psychologie. Geistlich suchte er das Herz Gottes, und seine Predigten und Worte zeigten eine erstaunliche Tiefe an Einsichten in die Bibel und im Hinblick auf ihre Anwendung auf den Glauben. Jedes Mal wenn bekannt wurde, dass Vernon predigen würde, kamen viele Leute zusammen.

Immer wieder verschlägt es den Lesern oder Zuhörern den Atem angesichts des großen Spektrums an Wissen, auf das Grounds zurückgreifen kann, um seine Liebe zum Evangelium oder seine

Aufforderung an Menschen, Jesus immer ähnlicher zu werden, zum Ausdruck zu bringen. Das alles verrät eine große Zielstrebigkeit und den Wunsch, bis zum letzten Atemzug weiter zu wachsen.

Viertens und letztens: Vernon Grounds hat immer begriffen, wie wichtig persönliche Schlüsselbeziehungen sind, die von Loyalität und gegenseitiger Fürsorge geprägt sind. Die Menschen, die mit ihm arbeiteten, haben ihn immer geliebt und geschätzt. Sie lächeln über seine exzentrischen Neigungen und genießen sein ungewöhnliches Benehmen. Und sie unterstützen ihn – und würden wahrscheinlich sogar für ihn sterben –, weil sie wissen, dass er sie liebt und dass sie ihm wichtig sind.

Ich bin seit so vielen Jahren meines Lebens Empfänger der wunderbaren Gaben dieses Mannes. Wenn ich als Teenager Sorgen hatte, lud er mich zum Frühstück ein und unterhielt sich mit mir. Als ich meinen Dienst in der Öffentlichkeit antrat, war er da und erinnerte mich, dass Gott meine Nummer kannte und mich rufen würde, wenn ich bereit wäre. Als ich größere Entscheidungen zu treffen hatte, stand er mit Fragen und Einsichten bereit, die mir Gewissheit brachten. Und als mein Leben vor Jahren in Scherben lag, war er da und half mir, die Stücke wieder zusammenzufügen.

Heute leben Vernon Grounds und seine Frau Ann im zehnten Stockwerk eines Seniorenheims. Die Leiter dieses Heims tun alles, um die beiden glücklich zu machen, da sie merken, dass ihre Anwesenheit in der Seniorengemeinschaft stark zum Wohlbefinden aller beiträgt. Man kann an fast jedem Sonntagabend um 17.00 Uhr durch die Eingangstür gehen und sehen, wie Vernon einen Gottesdienst leitet, während Ann alte, bekannte Kirchenlieder auf dem Klavier spielt. Dieser Mann wird nie in den Ruhestand gehen.

An diesem konkreten Tag bin ich gekommen, um mit meinem lieben Freund über seine Gesundheit und seine Kraft zu sprechen. Er ist neunzig, erinnere ich mich, aber er lebt so, als wäre er fünfundzwanzig Jahre jünger. Zu meinem Erstaunen lässt er mich meine vielen Fragen stellen. Wir sitzen nahe nebeneinander, so dass ich häufig die Hand auf seinen Arm legen kann, wie er es in der Vergangenheit so oft bei mir getan hat. Und ich denke, während wir uns unterhalten: »Das ist ein Gespräch, wie es ein Vater und ein Sohn miteinander führen, wie es zwei alte Freunde genießen, wie es zwei Menschen die Gott lieben und die sich von Herzen wünschen, ein Leben mit Ausdauer zu führen, miteinander führen.«

Als mein Besuch zu Ende geht und ich wieder zum Flughafen fahren muss, fällt es mir schwer, mich loszureißen. Seine warme, väterliche Umarmung ist ein Segen, eine Erfahrung, nach der sich viele Männer ihr ganzes Leben lang sehnen: ein Segen von einem Vater im Glauben. Ich ringe auf dem ganzen Weg zum Auto mit den Tränen.

So sieht Ausdauer aus. Sie hat ein Gesicht, das in eine Ruhmeshalle gehört. Das Gesicht eines Siegers.

II

Menschen mit Ausdauer haben das große Bild vor Augen

Sie wissen, in welche Richtung ihr Leben verläuft.

Sie sehen die großen Fragen des Lebens voraus.

Sie entwickeln einen christlichen Charakter.

Sie sind für eine Berufung von Gott bereit.

Sie vertrauen auf ihre Gaben.

Sie wollen ein großzügiges Leben führen.

Das große Bild

»Gordie, komm bitte her.« Ich hatte den Nachmittag auf der Aschenbahn verbracht und hatte das Training, das Marvin Goldberg für mich geplant hatte, absolviert. Jetzt war es Zeit, unter die Dusche zu gehen, mich einige Minuten in der Kapelle ans Klavier zu setzen, zu Abend zu essen und mich dann zu einem Abend über meinen Büchern in mein Zimmer zu begeben. Aber bevor ich die Aschenbahn verlassen konnte, hörte ich diese Worte.

Wie gewöhnlich stand MWG in der Nähe der weißen Anschlagtafel und trug die Leistungen der einzelnen Läufer in seine Statistik ein. Als ich zu ihm lief, sagte er: »Dorothy und ich würden dich morgen gern zum Abendessen einladen.«

Der Speisesaal von *Stony Brook* war groß und laut. Man saß zu zehnt um die Tische – acht Schüler und ein Fakultätsmitglied mit Ehepartner. Das Essen war reichlich, aber es war Großküchenessen, und man lernte schnell jede Einladung zu schätzen, die einem half, ihm zu entkommen. »Danke, Sir. Ich komme sehr gern.«

Am nächsten Abend begab ich mich zu dem kleinen Haus, das die Goldbergs bewohnten, und wurde an der Tür von Dorothy Goldberg, der Frau des Trainers, begrüßt. Wie ich erwartet hatte, war das Essen eine wunderbare Abwechslung zur üblichen Speisesaalverpflegung. Bald wurde das Geschirr abgeräumt und Mrs. Goldberg verschwand in der Küche.

Da griff Marvin Goldberg hinter sich ins Bücherregal und zog ein Schulheft heraus. Auf der Vorderseite stand in großen, schwarzen Buchstaben mein Name.

»Ich will dir etwas zeigen«, sagte der Trainer. Er schlug das Heft bei der letzten Seite auf. Ich konnte lesen, was über der Seite stand: Juni 1957. In meinem Buch *Sich verändern heißt Leben* beschreibe ich diesen Augenblick.

Unter der Überschrift »Juni 1957« stand eine Liste mit Wettläufen, von denen der Trainer erwartete, dass ich sie in drei Jahren laufen würde. Neben jedem Rennen standen die Zeiten (Minuten, Sekunden und Zehntelsekunden), die er von mir erwartete. Sie waren die von ihm geschätzten »persönlichen Bestzeiten«, die ich schaffen könnte, bevor ich *Stony Brook* verließe.

Ich kann dieses Heft mit den erwarteten Zeiten immer noch vor mir sehen. Ich war überzeugt, dass ich solche Zeiten nie laufen könnte.

»Sir, diese Zeiten sind unmöglich.«

Aber Goldberg erinnerte mich daran, dass ich drei Jahre Zeit hätte, um dorthin zu gelangen. »Schau her«, sagte er und blätterte die Seiten des Heftes von hinten nach vorne. Allmählich begriff ich, dass er einen Plan für jeden Monat meiner Läuferkarriere erstellt hatte. Er erwartete von Monat zu Monat eine ständige Leistungssteigerung. Es war wie eine Treppe. Wenn ich Stufe für Stufe bestiege, würde ich eines Tages – drei Jahre später – die Zeiten erreichen, die er mir zutraute, Leistungen, die ich in meiner Kurzsichtigkeit für unmöglich hielt.

»Also, Gordie. Der Schlüssel zum Erfolg dieses Plans ist Vertrauen zu deinem Trainer und die Bereitschaft, dich in Disziplin zu üben und hart zu arbeiten. Ich bin recht zuversichtlich, dass wir diese Ziele erreichen können.«

Ich war fünfzehn, als Marvin Goldberg mir dieses Heft zeigte. Bis zu diesem Zeitpunkt hatte noch nie jemand über die Architektur – das große Bild – meines Lebens mit mir gesprochen. Fünfzehnjährige wie ich neigten dazu, im Jetzt zu leben. Die einzigen Zukunftspläne, die wir im Kopf hatten, drehten sich um den nächsten Freitagabend, die Weihnachtsferien, eine gefürchtete Prüfung und einen Brief (hoffentlich mit Geld) von Zuhause.

Aber das hier war etwas anderes. Das war ein Weg oder eine Treppe von Hier nach Dort. Ein Wachstumsweg. Man könnte sagen, es war ein Beispiel für das Bild, das ein Mentor oder ein Trainer für seinen Schützling hat. Jesus hatte für seine Jünger ein ähnliches Bild; Paulus hatte ein Bild für Timotheus; Aquila und Priscilla hatten ein Bild für den jungen Prediger Apollos.

MWG hatte ein Bild für mich. Dieser Mann interessierte sich so sehr für mich, glaubte so sehr an mich, dass er einen Plan für fast vierzig Monate meiner sportlichen Entwicklung erstellte.

Menschen mit Ausdauer glauben an ein solches Bild. Ich nenne es »das große Bild«. Genauso wie in der Kunst kann das Bild impressionistisch sein – etwas unscharf und offen für ständige Korrekturen. Aber trotzdem ist es ein Bild. Es gibt Richtung, Hoffnung und einen Rahmen für Wachstum.

An jenem Abend stellte mich MWG auf den Weg, dessen Ziel Ausdauer war. Er zeigte mir das erste von vielen großen Bildern, die ich oder andere für mein Leben zeichneten. Fünfzig Jahre später denke ich immer noch in großen Bildern. Das Rennen ist noch nicht zu Ende.

Kapitel 6

Menschen mit Ausdauer wissen, in welche Richtung ihr Leben verläuft

Ich kannte dich, ehe ich dich im Mutterleibe bereitete, und sonderte dich aus, ehe du von der Mutter geboren wurdest. Das Wort des Herrn an Jeremia. (Jeremia 1,5)

Schon oft habe ich das bekannte Gespräch zwischen Lewis Carrolls Alice im Wunderland und der Katze zitiert. Alice beginnt mit der Frage: »Würdest du mir bitte sagen, welchen Weg ich von hier aus gehen muss?«

Die Katze: »Das hängt sehr davon ab, wohin du gehen willst.«

Alice: »Es ist mir ziemlich egal wohin ...«

Die Katze: »Dann spielt es keine Rolle, welchen Weg du gehst.«

Alice: » ... solange ich irgendwohin komme.«

Die Katze: »Oh, das tust du bestimmt ... wenn du nur lang genug gehst.«

In diesem Gespräch wird kein Weg zur Ausdauer aufgezeigt. Ein Mensch, der so spricht, denkt nicht besonders weitsichtig.

Wie anders klingt dagegen ein Text, den Thomas Merton vor fast fünfzig Jahren schrieb:

Wenn du mich erkennen willst, frage mich nicht, wo ich lebe, oder was ich gern esse, oder wie ich mir die Haare kämme, sondern frage mich im Detail, wofür ich meiner Meinung nach lebe, und frage mich, was mich meiner Meinung nach davon abhält, dafür zu leben, wofür ich leben will. Mit den Antworten auf diese zwei Fragen kannst du die Identität jedes

Menschen bestimmen. Je besser seine Antwort ist, desto mehr ist er eine Person.

Das sind Worte von einem Menschen, der ein großes Bild des Lebens vor Augen hat. Er beschäftigt sich mit sehr wichtigen Fragen: *Wofür lebe ich? Was hält mich davon ab, ganz zu erkennen, wofür ich lebe?* Merton reduzierte alles auf zwei Dinge: die Richtung und mögliche Hindernisse.

In Mertons Worten spiegelt sich das Denken eines Mannes mit sehr viel Ausdauer wider: das Denken des Paulus.

Eins aber sage ich: Ich vergesse, was dahinten ist, und strecke mich aus nach dem, was da vorne ist, und jage nach dem vorgesteckten Ziel, dem Siegespreis der himmlischen Berufung Gottes in Christus Jesus. (Philipper 3,13–14)

An diesem Punkt fangen Menschen mit Ausdauer an: beim größtmöglichen Bild von dem, was sie Gott über ihr Leben sagen hören. Wenn es kein großes Bild gibt (wie in Alices »Es ist mir ziemlich egal ...«), gleicht das Leben einem Karussell – einer flüchtigen Bewegung hierhin und dorthin, viel Bewegung, wenig Richtung. Mit anderen Worten des Apostels Paulus ausgedrückt: Wir werden Menschen, die sich »von jedem Wind einer Lehre bewegen und umhertreiben lassen durch trügerisches Spiel der Menschen, mit dem sie uns arglistig verführen« (Epheser 4,14).

Lot, dem Neffen Abrahams, fehlte der Blick für das große Bild. Er ist ein gutes Beispiel für Paulus' Worte an die Epheser. Lot bemühte sich den größten Teil seines Lebens darum, innerhalb des großen Bildes zu leben, das Gott für seinen Onkel, Abraham, gezeichnet hatte. Das konnte auf Dauer nicht gut gehen.

Als Lot dann eine wichtige eigene Entscheidung treffen sollte, hatte er keinen Bezugspunkt, nach dem er sich hätte richten können. Abraham hatte eine Teilung der Herden vorgeschlagen und hatte Lot den Vortritt gelassen zu entscheiden, in welche Richtung er gehen wollte. Wir können gut beobachten, wie Lot den Grund für seine Selbstzerstörung legt.

Da hob Lot seine Augen auf und besah die ganze Gegend am Jordan (...), [sie war] wasserreich. (...) Da erwählte sich Lot die ganze Gegend am Jordan und zog nach Osten. (1. Mose 13,10–11)

Lot verriet einiges über sich, als er die Ebene am Jordan wählte. Es war klar, dass sein größeres Bild, falls er eines hatte, vom Wunsch nach Reichtum beherrscht war. Aber er berücksichtigte nicht das größere Bild, das sich am Wohl seiner Familie, an seinem eigenen geistlichen Wohl, an dem wie Gott ihn gebrauchen könnte, orientierte. Es war das falsche Bild.

Bevor die Geschichte von Lot endet, führen die Konsequenzen seiner Wahl ihn und seine Familie in die Klauen einer der moralisch verkommensten Städte der Antike. Der Mann verlor alles: seine Frau, seine erweiterte Familie, sein Zuhause, sein Vermögen.

Stephen Ambroses Buch *Nothing Like It in the World* erzählt vom Bau der transkontinentalen Eisenbahn in Amerika: »Für die Eisenbahn brauchte man Verstand, Muskeln und Schweiß, wie sie noch nie in so großen Mengen und in so großem Umfang in ein einziges Projekt investiert worden waren«, schreibt Ambrose in seiner überaus lesenswerten Geschichtslektion.

Am Anfang der Geschichte beschreibt Ambrose den Augenblick, wo der Bau beginnt und einige Leute in Kalifornien beschließen, dass es eine große Feier geben sollte. Eine große Schar von Würdenträgern wird eingeladen, sich an der Stelle zu versammeln, an der die erste Schiene verlegt werden sollte.

Einer jener Geladenen ist Collis Huntington, vielleicht der wichtigste Befürworter der Eisenbahn an der Westküste. Aber er lehnt diese Einladung mit folgenden Worten ab:

Wenn *ihr* feiern wollt, dass der erste Nagel eingeschlagen wird, dann tut das. Ich tue es nicht. Die Berge da hinten sehen zu furchtbar aus. Wir könnten scheitern, und wenn wir das tun, möchte ich, dass so wenige Menschen wie nur möglich davon wissen. (...) *Jeder kann den ersten Nagel einschlagen, aber zwischen dem ersten und dem letzten Nagel liegen Monate harter Arbeit und Mühen.* (Hervorhebung durch den Verfasser)

Huntington hatte keine verklärte Sicht von *ersten* Nägeln, von vorzeitigen Feiern. Erst der *letzte Nagel* bei diesem Projekt interessierte ihn. Alles zwischen dem ersten und dem letzten Nagel gehörte zu seinem großen Bild, und solange das Bild nicht ganz fertig war, wollte er nicht feiern.

Als die Eisenbahnlinie schließlich im Mai 1869 fertiggestellt wurde, wurde ein letzter Nagel, ein goldener Nagel eingeschlagen und zwei Lokomotiven (eine aus dem Osten; die andere aus dem Westen) bewegten sich aufeinander zu, bis sie sich berührten. Ein Telegramm wurde an Präsident Ulysses S. Grant geschickt: »Sir, wir haben die Ehre, Ihnen berichten zu dürfen, dass die letzte Schiene verlegt ist, dass *der letzte Nagel eingeschlagen ist*. Die Pazifikeisenbahn ist fertiggestellt.«

»Die letzte Schiene ist verlegt, der letzte Nagel wurde eingeschlagen.« Jetzt hatte Collis Huntington vielleicht einen Grund zu feiern.

Als Saulus von Tarsus zum ersten Mal in der Bibel erwähnt wird, ist er ein Pharisäer: »Ein Hebräer von Hebräern« (Philipper 3,5), so beschreibt er sich später selbst. Das war das größte Bild, das er von sich selbst kannte. Es war zugleich das Bild, das zu seiner aggressiven und grausamen Verfolgung der Christen führte.

Aber auf der Straße nach Damaskus veränderte sich sein persönliches großes Bild. Hier geschah eine radikale Umkehr. Er bekam ein völlig neues Bild. Im Rückblick auf jenen Tag erklärt er König Agrippa, dass er Jesus Christus gesehen hatte. »Wer bist du, Herr?«, hatte er gefragt. Und er hatte folgende Antwort bekommen:

Ich bin Jesus, den du verfolgst; steh nun auf und stell dich auf deine Füße. Denn dazu bin ich dir erschienen, um dich zu erwählen zum Diener und zum Zeugen für das, was du von mir gesehen hast und was ich dir noch zeigen will. Und ich will dich erretten von deinem Volk und von den Heiden, zu denen ich dich sende, um ihnen die Augen aufzutun, dass sie sich bekehren von der Finsternis zum Licht und von der Gewalt des Satans zu Gott. So werden sie Vergebung der Sünden empfangen und das

Erbteil samt denen, die geheiligt sind durch den Glauben an mich. (Apostelgeschichte 26,15–18)

»Daher, König Agrippa, war ich der himmlischen Erscheinung [lesen Sie: ›dem großen Bild‹] nicht ungehorsam«, sagt Paulus zum König (Vers 19). Er war nie ungehorsam. Obwohl er fast jede Form menschlichen Leidens und menschlicher Anfeindung erduldete, die man sich vorstellen kann, ging er unbeirrt den Weg, den er als richtig erkannt hatte. Grund dafür war seine neue Vision und seine Ausdauer wuchs.

Diese Neuorientierung – man kann sie auch Bekehrung nennen – ist durch alle Zeiten hindurch das Kennzeichen großer biblischer Personen.

Mose erlebte ebenfalls eine solche Veränderung seines Bildes. Mit vierzig hatte er eine verschwommene Vorstellung davon, dass er zu ein paar hebräischen Sklaven freundlich sein wollte. In einem impulsiven Augenblick tötete er einen Ägypter und bezahlte für diese Kurzsichtigkeit einen hohen Preis. Innerhalb weniger Tage floh er aus Ägypten in die Wüste, wo er vierzig Jahre verbrachte, um eine neue, eine viel klarere und ganz gewiss eine frische Vision von sich selbst und davon zu bekommen, wie Gott zu ihm sprechen könnte.

Es dauerte vier Jahrzehnte, bis er ein neues Bild suchte und fand. Mit achtzig Jahren (!) hörte er Gottes Stimme im brennenden Dornbusch, die zu ihm sagte:

Ich bin der Gott deines Vaters (...), ich will dich zum Pharao senden, damit du mein Volk (...) aus Ägypten führst. (...) Ich will mit deinem Munde sein und dich lehren, was du sagen sollst. (2. Mose 3,6+10; 4,12)

Jetzt hatte Mose sein großes Bild und seinen Marschbefehl. Daran änderte sich nichts mehr. Alles in seinem Leben wurde seit jenem Augenblick an diesem großen Bild gemessen.

Jede dieser biblischen Personen erlebte eine bemerkenswerte Bekehrung in ihrem Leben. Die Augen ihrer Herzen wurden für ein großes Bild geöffnet, dafür, wie alles aussehen würde, wenn der letzte Nagel eingeschlagen wäre.

Seit einiger Zeit vertrete ich den Standpunkt, dass die heutige Vorstellung von einer christlichen Bekehrung viel zu klein ist. Sie betont das Einschlagen des ersten Nagels – eine Entscheidung, das Leben Jesus anzuvertrauen –, übersieht aber oft den letzten Nagel – das, was wir Jesu Berufung nach sein und tun sollen.

Obwohl es natürlich Grund zur Freude gibt, wenn alles beginnt, sollte unser Blick eigentlich auf das große Bild gerichtet sein: wohin das alles führt, wie man wächst, was es heißt, gut über die Ziellinie zu kommen.

Im Leben der Jünger gab es eine klare Einladung zur Nachfolge. Die Jünger nahmen sie an. Aber es wird relativ wenig über den Anfang gesprochen und viel mehr Augenmerk darauf gelegt, was aus den Jüngern wurde. Man könnte fast meinen, Jesus hätte für jeden einzelnen Jünger ein Heft mit einem Monatsplan für ihr Wachstum und einem entsprechenden Trainingsprogramm gehabt. Die Hauptereignisse in ihrem Leben lagen nicht dort, wo der erste Nagel eingeschlagen wurde (oder das erste Rennen gelaufen wurde), sondern sie warem beim letzten Nagel zu finden.

Ein Leben mit Ausdauer ist ein Leben, bei dem ein Mensch jeden Tag das große Bild vor Augen hat und es verwirklichen will. Wie sehen die einzelnen Teile des Bildes aus? Vielleicht helfen uns die folgenden Fragen zu einer Antwort:

- Wohin bin ich unterwegs, und was sind die großen Fragen, die mich auf dem Weg herausfordern werden?
- Welche Art Mensch werde ich als Folge dieses Weges?
- Was erwartet Gott von mir in diesem Rennen?
- Was kann ich mit den Gaben die ich habe erreichen? Was kann ich geben?

Ich könnte mit Alices Perspektive nicht leben: »Es ist mir ziemlich egal ...« Aber ich strebe nach Mertons Perspektive: »Frage mich, wofür ich lebe, und frage mich, was sich mir in den Weg stellt.«

Kapitel 7

Menschen mit Ausdauer sehen die großen Fragen des Lebens voraus

Vor nicht allzu langer Zeit war ich als Referent bei einer Konferenz für Anbetungsleiter. Das sind die Leute, die bei Gemeindegottesdiensten die Musik und den Lobpreis leiten. Sie waren zu dieser Konferenz gekommen, um sich auszutauschen und um geistliche Erbauung zu erfahren.

Als ich den Veranstaltungsraum betrat, stellte ich mit Erstaunen fest, dass fast jeder Anwesende zwischen zwanzig und dreißig war. Ich glaube, ich kann mit Sicherheit behaupten, dass niemand über fünfunddreißig war, außer – und das schmeichelt mir ein bisschen! – mir, dem Referenten.

Als ich diese Gruppe jugendlicher, energiegeladener, liebenswerter Leute sah, von denen die meisten so jung waren, dass sie mein Sohn oder meine Tochter hätten sein können, schossen mir verschiedene Gedanken durch den Kopf.

Diese Männer und Frauen waren beauftragt (und vermutlich auch dafür begabt), die Anbetungslieder für ihre Gemeinden zusammenzustellen und sie durch diese Lieder zu leiten. Das bedeutete, dass sie Lieder und Bibelstellen auswählten, Gebete sprachen und versuchten, durch eine Atmosphäre der Anbetung Menschen in die Gegenwart Gottes zu führen. »Sie sollten ihr Publikum gut kennen«, dachte ich. Sie sollten wissen, wer die Leute in ihrer Gemeinde waren, wie sie sich fühlten, wie ihre Hoffnungen und Träume aussahen, und was sie für ihre Zukunft erwarteten oder wovor sie Angst hatten. Sie sollten etwas von dem großen Bild wissen, das die Menschen mit in den Gottesdienst bringen.

Als ich ein junger Pastor Anfang dreißig war, fiel mir irgendwann auf, dass fast kein Mann, der älter als fünfundvierzig war, mit persönlichen Anliegen zu mir kam, es sei denn, sein Problem war so offensichtlich, dass man es nicht ignorieren konnte. Selten öffnete jemand aus der älteren Generation mir sein Herz und offenbarte seine Ängste, seine Ziele, seine Zweifel oder Überzeugungen, wenn ich nicht nachbohrte und ihn mit vielen Fragen aus der Reserve lockte.

Erst als ich erheblich älter geworden war, begriff ich den Grund für dieses allgemeine Schweigen. *Sie nahmen an, dass ich sie nicht verstehen würde oder könnte.* Ich frage mich, wie viele sinnlose Predigten ich aus meinem dreißigjährigen Herzen an das Herz so manches Siebzigjährigen gerichtet habe.

Und jetzt stand ich hier und sollte zu Anbetungsleitern sprechen, die nur halb so alt waren wie ich. Jetzt stand *ich* an der Stelle meiner früheren älteren Gemeindemitglieder. Ich beschäftigte mich mit Fragen in meinem Leben, in Bezug auf mein großes Bild, die fast niemand in diesem Raum verstehen konnte. Trotzdem waren sie beauftragt, Leute wie *mich* in die Anbetung Gottes zu führen.

Wie konnten sie beten, Lieder zusammenstellen, mich in die Nähe Gottes führen, wenn sie so wenig darüber wussten, was in einem Leben wie meinem passierte? Spontan änderte ich die Einleitung meines Vortrags für diesen Vormittag. Ich begann mit folgenden Worten:

»Meine Frau Gail und ich gehören zu einer kleinen Gruppe, die sich jeden Monat trifft. Wir sind kein Bibelkreis, wir folgen auch keiner Tagesordnung, die uns irgendjemand vorgibt. Wir kommen einfach zusammen, essen gemeinsam und dann erzählen wir uns, was in dem Monat seit unserem letzten Beisammensein in unserem Leben passiert ist. Und danach sprechen wir darüber, was wir vom kommenden Monat erwarten. Wir tauschen Geschichten über unsere Enkel aus, über unsere Arztbesuche, über unsere Erfahrungen, die wir an den verschiedenen Stellen machen, an denen wir Gott und unseren Mitmenschen dienen. Am Ende unserer Treffen kennt jeder die wichtigen Aspekte aus dem großen Bild der anderen. Dann endet unser Abend mit einer Zeit ehrlichen, intensiven Gebets.

Ein Thema kommt in unserer Gruppe unvermeidlich jeden Monat auf den Tisch – manchmal durch einen Witz, manchmal durch eine Geschichte oder eine Information über jemand anderen. Wisst ihr, welches Thema das ist?«

Ich wartete einen Augenblick und ließ den Leuten Zeit, um nachzudenken. Es wurde ungewöhnlich still im Raum, während die Anwesenden überlegten, was ich wohl meinte.

Schließlich sagte ich es ihnen: »Der Tod! Das Thema Sterben kommt immer auf den Tisch. Wisst ihr, warum?«

Jetzt hatte ich ihre volle Aufmerksamkeit. Ich konnte ihre Ungläubigkeit fast spüren. Wenn man zwanzig oder dreißig ist, spricht man selten über den Tod (wenigstens nicht regelmäßig in einer kleinen Gruppe), es sei denn, er drängt sich durch eine plötzliche Tragödie ins Leben. Ich sprach weiter:

»In unserer Gruppe reden wir über den Tod, weil wir wissen, dass die Wahrscheinlichkeit besteht, dass einer von uns in den nächsten Jahren stirbt. Wir sind alle über sechzig oder über siebzig, und wir sind sicher, ohne dass es uns jemand sagen muss, dass wir mit dem Tod rechnen müssen.

Jeden Sonntagmorgen führt jeder von euch eine größere Anzahl von Menschen in die Anbetung Gottes, für die der Tod ein wichtiges Thema ist, das sie sehr beschäftigt. Wie sprechen die Lieder, die ihr aussucht, der Stil, in dem ihr sie singt, die Art, wie ihr betet, die Bemerkungen, die ihr macht, die Ungewissheit an, die einige aus eurer Gemeinde in Bezug auf den Tod haben? Oder interessiert ihr euch nur für Menschen aus eurer eigenen Generation? Aber es sind auch andere Generationen da und suchen Trost, Führung, Herausforderungen, Gewissheit. Nur mit dem Unterschied, dass ihre Fragen ein wenig anders sind als eure.«

Ich sprach über die Wichtigkeit von großen Bildern, die Gott für uns malt, und die sich ständig in einem Entwicklungsprozess befinden.

»Diese Bilder werden stark durch die Fragen definiert, die wir stellen.

Die wichtigsten Fragen in *eurem* Leben sind zum Beispiel Fragen nach dem Beruf, nach Zielen und nach Beziehungen«, sprach ich weiter. »Mich persönlich interessieren diese Fragen nur wenig. Die wichtigen Fragen in meinem Alter drehen sich darum, ob ich noch gebraucht werde, ob ich den Mut habe, mit Schmerzen und Schwäche zu leben, und ob Gott wenigstens annähernd zufrieden ist damit, wie ich einen großen Teil meines Lebens gelebt habe. Ihr habt euer Leben noch vor euch, ich habe meines zum großen Teil hinter mir.

Ihr seid Anbetungsleiter«, sprach ich weiter. »Wie wollt ihr Menschen in die Gegenwart Gottes führen, wenn ihr die Fragen nicht kennt, die das große Bild in den Herzen der verschiedenen Generationen bestimmen, die vor euch sitzen?

Ich denke, dass es für jedes Lebensalter verschiedene Fragen gibt, vielleicht sogar für jedes Lebensjahrzehnt. Wenn wir sie kennen, hilft uns das, mit Menschen sensibel umzugehen, und es hilft uns, für unser eigenes Leben einen größeren Blick zu bekommen.

Vergesst nicht, was ihr heute hier gehört habt«, schloss ich. »In zehn Jahren werden euch andere Fragen beschäftigen als heute.«

Als die Gelegenheit kam, Fragen zu stellen, fragten einige: »Und was sind jetzt die Fragen, die zu jedem Lebensjahrzehnt gehören?«

Mir kamen einige typische Fragen in den Sinn, aber ich gab zu, dass ich da auch erst meine Hausaufgaben machen musste. »Ich weiß nur, dass es für jede Altersgruppe spezielle Fragen gibt«, antwortete ich.

Und noch etwas ganz Wichtiges: *Wenn sich die Fragen ändern, ändert sich auch der Inhalt (und vielleicht auch die Form) unserer geistlichen Interessen.*

»Die Fragen«, sagte ich, »ändern oft unsere Einstellung, mit der wir zur Bibel greifen und geistliche Nahrung in ihr suchen. Sie leiten uns, wenn wir Bücher kaufen. Die Fragen bestimmen, wie wir geistliches Leben sehen. Wenn also die Form des geistlichen

Lebens sich mit fünfzig noch um die Fragen dreht, die man hatte, als man zwanzig war, ist das geistliche Leben wahrscheinlich veraltet und ineffektiv.«

In jedem Lebensjahrzehnt, in dem sich die Fragen ändern, entdeckt der Bibelleser neue Einsichten aus den bekannten Bibelgeschichten oder -lehren. Auch das, worum man betet, ändert sich. Die Gefahren und Versuchungen für das geistliche Leben ändern sich. Und in jedem Lebensjahrzehnt stehen wir vor neuen Entscheidungen, die zu einer tieferen Hingabe führen können. Die entsprechenden Fragen zu kennen, die sich uns in jedem Lebensjahrzehnt wahrscheinlich stellen werden, hilft uns, in großen Bildern zu denken.

Als ich am Ende jenes Tages von der Konferenz wegfuhr, beschloss ich, die wichtigen Fragen, die Menschen sich im Lauf der Jahrzehnte stellen, zu erkennen. Ich war überzeugt, dass ich, wenn mir das gelänge, viel mehr über das Denken in einem großen Bild und über Ausdauer wissen würde.

Kapitel 8

Menschen mit Ausdauer bereiten sich darauf vor, die großen Fragen des Lebens zu beantworten

Einige Zeit nach meinem Vortrag vor den Anbetungsleitern wurde ich an mein Vorhaben, die typischen Fragen jedes Lebensjahrzehnts herauszufinden, erinnert. Gail und ich hatten eine Gruppe von vierzig Senioren zu Gast – Männer und Frauen, die fast alle über fünfundsiebzig waren. Viele Jahre lang hatten diejenigen, die sich an jenem Abend versammelten, in der Gemeinde in Concord, New Hampshire, in der ich an vielen Sonntagen predige, leitende Aufgaben wahrgenommen. In ihrer jetzigen Lebensphase, verläuft das Leben ein wenig ruhiger.

An diesem Abend lud Gail die Gruppe ein, aus ihren Erinnerungen an das Gemeindeleben in früheren Zeiten zu erzählen. Plötzlich war im Raum genauso viel Energie zu spüren, wie ich sie bei den Anbetungsleitern beobachtet hatte.

Wir hörten von Chorauftritten, Missionskonferenzen, Gebetsnächten, Bauprojekten und Rundfunksendungen, um nur ein paar Dinge zu nennen. Es gab Geschichten von Glauben, Bekehrungen, Visionen. Dann kamen die Geschichten von Prüfungen, Traurigkeit und Enttäuschungen. Ich hörte aus den lebendigen Geschichten, dass diese Senioren eine Botschaft zu verkünden hatten: Sie hatten auch große Bilder von ihrem Leben. *Sie hatten große Dinge geleistet ... selbst wenn die jüngere Generation in der Gemeinde das nicht wusste (oder sich nicht einmal dafür interessierte).*

Von Minute zu Minute wurde mir deutlicher bewusst, wie wenig wir über die Generationsgrenzen hinweg voneinander wissen. Und wie wichtig es ist zu verstehen, welche Fragen das größere Bild des anderen bestimmen. Das ist der Weg zur Ausdauer: Wissen, was vor uns liegt, was wahrscheinlich auf uns zukommt, wo die Möglichkeiten und die Hindernisse liegen. Diese Menschen hatten Antworten auf die Fragen, die jene Anbetungsleiter stellen mussten.

Also begab ich mich auf die Suche nach den großen Fragen, die die Lücken in vielen großen Bildern ausfüllen.

Als ich beispielsweise mit Leuten zwischen zwanzig und dreißig sprach, die gerade ins Erwachsenenleben eingetreten waren, stellte ich fest, dass sie sehr damit beschäftigt waren, ihre Identität zu bestimmen. »Was für ein Mann oder was für eine Frau werde ich?«, fragten sie sich oft. »Wie unterscheide ich mich von meiner Mutter oder meinem Vater?« Sie fragten: »Wo kann ich Freunde finden, die mich so annehmen, wie ich bin, und die mir die familiären Beziehungen schenken, die ich brauche (oder die ich nie hatte)?« Oder: »Kann ich lieben, und bin ich liebenswert?« Das sind Beziehungsfragen, und ich konnte das Unbehagen dieser Altersgruppe spüren, solange sie keine Antworten darauf hatten. Ich fand Angst vor Ablehnung, Einsamkeit und dem Gefühl, nicht dazu zu gehören. Kein Wunder, dass es zwischen zwanzig und dreißig so viel Kommen und Gehen gibt und ein Mensch sich einmal zu der einen und dann zu der anderen Gruppe hingezogen sieht, zum einen Freund und dann zum anderen. Man muss seinen Platz finden, Menschen, zu denen man gehören kann.

Die Jahre zwischen zwanzig und dreißig sind eine Zeit, in der man fragt: »Was werde ich mit meinem Leben anfangen? Was will ich für meine Mühen wirklich bekommen?« Die meisten erklären, dass der Schlüsselwunsch des Lebens nicht materieller Reichtum sei; vielmehr gehe es um eine sinnvolle Arbeit, um das Gefühl etwas zu bewirken. Ehrenamtliches Engagement ist eine wichtige Möglichkeit. Natürlich sagten viele auch, sie seien ganz zufrieden, wenn sie nur eine Arbeit fänden – irgendeine machbare Arbeit –, um sich ein sicheres Leben und etwas Spaß leisten zu können.

Menschen zwischen zwanzig und dreißig begreifen, dass sie mit unverantwortlichem oder unsozialem Verhalten nicht länger ungeschoren davonkommen. Lebensmuster, Verhaltensweisen und Persönlichkeitsmerkmale müssen sich anpassen, wenn man weiterkommen will. Also stellt sich die Frage: »Was in meinem Leben braucht Korrektur?«

Es ist auch nicht überraschend, dass Menschen zwischen zwanzig und dreißig mit der Frage ringen, wer oder was *Herr* ist: »Um welche Person oder Überzeugungen herum will ich mein Leben organisieren?« Vielleicht ist das die Mutter aller Fragen (genau genommen für jedes Alter), aber sie erreicht eine große Bedeutung, wenn man zu der Erkenntnis gelangt, dass das Leben nicht länger ein Spiel ohne Konsequenzen ist. Jetzt wird es ernst. Man muss ein Organisationsprinzip finden, das die einzelnen Teile des Lebens in eine Ordnung bringt. Dieses *Prinzip* ist, wie wir in der Bibel lesen, in Wirklichkeit eine Person: Jesus Christus – seine rettende Macht, seine Berufung, seine Lehren.

Was passiert, wenn Menschen zwischen zwanzig und dreißig ins nächste Lebensjahrzehnt gehen und sich zwischen dreißig und vierzig bewegen? Die Fragen und Konfliktpunkte fangen an, sich zu verändern. Die längerfristigen verantwortlichen Aufgaben des Lebens beginnen sich zu häufen, und das Gefühl der persönlichen Freiheit wird teilweise dauerhafteren Beziehungen und Verpflichtungen geopfert.

Da normalerweise die Verantwortung, aber nicht die Zeit mehr wird, stellt man sich zwischen dreißig und vierzig die Frage: »Wie setze ich die richtigen Prioritäten bei den Anforderungen, die an mein Leben gestellt werden?« Es gibt Ehepartner, die man lieben und mit denen man Zeit verbringen möchte, Kinder, die endlos viel Aufmerksamkeit brauchen, und die Arbeit/Karriere, die viel Energie kostet. Das Haus muss in Ordnung gehalten werden, Rechnungen müssen bezahlt werden, Verpflichtungen gegenüber Organisationen müssen eingehalten werden. Plötzlich muss man zwischen den Jas und den Neins im Leben abwägen, und diese Entscheidungen sind nicht leicht.

Die beruflichen Möglichkeiten waren zwischen zwanzig und dreißig vielleicht klarer und einfacher. Aber jetzt, zwischen dreißig und vierzig, kann man anfangen zu erkennen, dass es Gewinner und Verlierer gibt und auch solche, die unbemerkt im Mittelfeld die Ziellinie passieren. Die Frage stellt sich: »Wie weit kann ich gehen, um mein Ziel zu erreichen?«

Da man zwischen dreißig und vierzig so sehr damit beschäftigt ist, die Routinen im Leben in die richtigen Bahnen zu lenken, wird man sich kaum bewusst, dass sich das ursprüngliche Lebensumfeld verändert hat. Die Freunde der Jugend (und auch aus der Zeit zwischen zwanzig und dreißig) sind andere Wege gegangen, sind in verschiedene Richtungen gezogen (einige haben geheiratet, andere sind ledig geblieben; viele sind in andere Teile der Welt gezogen). Und eine weitere Frage stellt sich: »Wer sind die Menschen, von denen ich weiß, dass ich mit ihnen durchs Leben gehe?«

Für viele Männer ist dieses Jahrzehnt die Zeit, in der die Einsamkeit des Mannes einsetzt. Neue Freundschaften unter Männern werden nicht leicht geschlossen. Genauso wenig lassen sie sich mit den Freundschaften vergleichen, die man früher hatte. Alte Freunde sind weggezogen; oft haben neue Bekannte einfach nicht die Zeit, die befriedigenden Beziehungen aufzubauen, die zu den jüngeren Jahren gehörten.

Das geistliche Leben verändert sich bei Menschen zwischen dreißig und vierzig. Die geistlichen Fragen kreisen nicht mehr um die Ideale der Jugend, sondern um die Realitäten des Lebens, das hart und unnachgiebig ist. Es bleibt im Gegensatz zu früheren Jahren kaum noch Zeit für die langen Gespräche mit einem Mentor, die Jugendfreizeiten und Programme, die Zeiten, in denen man es sich einfach gut gehen ließ. Jetzt lassen die Anforderungen des Lebens wenig Zeit für Kontemplation und geistliche Erneuerung. Die meisten Menschen zwischen dreißig und vierzig, die eine geistliche Komponente im Leben suchen, sagen, dass Worte wie »leer«,

»müde«, »verwirrt« und »getrieben« auf eine Weise in ihren Gedanken auftauchen, die sie nie erwartet hätten. Und so ergeben sich folgende Fragen: »Wie sieht mein geistliches Leben aus? Habe ich überhaupt Zeit für ein geistliches Leben?«

Es ist eine stille, nagende Frage, die sich in Augenblicken stellt, in denen man das Gefühl hat, versagt zu haben. Menschen zwischen dreißig und vierzig entdecken häufig Dinge bei sich, von denen sie gedacht hatten, sie hätten sie inzwischen einfach dadurch, dass sie erwachsen wurden, überwunden. Dinge, von denen sie früher erwartet hatten, dass sie sie von sich abschütteln würden, *sind nicht* verschwunden. Menschen in diesem Lebensjahrzehnt fragen sich oft: »Warum bin ich kein besserer Mensch?«

Wenn man die vierzig überschritten hat, tauchen mit einem Mal neue Fragen auf. Die komplexen Verbindungen des Lebens beschleunigen sich noch mehr, und – was sehr beunruhigend ist – wir fangen an zu begreifen, dass wir unsere Fehler und unser Versagen nicht länger auf unsere Jugend oder Unerfahrenheit schieben können. Wir sind, wie es so schön heißt, *erwachsen*. Von uns wird erwartet, dass wir mit den Rückschlägen und Verletzungen des Lebens mit unerschütterlichem Mut fertig werden. Panik und Angst sind bei Jüngeren (und Älteren?) erlaubt. Aber von Menschen zwischen vierzig und fünfzig wird erwartet, dass sie fest im Leben stehen.

Trotzdem ... gibt es Fragen. Wie ich in einem anderen Teil dieses Buches veranschaulichen werde, stellt sich die Frage: »Wer war ich als Kind, und welche Mächte von damals haben einen Einfluss darauf, welcher Mensch ich heute bin?« Zwischen zwanzig und dreißig hätten wir über diese Frage gelacht, aber jetzt wird sie für ziemlich viele Menschen eine ernste Frage.

»Warum scheinen einige Leute besser klar zu kommen als andere? Warum bin ich oft von mir und von anderen enttäuscht? Warum gibt es immer mehr Begrenzungen als Möglichkeiten?«

Ich glaube, die Jahre zwischen vierzig und fünfzig sind für viele gefährliche, unerforschte Gewässer. Viele Dinge passieren, auf die viele von uns nicht vorbereitet sind. Der Körper verändert sich; die Kinder werden selbstständiger, sie ziehen von Zuhause aus. Ehen müssen sich den neuen Gegebenheiten stellen und sich ihnen anpassen. Einige fangen an, ein finanzielles Polster zu genießen; andere fürchten, dass sie nie eine materielle Sicherheit erreichen werden. Einige geben den Kampf, lebenslange Ziele zu erreichen, auf und geben sich mit einer defensiven Lebenshaltung zufrieden. Andere vermissen ihre Jugend und deren scheinbare Aufregung so sehr, dass sie versuchen, zurückzugehen, um frühere Vergnügen nachzuholen.

Zwischen vierzig und fünfzig fragen sich viele: »Warum muss ich so vielen Ungewissheiten ins Auge blicken?« Andere fangen vielleicht ein zweites Leben an, bauen eine zweite Karriere auf. »Was kann ich tun, um für meine Generation einen größeren Beitrag zu leisten?« Oder: »Was wäre nötig, um einer völlig neuen Berufung im Leben zu folgen und das zu tun, was ich schon immer tun wollte?« Wenn man genau hinhört, hört man in den Fragen, die sich jetzt melden, vielleicht das Wort »gefangen«.

Einige weise Menschen in diesem Lebensjahrzehnt nehmen sich vielleicht eine dreimonatige Sabbatzeit. Sie betrachten sich schonungslos im Spiegel und beurteilen ihren bisherigen Lebensweg. Sie werfen einen strengen Blick auf ihren geistlichen Weg, ihre persönlichen Beziehungen, ihre Überzeugungen in Bezug auf Geld und Besitz, ihren Einsatz von Energie und Ressourcen. Und wenn diese Beurteilung abgeschlossen ist, haben sie einen völlig neuen Kurs für ihre zweite Lebenshälfte eingeschlagen. Ein sehr aufregendes Abenteuer für mutige Menschen.

Menschen zwischen fünfzig und sechzig würden oft lieber nicht darüber nachdenken, aber es ist eine Tatsache, dass sie die Lebensmitte überschritten haben. Jetzt ertappt man sich bei der Frage, wie viele Jahre einem noch bleiben. Die Nachrichten vom Tod von Freunden, von kaputten Ehen, von Leuten die an ihren Alterswohnsitz ziehen, häufen sich. Es kann eine Zeit nüchternen Nachdenkens sein.

John Dean, der durch die Watergate-Affäre berühmt wurde, schrieb:

Mein Blick [auf das Leben] war rückwärts gerichtet, nicht vorwärts (...), und ich habe mich zu sehr mit dem Trivialen, dem Unwichtigen aufgehalten. Die Zeit läuft ab, und ich muss mit meinem Leben klar kommen. Die Tage, in denen ich von großen Leistungen träumte, sind vorbei. Ehrgeiz und Ziele müssen realistisch sein, wenn ich verhindern will, dass ich am Ende große Enttäuschungen erlebe.

Menschen zwischen fünfzig und sechzig fragen also vielleicht: »Warum vergeht die Zeit so schnell?« Denn *sie vergeht schnell*. Es scheint, als wäre gestern erst Weihnachten gewesen, und morgen ist schon wieder Weihnachten. Wir schauen Gleichaltrige an. Plötzlich kommen sie uns sehr alt vor. Bestimmt sind wir selbst nicht so sehr gealtert!

»Warum wird mein Körper unzuverlässig? Wie gehe ich mit meinem Versagen und meinen Erfolgen um? Wie können mein Ehepartner und ich unsere Beziehung neu beleben, jetzt, da die Kinder aus dem Haus sind?« Denjenigen, die diese Fragen noch nicht kennen, sage ich: »Seid bereit!« Jede dieser Fragen wird kommen, oft ohne Vorwarnung. Es lohnt sich, ihnen mutig ins Auge zu blicken.

»Wer sind diese jungen Leute, die meinen Platz einnehmen wollen?« Es ist ein beängstigender Augenblick, wenn man entdeckt, dass Jüngere vielleicht mehr wissen als ich, vielleicht bereit sind, länger und schwerer zu arbeiten, als ich zu arbeiten bereit bin, und es vielleicht nicht erwarten können, dass ich ihnen Platz mache und ihnen die gleiche Chance einräume, sich zu beweisen, die ich früher eingefordert habe.

»Was mache ich mit meinen Zweifeln und Ängsten? Werden wir für den Ruhestand genug Geld haben, falls gesundheitliche Probleme oder wirtschaftliche Krisen auftreten?« Diese Fragen lauern, wenn wir zwischen fünfzig und sechzig sind.

Der Sechzigjährige fragt: »Wann höre ich auf, die Dinge zu tun, die mich immer definiert haben? Warum fühle ich mich von einem großen Teil der jüngeren Bevölkerung ignoriert? Warum interessiert es mich, wer in der Zeitung in den Todesanzeigen steht, wie diese Menschen starben und was für ein Leben sie geführt haben?«

Zwischen sechzig und siebzig fragt man sich, was man noch erreichen will, und: »Habe ich genug Zeit, all das zu tun, von dem ich in der Vergangenheit immer geträumt habe?« Man gibt es vielleicht nicht gern zu, aber im Hinterkopf sitzt die Frage: »Wer wird bei mir sein, wenn ich sterbe?« Und wenn man verheiratet ist: »Wer von uns wird als Erster gehen, und wie ist es, wenn man von jemandem Abschied nimmt, mit dem man so viele Jahre seines Lebens geteilt hat?«

Bei vielen sind das die Jahre, in denen in stillen Augenblicken Zweifel und Fragen auftauchen. »Können die Dinge an die ich glaube, mich bis ans Ende tragen? Gibt es wirklich ein Leben nach dem Tod? Was bereue ich? Und was befriedigt mich nach so vielen Lebensjahren am meisten? Was habe ich geleistet, das mich überleben wird?«

Die Jahre zwischen siebzig und achtzig und zwischen achtzig und neunzig haben wahrscheinlich viel Ähnlichkeit miteinander. Jetzt fragt man sich: »Ist irgendjemandem bewusst, wer ich früher einmal war? Interessiert das überhaupt jemanden? Ist irgendjemandem bewusst, dass ich früher ein Geschäft besaß [oder leitete], ein guter Sportler war, an der Schule unterrichtete, eine schöne Solostimme oder ein attraktives Gesicht hatte? Ist meine Geschichte irgendjemandem wichtig?«

»Wie viel von meinem Leben kann ich noch selbst bestimmen?«, fügen sie hinzu. Einige müssen den Führerschein abgeben. Andere müssen die Verwaltung ihrer Finanzen einem Jüngeren überlassen. Viele werden in Gemeinschaften leben, in denen der größte Teil des Lebens von anderen bestimmt wird.

»Gibt es irgendeinen Beitrag, den ich noch leisten kann?«

Niemand will nur da sitzen und Mensch-ärgere-dich-nicht spielen. Der Körper ist vielleicht alt, aber einige von uns wollen immer noch einen Beitrag in ihrer Umwelt leisten. Können wir das?

»Warum diese Wut und diese Gereiztheit? Ist Gott wirklich für mich da? Bin ich bereit, dem Tod ins Gesicht zu schauen? Und wenn ich sterbe (wie wird das passieren?), wird man mich vermissen, oder wird die Nachricht von meinem Tod Erleichterung bringen? Der Himmel? Wie ist er?«

Wenn ein Mensch das große Bild seines Lebens erkennen will, wird er sich auf diese Fragen vielleicht vorbereiten wollen. Wenn wir keine Antworten auf diese Fragen haben, können sie uns auslaugen. Sie können uns unsere Lebensfreude rauben.

Während ich mit vierzig befreundeten Senioren zusammensitze und ihnen zuhöre, wie sie über ihre angenehmsten Erinnerungen sprechen, sehe ich diese Fragen in ihren Augen und höre ich diese Fragen aus ihrer Stimme. Das fordert mich heraus, weil es nur noch ein paar Jahre dauert, bis ich (hoffentlich) die gleiche Einladung bekomme, die Gail und ich diesen Freunden gegenüber aussprachen.

Kapitel 9

Menschen mit Ausdauer entwickeln einen christlichen Charakter

In seinem Buch *Soul-Making* beschreibt Allen Jones einen Besuch im koptischen Kloster St. Marcarius in der ägyptischen Wüste. Sein Gastgeber, Vater Jeremia, ein bärtiger Mönch undefinierbaren Alters, erzählte ihm viele Geschichten über die Wüstenväter. Unter anderem schilderte er folgende Begebenheit:

»Eines Tages wurde der weise Mönch Marcarius von einem jungen Mann gefragt: ›Abba, erzähle uns, wie es ist, ein Mönch zu sein.‹ Marcarius antwortete: ›Ich bin selbst kein Mönch, aber ich habe schon welche gesehen.‹«

Nachdem er diese Geschichte erzählt hatte, schreibt Jones, hat Vater Jeremia diese Aussage auf sich übertragen und gesagt: »Ich bin *noch* kein Christ, aber ich habe schon welche gesehen.«

Bei den Worten dieses Mönchs geht es nicht um theologische Korrektheit. Hier geht es um ein anderes Anliegen. Die Aussage: »Ich bin *noch* kein Christ« verrät eine Demut, eine Erkenntnis, dass das Leben mehr ist als Versprechungen und Absichtserklärungen. Es geht darum, *ein Mensch zu werden,* dessen Leben mit seinen Worten übereinstimmt ... oder noch besser, mit den Worten Jesu. Heutzutage bezeichnet man das als »Authentizität«.

Wenn ich dieses Denken auf die Ausdauer im Leben übertrage, stelle ich fest: Menschen mit Ausdauer haben oft mehr einen *Prozess* als eine feste *Position* im Blick.

Mit dem Wort »Christ« wird oft das persönliche Erlebnis beschrieben, bei dem ein Mensch das erste Mal glaubt, dass Jesus seine Sünden vergibt, und bei dem er das Geschenk des ewigen Lebens annimmt. »Wann bist du Christ geworden?«, fragen wir oft.

Die Antwort wird normalerweise in Form eines Datums und eines Ortes gegeben.

Wenn mit dem Wort »Christ« jedoch ein Prozess geistlicher Entwicklung gemeint ist, beschreibt es einen lebenslangen Weg, auf dem man Jesus nachfolgt und ihm im Verhalten und in der inneren Ausrichtung nach und nach immer ähnlicher wird. Genau aus dieser Perspektive spricht Vater Jeremia, wenn er sagt: »Ich bin noch kein Christ, aber ich habe schon welche gesehen.« Die Schlüsselworte sind »noch nicht«, denn er hat die Absicht, durch persönliches Wachstum ein Christ zu werden. Durch einen Prozess! Er ist nicht bereit, sich allein mit Worten zufrieden zu geben.

Menschen mit Ausdauer denken im Rahmen eines großen Bildes. Zu den Dingen, über die sie nachdenken und die sie im Blick auf die Zukunft beschäftigen, gehört die Frage: »Bin ich dabei, ein Christ zu werden?«

Wir sprechen hier von Charakter, von christusähnlichem Charakter. Die Art Mensch, zu der ich mich als Folge meiner Entscheidung, Jesus nachzufolgen, entwickle. In seiner Einladung an das Volk – »Kommt und folgt mir nach« – sagte Jesus: »Lernt von mir.« Anders ausgedrückt: »Schaut auf mich. Übernehmt meinen Charakter.«

Was sollten die Menschen, die ihm nachfolgten, lernen? Eine Art zu leben. Eine Art zu sehen und zu hören. Eine Art, mit anderen Menschen richtig umzugehen. Eine Art, die Schöpfung und die Verletzungen in der Welt zu sehen. Eine Einladung zu handeln. Zu Jesus zu kommen bedeutet, das Leben Stück für Stück zu verändern.

In seinem Buch *Gottes Träume leben* erzählt Erwin McManus von einem Tag, an dem er als Referent bei einer christlichen Freizeit in Florida war. Seine Familie begleitete ihn. »Mein Auftrag war es«, schreibt McManus, »in dieser friedlichen Atmosphäre mehrere tausend Singles zu einem Leben mit mehr Hingabe herauszufordern.«

In einer Veranstaltungspause gehen McManus und sein zehnjähriger Sohn Aaron am Meer spazieren. Plötzlich bemerkt er einen behinderten Mann mit Krücken, der sich bemüht, zu den anderen Badenden ans Ufer zu gelangen. Aber da der Sand keinen guten Untergrund bietet, stürzt der Mann und kann nicht wieder aufstehen. McManus gibt zu, dass sein Instinkt ihn drängte, sich abzuwenden und in die andere Richtung zu gehen.

Ich kenne diesen Instinkt. Es ist der Teil von uns allen, der es vorzieht, in nichts verwickelt zu werden, sich nichts aufzulasten, das uns überfordern könnte. Die Versuchung ist da, zu erstarren, die Not zu ignorieren, zu hoffen, dass jemand anderes in die Situation eingreift. Etwas in unserem Charakter flüchtet sich ins Neutrale, und unser Selbstinteresse droht unsere Opferbereitschaft auszustechen.

Nicht so bei McManus' Sohn.

»Mein Sohn hielt mich auf«, erzählt McManus.

»Ich muss diesem Mann helfen«, sagt der Junge.

McManus: »Ich konnte ihn nur anschauen und sagen: ›Dann geh und hilf ihm.‹«

Als sich herausstellt, dass der gestürzte Mann für den kleinen Jungen zu schwer ist, laufen andere schnell zusammen und bieten die nötige Hilfe an. Zuerst ist der Junge deprimiert, weil er dem Mann nicht allein hatte helfen können, aber McManus sagt: »Ich erklärte Aaron, dass seine Kraft den Mann getragen hatte. Seinetwegen waren die anderen ihm zu Hilfe gekommen.«

Das ist Charakter, der in den Instinkten eines zehnjährigen Jungen sichtbar wird. Ich bewundere Erwin McManus wirklich, aber, mit Verlaub: Wer ist in dieser Situation der Erwachsene?

»Charakter« ist ein Wort, das *mich* beschreibt. Die Person, die ich über den langen Zeitraum meines Lebens bin. Die Person, die in den schwierigsten, herausforderndsten Augenblicken zum Vorschein kommt.

Der Charakter bestimmt meine Einstellungen, meine Überzeugungen und mein Verhalten. Anders ausgedrückt: Charakter ist das, was andere in den *meisten* Situationen von mir erwarten können. Ich sage »in den meisten Situationen«, da wir alle unseren

Charakter von Zeit zu Zeit verleugnen oder ihm trotzen. Wenn wir sagen: »Er handelte seinem Charakter zuwider«, beschreiben wir damit entweder ein ungewöhnlich gutes oder ein ungewöhnlich schlechtes Verhalten, das im Gegensatz zu dem steht, was wir von einem Menschen zu erwarten gelernt haben. Charakter liegt also wie eine tiefe Strömung dem zugrunde, was wir Tag für Tag sind.

Die tiefe Strömung in uns, aus der Charakter entsteht, muss beobachtet und, wenn nötig, umgelenkt und neu aufgebaut werden. Worte wie »Wachstum«, »Verwandlung« und »Reife« sind Menschen mit Ausdauer wichtig. Diese Konzentration auf die eigene Entwicklung kann natürlich auch zum Selbstzweck werden (alle Tugenden bergen auch Gefahren), aber wir wollen uns auf die positiven Seiten konzentrieren, statt uns wegen der möglichen negativen Seiten Sorgen zu machen.

Wir alle können oberflächliche Veränderungen im Leben produzieren. Die aktuelle Sorge um das Körpergewicht ist dafür ein gutes Beispiel. Menschen beginnen eine Diät und ein Fitnessprogramm, und für ein paar Monate erreichen sie ein Gewicht, das ihnen gefällt. Aber solange sie nicht ihre ganze Einstellung gegenüber dem Essen ändern, werden sie am Ende wieder in ihre früheren Gewohnheiten zurückfallen und sich schlechter fühlen als vor der Diät.

Mit einer Gewohnheit, die uns nicht gefällt, machen wir es oft ganz genauso. Wir schlagen in unserer Ehe eine neue Seite auf, oder wir organisieren unsere Arbeitsmethoden neu. Aber das Entmutigende ist, dass wir ein paar Monate später feststellen, dass wir wieder genau »dasselbe alte Zeug« machen.

Eine oberflächliche Veränderung funktioniert normalerweise nicht. Erst wenn man eine Wurzelbehandlung an der Seele vornimmt (ein passendes Bild, finde ich) und auf dem Fundament des Lebens neu aufbaut, geschehen wirkliche Veränderungen. Und das bedeutet, dass wir uns auf der Charakterebene befinden.

Menschen mit Ausdauer glauben, dass der Charakter sich immer ändern kann. Mutter Teresa sagte einmal über den Charakter einer Schwester in ihrer Schwesternschaft und über ihren eigenen Charakter:

> In der Schwesternschaft ist eine Schwester, die es versteht, mich ständig falsch anzusprechen; ihr Verhalten, ihre Art zu sprechen, ihren Charakter empfinde ich als nicht liebenswert. Aber andererseits ist sie eine [Schwester]; Gott muss sie sehr lieben; also werde ich nicht zulassen, dass meine natürliche Abneigung ihr gegenüber mich beherrscht.
>
> Deshalb rufe ich mir ins Gedächtnis, dass [christliche] Liebe keine Sache des Gefühls ist; Liebe bedeutet, etwas zu tun. Ich habe beschlossen, diese Schwester so zu behandeln, als wäre sie die Person, die ich auf der Welt am meisten liebe. Jedes Mal wenn ich ihr begegne, bete ich für sie, und ich danke Gott für ihre Tugenden und ihre Bemühungen. Ich bin sicher, dass Jesus will, dass ich mich so verhalte.

So sieht die Veränderung eines Charakters aus. In der Tradition geistlicher Disziplinen gibt es eine Übung, die »Selbstprüfung« genannt wird – die Disziplin, sich selbst unter die Lupe zu nehmen und sich selbst so zu sehen, wie Gott uns vielleicht sieht. Bei Mutter Teresa kann man das beobachten.

Obwohl diese Disziplin weithin als richtig und wichtig erkannt wird, praktizieren diese Selbstprüfung nicht viele. George MacDonald hat einmal gesagt:

> Töricht ist der Mann – und es gibt viele solche Männer –, der sich selbst oder seine Mitmenschen von Unannehmlichkeiten befreit, indem er die Welt in Ordnung bringt, indem er gegen das Böse um sich herum Krieg führt, während er diesen inneren Teil der Welt vernachlässigt, der ihn eigentlich etwas angeht, *der ihn zuallererst etwas angeht – nämlich seinen eigenen Charakter und sein Verhalten* (Hervorhebung durch den Verfasser).

Die Übung der ständigen Umkehr ist Teil der Charakterentwicklung. Mir scheint, das Konzept der Umkehr wird falsch verstanden und leider nur gebraucht, um gelegentlich tiefe Reue über eine ungewöhnlich heimtückische Sünde zum Ausdruck zu bringen.

Natürlich ist das gelegentlich angebracht. Aber im größeren Sinn sind Reue und Umkehr die regelmäßige, aufrichtige Anerkennung dessen, dass vieles in mir kaputt ist und in Ordnung gebracht werden muss. Es ist das Verhalten des demütigen Zöllners, von dem Jesus erzählt, der über sein Leben so deprimiert war, dass er sich unwürdig fühlte, auch nur die inneren Bereiche des Tempels zu betreten. Und so stand er, erzählte Jesus, in einem gewissen Abstand und betete: »Gott, sei mir Sünder gnädig« (Lukas 18,13). Einfache Worte, aber sehr im Kontrast zu dem Pharisäer, der seine eigenen Leistungen lobte und Gott dankte, dass er nicht so war wie andere Leute ... beispielsweise wie dieser Zöllner (V. 11).

Regelmäßige Umkehr muss keine rührselige Übung in Selbstanklage sein. Wir brauchen nicht in eine »Wehe mir«-Zeit zurückzukehren, in der es eine große Fülle an Worten gab, die zum Ziel hatten, das eigene Selbstwertgefühl vor Gott immer kleiner zu machen. Vielmehr sprechen wir hier von einer offenen Einschätzung der eigenen Unzulänglichkeiten, einem Eingeständnis vor Gott, dass es diese gibt, und einer ernsten Absicht, das Falsche in Ordnung zu bringen. Stelle dich ihm; nenne es beim Namen; lehne es ab; ersetze es durch etwas Positives.

Ich achte bewusst auf Männer und Frauen aus meiner eigenen Generation, deren Wege sich mit meinen von Zeit zu Zeit kreuzen. Eine der kostbarsten Erfahrungen ist es, mit einem gottesfürchtigen alten Mann oder einer gottesfürchtigen alten Frau zusammenzutreffen. Sie sind Helden auf ihre Art und tragen die Narben und Spuren eines langen Glaubenslebens an sich. Mir fallen hundert Fragen ein, die ich ihnen stellen möchte. Ich will die Wurzeln für ihren Charakter erkennen. Wer waren ihre Helden? Welche Krisen haben ihren Charakter wachsen lassen? Welche Prinzipien haben sie durch ihr Leben getragen? Bedauern? Freuden? Hoffnungen und Träume?

Paulus schreibt: »Folgt mir, liebe Brüder, und seht auf die, die so leben, wie ihr uns zum Vorbild habt. (...) Unser Bürgerrecht aber ist im Himmel.« (Philipper 3,17–20)

Ich glaube nicht, dass sich ein Charakter ändern kann, wenn ein Mensch keine Vision für die Zukunft hat. Was für ein Mensch will ich in fünf Jahren sein? Welche drei oder vier Verhaltens- oder Denkmuster muss ich vertiefen?

Zur Zeit bemühe ich mich um Geduld, eine der Eigenschaften, die die Bibel als »Frucht des Geistes« bezeichnet (Galater 5,22). Ich habe mich immer für einen geduldigen Menschen gehalten, aber inzwischen bin ich mir da nicht mehr so sicher. Ich stelle fest, dass sich in mir eine gewisse Gereiztheit meldet, wenn die Schlange an der Post zu lang ist, wenn alle anderen beschlossen haben, zur gleichen Zeit, zu der ich unterwegs bin, die Autobahn zu verstopfen, wenn jemand mir eine E-Mail schickt, bei der mein Computer zehn Minuten braucht, um sie herunterzuladen. Ich habe den Verdacht, dass diese Spuren von Ungeduld in Wirklichkeit andere Aspekte – vielleicht wichtigere Aspekte – meines Lebens widerspiegeln, denen ich mich nicht stellen will. Wenn ich also in der Schlange stehe und diese Ungeduld spüre, zwinge ich mich, sie abzustellen und über meine idiotische, unreife Reaktion nachzudenken. Warum rege ich mich auf, weil ich vier oder fünf Minuten in meinem Terminplan verliere? Welche tiefere Ungeduld steckt dahinter? Woher kommt die Wut?

Die Minuten in der Schlange werden für mich zu einer Lehrstunde für meinen Charakter. Es werden noch andere Augenblicke kommen, in denen ich bei weitaus größeren Dingen Geduld brauche. Ich will deshalb hier Geduld lernen, damit ich sie dort habe.

Der Charakter entwickelt sich – wenigstens bei Christen –, wenn wir uns von der Bibel etwas sagen lassen. Wir sind das, was wir in die tiefsten Teile unserer Seele eindringen lassen. Ein regelmäßiger Fernsehkonsum, billige Zeitschriften, seichte Literatur machen uns zu furchtbar ungenügenden Menschen. Ein tägliches Lesen in der Bibel und eine Auseinandersetzung mit Literatur, die sich auf die Bibel konzentriert, ist nötiger Teil einer gesunden geistlichen Nahrung.

In einem kurzen Artikel über den düsteren Roman *Herz der Finsternis* zitiert der Engländer David Sawyer eine Bemerkung des Charakters Marlow, den der Autor Joseph Conrad geschaffen hat: »Prinzipien genügen nicht. (...) Nein, du brauchst einen bewussten Glauben.«

Sawyer bemerkt dazu: »In diesen Zeilen unterscheidet Conrad zwischen bloß kulturellen Einstellungen, die man in seiner Jugend übernommen hat und die sich in Luft auflösen, sobald sich das moralische Klima ändert, und sorgfältig durchdachten Werten, denen man sich verpflichtet hat.«

Ein Mensch mit Ausdauer, der einen christlichen Charakter entwickelt, weiß, wie wichtig sorgfältig durchdachte Werte sind, die aus einem Leben entstehen, das seine Grundwerte aus der Bibel schöpft.

Einmal saß ich in Hongkong fest, nachdem ich trotz rechtzeitiger Buchung meinen Flug bei der Singapore Airlines wegen Überbuchung nicht bekam. Die Leute von der Fluggesellschaft teilten mir höflich mit, dass es keine Chance gäbe, in den nächsten zwei Tagen einen Flug zu bekommen. Ich nahm mir für die erste Nacht ein Hotelzimmer und kehrte am nächsten Tag zum Flughafen zurück. Stunde für Stunde saß ich da und hoffte, dass ein Platz frei würde und ich nach Hause fliegen könnte.

Neben mir saß ein Mann, der es offensichtlich gewohnt war, viel durch die Welt zu fliegen. Er saß in derselben Klemme wie ich. Plötzlich stand er auf und ging auf den Angestellten der Fluggesellschaft zu. Ich konnte sehen, dass ihr Gespräch äußerst lebhaft verlief. Als er zurückkehrte, hielt er einen Flugschein in der Hand.

»Ich sage Ihnen, wie das läuft«, sagte er. »Ich bin da hinüber gegangen. Ich habe jedes Schimpfwort, das mir einfiel, benutzt; ich habe ihm gesagt, was ich von seiner Fluglinie halte und dass ich nie wieder mit ihr fliegen würde. Ich verlangte einen Platz im nächsten Flugzeug, und ich habe einen bekommen.« Er hielt mir seinen Flugschein unter die Nase. Dann sagte er: »Wenn Sie hinübergehen und das Gleiche machen, haben Sie vielleicht auch Glück.«

Ich ging zum selben Angestellten hinüber und sagte: »Sir, man hat mir gesagt, wenn ich wirklich gemein und ausfällig würde, wäre es möglich, dass Sie mir einen Flugschein geben. Ehrlich gesagt, bin ich kein Typ, der ausfällig wird. Ich halte nichts davon, Leute zu beschimpfen und zu fluchen. Trotzdem würde ich wirklich gern nach Hause fliegen. Glauben Sie, dass Sie mir helfen können?«

Er sagte: »Ich werde es versuchen.« Ich kehrte voll Optimismus zu meinem Platz zurück. Ich erwartete, dass ich zu meinem Bekannten sagen könnte: »Es gibt eine andere, eine *bessere* Art, etwas zu erreichen.« Dann würde er wahrscheinlich über meinen Charakter staunen und mich nach meinem Glauben fragen. Das habe ich wirklich erwartet.

Das Ende dieser Geschichte sah so aus, dass mein Bekannter das nächste Flugzeug bestieg und nach Hause flog und ich noch anderthalb Tage in Hongkong verbrachte.

Die Moral von der Geschichte: *Charakter führt nicht immer zu dem Erfolg, den wir gern hätten.* Wir entwickeln nicht deshalb Charakter, weil uns das Erfolg bringt; wir entwickeln ihn, weil es der richtige Weg ist, der Weg der Gott gefällt. Wir leben nach den Maßstäben der Bibel, egal, ob alles für uns angenehm ausgeht oder nicht.

Als der koptische Mönch zu Allen Jones sagte: »Ich bin noch kein Christ, aber ich habe schon welche gesehen«, verriet er etwas von seinem Charakter. »Noch nicht« sagte ich, sind hier die Schlüsselworte. Sie zeigen, dass er im Wachstum begriffen ist. Er hat ein Ziel vor Augen: vollständig in ein christusähnliches Bild verwandelt zu werden. Und das bedeutet, einen Charakter zu entwickeln. Menschen mit Ausdauer wissen das.

Kapitel 10

Menschen mit Ausdauer sind für eine Berufung von Gott bereit

Mein Lektor beim *Leadership Journal* bat mich kürzlich, etwas über »Lebensberufung« zu schreiben. Ich machte mir viele Gedanken über dieses Thema und schrieb dann meinen Artikel. Nachdem ich ihn abgeschickt hatte, spürte ich eine gewisse Unruhe in mir. »Wann«, fragte ich mich, »habe ich das letzte Mal eine Berufung bekommen?«

Wir sprechen manchmal von »Führung«, um etwas zu beschreiben, das wir für Gottes Anstöße in unserem Alltag halten. »Ich fühlte mich von Gott *geführt*, dich anzurufen«, sagen wir vielleicht.

Aber eine Berufung ist etwas anderes. Sie beschreibt eine Aufforderung zu einem Leben, einer Verantwortung, einer langfristigen Aufgabe. Sie ist nicht nur ein Ruf zu irgendeiner Form des bezahlten Dienstes oder einem Leben als Missionar, obwohl sie das auch sein könnte. Hinter Berufung steckt etwas Tieferes, etwas Umfassenderes. Bei einer Berufung erkennen wir, dass wir vor Gott für die uns übertragenen Aufgaben verantwortlich sind.

Meine Berufung, Pastor zu werden (und ich glaube, auch Prediger und Schriftsteller), ist eine alte Geschichte. Sie reicht bis in meine Kindheit zurück. Es ist eine alte Berufung, wenn man so will. Das Schreiben jenes Artikels weckte in mir die Sehnsucht nach einer neuen Berufung. Ich begann jeden Tag zu beten: »Gott, gib mir eine neue Berufung.«

Bald nachdem ich begonnen hatte, so zu beten, reiste ich nach Deutschland und sprach bei mehreren Konferenzen. Jeden Tag erzählte ich Beispiele aus dem Alltag und versuchte, die geistliche Leitung einer Gemeinde in einigen nützlichen Prinzipien zusammenzufassen. Oft schilderte ich zur Veranschaulichung Situationen, in denen ich Erfolg gehabt hatte oder gescheitert war. Am Ende jedes Tages kamen junge deutsche Gemeindeleiter auf mich zu, und einige von ihnen sagten: »Sie sprechen wie ein Vater zu uns.«

»Wie meinen Sie das?«, fragte ich.

»Die älteren deutschen Gemeindeleiter sprechen wie Professoren. Aber Sie reden wie ein Vater. Sie erzählen uns aus Ihrem Leben, und Sie scheuen sich nicht, uns zu erzählen, wo Sie selbst Schwierigkeiten hatten.« – »Das ist alles, was ich an Interessantem zu bieten habe: meine Schwierigkeiten«, dachte ich bei mir.

Einige Tage nachdem ich aus Europa zurück war, flog ich nach Kalifornien, wo ich bei einer Konferenz für Führungskräfte sprach. Am Ende des Wochenendes kam der Konferenzleiter nach vorne und dankte mir. Er sagte ins Mikrofon: »Während des ganzen Wochenendes gab es immer wieder Augenblicke, in denen ich den Tränen nahe war. Aber nicht, weil Gordon so ein schlechter Redner wäre, sondern weil *er wie ein Vater zu uns spricht*. So viele von uns fühlen sich vaterlos.«

In diesem Augenblick glaubte ich Gott flüstern zu hören: »Du hast deine Berufung. Sei einer jüngeren Generation ein Vater. Sprich wie ein Vater; sprich wie ein Vater zu jüngeren Männern und Frauen; schreibe wie ein Vater.«

Und so habe ich jetzt diese neue Berufung.

Menschen mit Ausdauer leben in der Kraft einer Berufung. Sie glauben, dass Gottes Hand auf ihrem Leben liegt und dass sie dieser Berufung gehorchen müssen. Deshalb beschäftigen sich Menschen mit Ausdauer mit Fragen wie: »Welchen Weg sollte mein Leben einschlagen? Was sollte ich mit den Ressourcen und den Erkenntnissen, mit denen Gott mich gesegnet hat, tun?« Sie erinnern an Paulus, der in der Apostelgeschichte von jener »himmlischen Erscheinung« spricht, der er bis zum Ende seines Lebens gehorsam blieb (Apostelgeschichte 26,19).

Der fünfundachtzigjährige Kaleb dachte auch in einem großen Bild, als er auf sein Leben zurückblickte und sagte: »Ich (...) folgte dem Herrn, meinem Gott, treulich« (Josua 14,8). Er war ein Mann mit Berufung!

Ich glaube, das Denken in einem großen Bild erfordert – wenigstens für jemanden der an die Bibel glaubt – eine Offenheit dafür, von Gott *berufen* zu werden. Der Himmel legt einem Menschen eine Aufgabe ans Herz, die seinem Leben Sinn und Ziel gibt.

Wir müssen genauer hinhören, um einen solchen Ruf zu vernehmen, um zu spüren, dass wir unser Leben auf ein höheres Ziel ausrichten können als nur auf die Routinen des Alltags. Ich glaube, das ist einer der Gründe für den Erfolg von Rick Warrens Buch *Leben mit Vision.* Man entdeckt das Buch mit seinem eindrücklichen Titel im Regal einer Buchhandlung und kauft es. Warum? Weil wir uns danach sehnen, an etwas beteiligt zu sein, das größer ist als wir selbst.

Der deutsche Philosoph Friedrich Schleiermacher kannte diesen Wunsch auch, als er sagte: »Meine Berufung und meine Freunde, das sind die zwei Angeln, um die sich mein Leben dreht.«

Der frühere Gouverneur von New York, Mario Cuomo, rang einmal schwer mit der Entscheidung, ob er für das Präsidentenamt kandidieren sollte oder nicht. Seine Unentschlossenheit trieb die Demokraten fast zum Wahnsinn. »Ich frage mich oft, warum Gott so gut zu Paulus war«, sagte er zu Maureen Dowd von der *New York Times:*

Da reitet ein Mann namens Saulus auf seinem Pferd durch die Gegend. Gott wirft ihn mit einem Blitz zu Boden und sagt: »Saulus, du solltest lieber Christ werden. Und beeile dich damit. Wenn das alles vorbei ist, sitzt du hier bei mir und isst für immer Vanilleeis.« Wissen Sie, was für ein unglaublicher Glücksfall das wäre? Können Sie sich vorstellen, wie es wäre, von einem kleinen Blitz getroffen zu werden? Zu hören: Das ist es! Das ist das, was du tun sollst. Es würde das Leben so viel einfacher machen.

Sie können die Bibel aufschlagen, wo Sie wollen, Sie werden immer eine »Berufungsgeschichte« finden. Sie beschreibt, wie jemand – oft jemand der im Verborgenen lebt – mit einer zwingenden Botschaft vom Himmel überwältigt wird, die das Leben in etwas Sinnvolles verwandelt. Auf den ersten Blick geht es in den meisten Berufungsgeschichten irgendwie um eine religiöse Berufung: die Berufung, Prophet oder Apostel zu sein zum Beispiel, oder die Berufung, Pastor oder König zu werden.

Aber es gibt auch Berufungsgeschichten wie die von Bezalel und Oholiab, zwei hebräischen Bauleuten, die aus Ägypten befreit worden waren. Gott spricht mit Mose über diese beiden Männer:

Ich habe mit Namen berufen Bezalel (...) und habe ihn erfüllt mit dem Geist Gottes, mit Weisheit und Verstand und Erkenntnis und mit aller Geschicklichkeit, kunstreich zu arbeiten in Gold, Silber, Kupfer, kunstreich Steine zu schneiden und einzusetzen und kunstreich zu schnitzen in Holz, um jede Arbeit zu vollbringen. Und siehe, ich habe ihm beigegeben Oholiab. (...)« (2. Mose 31,2–6)

Diese beiden Männer stelle ich mir als ganz gewöhnliche Leute vor, Handwerker, wie ich sie im Egg Shell Restaurant in der Straße in New Hampshire, in der wir wohnen, oft sehe. Sie fahren in ihren Kleintransportern vor. Die Fahrzeuge haben eine offene Ladefläche, vorne sind Schneepflüge befestigt, auf der Ladefläche sind mit einem Seil Leitern festgebunden, die bis über die Fahrerkabine reichen, und man sieht ihre großen, schweren Werkzeugkästen. Sie kommen herein, ziehen ihre alten, abgewetzten Parkas aus und setzen sich an einen Tisch, um eine Tasse Kaffee zu trinken, bevor sie zur Baustelle aufbrechen. Sie haben solche Männer bestimmt auch schon gesehen. Bezalel und Oholiab würden gut an ihren Tisch passen. Sie waren Männer mit einer *Berufung*.

Auch Ester kommt mir in den Sinn, wenn ich an Berufungsgeschichten denke. Die junge Frau wurde Opfer einer antiken Praxis, durch die ein Despot seinen Harem erweiterte. Aber als eine Situation entsteht, die nach ethnischer Säuberung für eine ganze Generation von Juden riecht, befindet sich Ester in einer einmaligen Position und kann etwas dagegen unternehmen. »Denke nicht, dass du dein Leben errettest, weil du im Palast des Königs bist, du allein von allen Juden«, schrieb ihr Mentor (und wahrscheinlich Onkel) Mordechai (Ester 4,13).

Denn wenn du zu dieser Zeit schweigen wirst, so wird eine Hilfe und Errettung von einem andern Ort her den Juden erstehen, du aber und deines Vaters Haus, ihr werdet umkommen. Und wer weiß, ob du nicht gerade um dieser Zeit willen zur königlichen Würde gekommen bist? (Ester 4,14)

Es gibt andere Beispiele von Berufungsgeschichten, bei denen die Aufgaben auf den ersten Blick nicht religiöser Natur waren. Nehemia, der die Stadtmauern Jerusalems wieder aufbaute, Daniel, der Regierungsbeamte in Babylon, und Lukas, der Arzt aus dem ersten Jahrhundert: Sie alle sind Menschen *mit einer Berufung*.

Wer die Bibel liest, kommt unweigerlich zu dem Schluss, dass *eine Berufung* eine wichtige Transaktion zwischen Gott und solchen Menschen ist, die fest glauben, dass Gott in die irdischen Dinge eingreift. Strategisches Denken muss hier einsetzen: »Was höre ich Gott über die Richtung meines Lebens und den Beitrag, den ich mit meinem Leben leisten kann, sagen?«

Die biblischen Berufungen hatten mehrere Dinge gemeinsam: Erstens kamen sie alle von der göttlichen Dreieinigkeit. Gott, der Vater, *berief* Abraham, Mose, Jesaja und Amos (um nur einige zu nennen). Jesus *berief* zwölf Männer, »dass sie bei ihm sein sollten« (Markus 3,14), und sandte sie dann aus, um den Glauben unter den Völkern zu verbreiten. Der Heilige Geist *berief* Saulus und Barnabas und andere zu Aposteln. Niemand in der Bibel hat sich selbst berufen.

Die biblischen Berufungen waren außerdem ziemlich unvorhersehbar. Gideon zum Beispiel antwortete auf seine Berufung: »Womit soll ich Israel erretten? Siehe, mein Geschlecht ist das geringste in Manasse, und ich bin der Jüngste in meines Vaters Hause« (Richter 6,15). Warum hat Gott David berufen? Oder Jeremia? Und warum um Himmels willen Simon Petrus? Und dann ausgerechnet auch noch Saulus von Tarsus, der im Rückblick über sich sagt: »... der ich früher ein Lästerer und ein Verfolger und ein Frevler war« (1. Timotheus 1,13).

Als Franz von Assisi gefragt wurde, warum Gott ihn berufen habe, antwortete er: »Gott nimmt die schwächsten, die kleinsten, die gemeinsten Männer auf dem Angesicht der Erde, und er gebraucht sie.«

Die meisten dieser Berufungsgeschichten haben noch eine weitere Gemeinsamkeit: Es handelte sich oft um scheinbar unmögliche Aufträge. Baue ein Schiff, Noah; führe das Volk aus Ägypten, Mose; lege dich mit einem gottlosen König an, Elia; predige den Heiden, Paulus. Aber in diese Berufungen stellten die jeweiligen Menschen vor Herausforderungen, die bei ihnen Dinge zutage förderten, die sie nie bei sich vermutet hätten.

Und schließlich war jede der biblischen Berufungen einzigartig. Keine Berufung war wie die andere. Die Umstände der Berufung, das Wesen der Berufung, die Erwartungen, die mit der Berufung verbunden waren – alles war auf einen bestimmten Menschen zugeschnitten. Wenn Gott wollte, dass ein bestimmtes Wort gesagt oder ein Volk geführt werden sollte, beauftragte er einen Menschen, um dies auf eine noch nie dagewesene Art geschehen zu lassen. Jeder der berufen war, lernte, dem Einen zu vertrauen, von dem die Berufung kam. Aus diesem Vertrauen entstanden Mut, Weisheit und Orientierung.

Berufungen waren keine ausgeschriebenen Stellen, auf die sich jeder freiwillig bewerben konnte. Menschen, manchmal Menschen von denen man es nicht erwartete, wurden ausgewählt, während andere, die scheinbar würdiger und fähiger waren, nicht berufen wurden. Es gab nur *einen* Mose, trotz dessen, was Miriam und Aaron kühn zu denken wagten, als sie fragten: »Redet denn der Herr (...) nicht auch durch uns?« (4. Mose 12,2). Es gab nur eine Ester, nur einen Johannes den Täufer, nur einen Simon Petrus.

Diese Beobachtungen sind nicht so neu, aber sie sind es wert, ständig wiederholt zu werden, denn sie bilden eine Grundlage, die dem christlichen Leben Würde verleiht und die ihm einen großen Sinn gibt.

Meine eigene Berufung ist die Berufung zum Prediger und Pastor. Nach dieser Berufung habe ich mein Leben ausgerichtet. Rückblickend stelle ich fest, dass die Berufung aus einer Familienkonspiration hervorgegangen ist: Meine Mutter und meine Großmutter hatten leidenschaftlich dafür gebetet, dass Gott in ihrer Familie einen Prediger erstehen lassen würde. Das war offensichtlich ich. Wie (oder warum) Gott bei seiner Berufung auf die Gebete von zwei Frauen hörte, ist mir ein Geheimnis. Aber ihre Gebete sind Teil der Geschichte.

In meinem zweiten Lebensjahr stießen zwei Militärflugzeuge über unserem Haus zusammen und ergossen Benzin und brennende Trümmer über unsere Nachbarschaft. Ich war in unserem Garten, an dem einzigen Ort, der vor den abstürzenden Flugzeugteilen verschont blieb. Dass mein Leben bewahrt blieb, war wirklich ein Geheimnis, vielleicht ein Wunder. Drei Jahre später wäre ich fast ertrunken. Meine Familie war überzeugt: Mein Leben wurde von Gott zu einem Zweck bewahrt, den nur er kannte und den er mir erst später offenbaren würde.

»Sei sehr vorsichtig«, sagte meine Mutter immer. »Wage es nie, nein zu Gott zu sagen. Solltest du dich entscheiden, etwas anderes zu tun als das, wozu Gott dich beruft, bist du dein ganzes Leben lang ein trauriger Mensch.« Rückblickend halte ich solche Bemerkungen für ein wenig übertrieben. Aber wieder muss ich sagen, dass sie ein Teil der Geschichte sind.

Während meiner ganzen Kindheit und auch als Jugendlicher liebäugelte ich mit der Vorstellung, Pfarrer zu werden. Während andere Jungen davon träumten, Feuerwehrautos zu fahren und Baseballprofis zu werden, träumte ich davon, über die Bibel zu predigen und Menschen zu Jesus zu führen. Eine ehemalige Babysitterin erzählte mir, dass ich mit vier Jahren gern »Gottesdienst« gespielt hätte, wobei sie die Gemeinde war und ich der Pfarrer.

Als Teenager entwickelte ich eine Liebe zu Worten, zu öffentlichen Ansprachen, zu Führungsaufgaben. Männer und Frauen im kirchlichen Dienst wurden auf mich aufmerksam und sahen in mir das Potenzial, Pastor zu werden. Es zeigte sich allmählich, dass ich gewisse Gaben hatte. Außerdem schlug mein Herz höher, wenn ich hörte, wie Prediger die Gemeinde aufforderten, sich für das Reich Gottes zu engagieren. Ich konnte mich selbst auf einer Kanzel predigen oder als Missionar arbeiten sehen. Alles andere war für mich nicht halb so interessant.

Irgendwann während meines Studiums, an einem Tiefpunkt meines geistlichen Weges, versuchte ich, einem Impuls nachgebend, in die Air Force einzutreten und Jets zu fliegen. Im Rekrutierungszentrum der Air Force wurden die erforderlichen Gesundheitsuntersuchungen durchgeführt. »Du bist leicht farbenblind«, sagte ein Arzt, als er meine Augen untersuchte. »Du kannst bestimmte Farben nicht gut genug auseinanderhalten, um als Pilot in Frage zu kommen. Du wirst nie für die Air Force fliegen!« Meine Minirebellion gegen Gottes Ruf wurde niedergeschlagen.

Als ich das Rekrutierungszentrum verließ, glaubte ich fast, ein leises Lachen aus dem Himmel zu hören, als wollte Gott sagen: »Hast du wirklich gedacht, dass du deiner Berufung so leicht entkommen könntest?« Und wieder ergab ich mich dem, was unausweichlich schien: Ich war berufen, Gott hauptberuflich zu dienen.

Als ich meine Frau Gail kennen lernte, verliebten wir uns sehr bald ineinander, unter anderem auch deshalb, weil wir beide einen ähnlichen Wunsch hatten, Jesus im »vollzeitigen Dienst«, wie es genannt wurde, zu dienen. Bald wurde der Ruf in den Pastorendienst konkreter, und ich erkannte mit Hilfe anderer Menschen, dass meine »Instinkte« (Gaben?) die eines Pastors waren – nicht die eines Managers, nicht die eines Evangelisten, nicht die eines Missionars.

Seitdem sind viele Jahre vergangen, und mit wenigen Ausnahmen gab es nie Zeiten, in denen ich meine Aufgabe als Pastor nicht genossen hätte: für Menschen in ihren schwersten Augenblicken da zu sein, sie zu ermutigen, im Vertrauen auf den Herrn stark zu sein, sie zum persönlichen Wachstum aufzufordern, sie herauszufordern, Christus immer ähnlicher zu werden, ihnen zu helfen, *ihre* Berufung und Begabung zu erkennen. Auch wenn ich heute nicht mehr die tagtägliche Verantwortung für eine Gemeinde trage, erfülle ich immer noch Aufgaben eines Pastors, und das ist eine befriedigende Sache.

Man könnte das eine »Berufungsgeschichte« nennen. Jeder Mensch mit einer Berufung kann eine solche Geschichte erzählen. Eine Berufungsgeschichte ist eine Geschichte von »geflüsterten Worten und Ereignissen«, die die Seele ansprechen und die einem Menschen bewusst machen, dass Gott spricht.

Einige von uns können von einer ziemlich dramatischen Berufungsgeschichte berichten. In einem eindrücklichen Augenblick erkennen sie, dass Gott zu ihnen gesprochen hat. Nach diesem Augenblick ist man nie wieder derselbe Mensch wie vorher.

Für andere, wie für mich, ist die Berufung wie ein ständiges leichtes Stoßen: Man wird so lange gestupst, bis man endlich kapituliert und sagt: »Okay, okay!« Ich bin dankbar, dass ich das gesagt habe.

Sobald man berufen ist, werden Fragen wie die finanzielle Sicherheit, der Wohnort, Ruhm, Ansehen und Macht immer weniger wichtig. Gehorsam wird zum Hauptanliegen. Sollen sich doch andere ein Vermögen verdienen und Imperien aufbauen! Die Berufung fordert einen Menschen auf, sich dem Willen Gottes unterzuordnen. Ich fürchte, das klingt einigen zu billig, aber genau das ist seit Jahrhunderten die Perspektive von Menschen mit einer Berufung.

Eine Berufung hat verschiedene Merkmale.

Erstens: *Der Himmel spricht!* Wie spricht er? Auf viele, verschiedene Weisen. Aber es gibt einen Moment, in dem man gewiss ist, dass Gott seine Hand auf einen Menschen gelegt hat und diesen Menschen zu einem bestimmten Volk, einem bestimmten Thema oder einer bestimmten Aufgabe beruft.

Wenn Eric Liddle in dem Film *Die Stunde des Siegers* zu seiner Schwester sagt: »Wenn ich laufe, fühle ich Gottes Wohlgefallen«, spricht er eine schwer zu erklärende Dimension der Berufung an.

Wenn man gehorsam im Zentrum seiner Berufung lebt, spürt man Gottes Wohlgefallen; man erlebt eine unerklärliche Freude.

In der ersten Woche nach der Tragödie vom 11. September 2001 arbeiteten Gail und ich mit der Heilsarmee am Ground Zero. Jeden Tag brachten wir uns bei den Rettungsbemühungen ein und taten das, was gerade getan werden musste. Wir waren da, weil wir beide das starke Gefühl gehabt hatten, dass wir dorthin gehen und uns dort nach unseren Möglichkeiten einbringen sollten. Mehr als einmal umarmte ich Gail und flüsterte ihr ins Ohr: »Wir sind hier am richtigen Platz. Wir gehören hierher.«

Zweitens, wird die Richtigkeit einer Berufung oft (nicht immer, aber gewöhnlich) von anderen bestätigt, die das einmalige Wirken des Geistes Gottes in einem bestimmten Menschen erkennen. Menschen, die uns gut kennen, beobachten uns und geben von sich aus Kommentare wie: »Du strahlst richtig, wenn du das tust.« »Du bist am besten, wenn du ...« »Du wirkst so natürlich, wenn du ...«

Als Gail meinen ersten Predigtversuch hörte (nicht lange nachdem wir uns kennen gelernt hatten), legte sie die Arme um mich, küsste mich und flüsterte: »Gott hat mir heute Abend eine Vision geschenkt: Er will, dass du ein guter Prediger wirst.« Ich habe schon oft gedacht, dass ihre Bemerkung mehr als jede andere Ermutigung mir das letzte Vertrauen gab, das ich brauchte, um mich dafür zu entscheiden, das Predigen (und später das Schreiben) zu meinem Beruf zu machen.

Ein dritter Aspekt einer authentischen Berufung scheint die Begabung zu sein. Es gibt einige romantische (und wahrscheinlich auch wahre) Geschichten von Berufungen, bei denen ein Mensch ohne konkrete Fähigkeiten an eine Aufgabe heranging. Aber das ist wahrscheinlich eher selten der Fall. Mit einer Berufung kommt die Begabung – diese geheimnisvolle Bevollmächtigung mit Fähigkeiten und Geist, die Gott dem »Berufenen« verleiht. Wenn solche Menschen im Einklang mit ihrer Berufung leben, schweben sie fast. Manchmal passieren machtvolle Dinge, und der Beobachter kann nur staunen.

Als Franz von Assisi strategisch dachte, öffnete sich sein Herz für die Armen. »Geh zu den Armen!«, hörte er Gott auf verschiedene Weisen sagen: in seinem Herzen, durch seine Freunde, durch unausweichliche Begegnungen mit Aussätzigen. Der Papst versuchte, ihn zum Manager zu machen, zu einem Bauherrn von Gebäuden, zu einem Funktionär in der kirchlichen Hierarchie. Aber Franziskus widerstand diesem Druck. Und alle die ihn als den oberflächlichen Sohn eines Tuchhändlers gekannt hatten, staunten über die Verwandlung in seinem Leben. Intuitiv wusste er, dass er sich für die Armen einsetzen musste.

Und schließlich sind da die Ergebnisse. Wird die Welt um mich herum ein wenig besser, wenn ich tue, was ich tue? Werden Menschen durch meine Anwesenheit ermutigt? Wird eine Institution oder ein Geschäft durch meinen Beitrag ein besserer Ort? Bringe ich in meiner Familie, an meinem Arbeitsplatz, in meiner Nachbarschaft, in meiner Gemeinde etwas ein?

Der heilige Patrick hatte einen Traum, in dem einige Iren zu ihm sagten: »Wir appellieren an dich, heiliger Diener, dass du kommst und unter uns wandelst.« Patrick verstand das als Berufung, und er war gehorsam. Er durchstreifte Irland und bezeugte seinen Glauben vor Stammeshäuptlingen und Königen. Eine ganze Nation begann, sich zu Jesus zu bekehren. Mit den Worten von Thomas Cahill ausgedrückt, war das langfristige Ergebnis von Patricks Berufung eine nationale Verwandlung. Die irischen Mönche ihrerseits »retteten die Zivilisation«.

Eines will ich jedoch nicht verschweigen: Männer und Frauen die Gottes Berufung gehorchten, wurden auch Märtyrer. Andere haben unbeschreiblich schwierige und entmutigende Aufgaben übernommen und kaum überlebt. Viele andere führen ein relativ unspektakuläres Leben zwischen Familie und Arbeitsplatz. Sie schlagen Nägel ein, verkaufen Sachen, erstellen Software oder reparieren Autos. Aber während sie das tun, bewirken sie etwas im Leben der Menschen, mit denen sie zu tun haben. Und auch sie haben eine Berufung.

Kapitel 11

Menschen mit Ausdauer vertrauen darauf, begabt zu sein

Es ist fast zwanzig Jahre her, seit wir von Lynn Abschied nehmen mussten. Mit neunundzwanzig Jahren starb Lynn an Morbus Hodgkin. Ich glaube fest, dass sie heute im Himmel lebt, aber in einem übertragenen Sinn sehe ich sie auch in zwei Menschen weiterleben: in unserem Sohn und in unserer Tochter.

Wir lernten Lynn kennen, als sie noch ein junger Teenager war. Wir hatten sie bei mehreren Gelegenheiten, bei denen wir beide in der Gemeinde gebraucht wurden, gebeten, auf unsere Kinder aufzupassen. Es dauerte nicht lang, bis wir bemerkten, dass Mark und Kristy immer rechtzeitig ins Bett kamen, wenn Lynn bei ihnen war (im Gegensatz zu den meisten anderen Babysittern). Das Haus war immer ordentlich und friedlich, wenn wir nach Hause kamen. Und wenn sich eines der Kinder daneben benahm, teilte Lynn uns das immer mit.

Eines Tages sagte Lynn: »Ich möchte Ihre Arbeit in der Gemeinde unterstützen. Ich mache Ihnen folgenden Vorschlag: Wenn Sie mir einen Monatskalender geben mit den Terminen, zu denen Sie meine Hilfe bei den Kindern brauchen, stehe ich Ihnen zur Verfügung. Aber unter einer Bedingung: Ich will kein Geld dafür.«

Wir protestierten gegen diese Bedingung, stellten aber fest, dass Lynn in solchen Dingen hartnäckig sein konnte.

In den nächsten drei bis vier Jahren spielte Lynn eine wichtige Rolle in unserem Familienleben. Unsere Kinder (wie auch ihre Eltern) profitierten von der Kontinuität bei der Beaufsichtigung, wenn Gail und ich beide weg mussten. Wir genossen die Gewissheit, dass unsere Kinder bei jemandem waren, der genauso sehr wie wir davon überzeugt war, dass Kinder Grenzen brauchen. Es war ein perfektes Geschenk, eine Gabe, fanden wir, von Gott.

Dann kam der Tag, an dem wir aus dem Mittleren Westen nach Neuengland umzogen und von Lynn Abschied nehmen mussten. Natürlich blieben wir in engem Kontakt, und Lynn kam uns viele Male in unserem Haus in Lexington, Massachusetts, besuchen.

Als Lynn mit ihrem Studium fertig war, setzte sie sich dafür ein, Kinder die in ihren Herkunftsfamilien misshandelt worden waren, bei sich aufzunehmen. Der Sozialdienst des Bundesstaates Illinois sah in ihr eine Frau, der sie einige ihrer schwersten Fälle von Kindesmisshandlung und -verwahrlosung anvertrauen konnten. Lynn hatte immer fünf oder mehr Pflegekinder in ihrem Haus. Viele von ihnen führten später dank Lynns bemerkenswerter Hingabe ein normales Leben.

Ich bin nicht sicher, wo man in der Bibel den genauen Namen dafür suchen sollte, aber Lynn hatte unübersehbar eine große Gabe. Könnte man sie die »Gabe der Kindererziehung« nennen? Wie immer man sie auch nennen will (einige nennen sie vielleicht die Gabe der Barmherzigkeit), sie stimmte perfekt mit ihrer Berufung überein, sich in Kinder zu investieren.

Wir glauben gern, dass Lynn ihren »Ruf« das erste Mal in unserem Haus gehört hat. Und wir freuen uns, dass wir zu den Ersten gehört haben, die diese bemerkenswerte Gabe bei ihr entdeckt und sie darin bestätigt haben. Lynn hat nie eigene Kinder geboren. Aber sie hat viele Kinder aufgezogen, die andere Mütter geboren hatten.

Christen die in großen Dimensionen denken, glauben an Begabung. Sie lesen die Bibel und entdecken die Geschichten von Männern und Frauen die von Gott eine besondere Fähigkeit bekommen haben, bestimmte Dinge zu tun.

Im Alten Testament findet man Gaben der Führung (Mose), Gaben, sich mit Worten auszudrücken (David), Gaben der Weisheit (Salomo) und Gaben zu prophetischer Konfrontation (Elia fällt einem dazu sofort ein). Es gab künstlerische Gaben, organisatorische Gaben und Gaben des Dienens.

Die Gaben wurden nicht nur in den Kompetenzen gesehen (in den Dingen die man tut), sondern auch im Charakter und der Persönlichkeit (in der Fähigkeit andere zu beeinflussen). Hier und da tauchten Männer und Frauen auf, die genau die richtige Perspektive in eine Situation hinein brachten, wodurch die Absichten Gottes voran gebracht wurden.

Es gibt viele Bücher über *geistliche Gaben*. Möglicherweise ist bereits alles zu diesem Thema gesagt worden. Manchmal habe ich Angst, dass die »Lehre« von den geistlichen Gaben so zerpflückt wird, dass manche nicht mehr erkennen, worum es eigentlich geht. Einige nehmen die Gabenlisten aus den neutestamentlichen Büchern und versuchen, jede Facette menschlicher Genialität in diese begrenzten Kategorien hineinzupressen. Aber was ist, wenn diese Kategorie nur eine Auswahl von Gaben ist oder wenn es nur die Gaben sind, die dem Schreiber an dem Tag, an dem er seinen Brief schrieb, gerade einfielen?

Was ist, wenn der Begriff »Gabe« nicht so sehr eine konkrete Kategorie von Aktivitäten meint, sondern vielmehr ein Wort ist, das beschreiben will, dass jeder aus Gottes Volk sich in die Gemeinschaft einbringen soll?

Paulus erklärt den Ephesern in seiner Einleitung zum Thema Begabung, dass Jesus der Familie Gottes Gaben geschenkt hat. Seine kurze Liste klingt mehr nach einer Aufstellung der Leitungsaufgaben, die in einer Gemeinde vielleicht wahrgenommen werden müssen: Apostel und Propheten, Pastoren, Lehrer und Evangelisten. Er hätte diese Liste bestimmt noch viel länger machen können. Der Himmel stehe der Gemeinde bei, wenn sie nicht mehr begabte Menschen als nur diese fünf hat.

Was ich für wichtiger halte, ist, warum Jesus uns die »Gaben« gegeben hat: Damit Menschen angeleitet (trainiert) werden, die Arbeit Gottes zu tun; damit die Familie Gottes gestärkt wird; damit jeder wächst und immer mehr wie Jesus wird; und damit wir nicht Unwahrheiten und verführerischen falschen Stimmen zum Opfer fallen.

Den Christen in Rom erklärte Paulus das Vorhandensein von Begabung indem er von Aufgaben wie Predigen, Dienen, Ermutigen, Geben, Leiten und Barmherzigkeit üben sprach. Den Korinthern schrieb Paulus von anderen Gaben: Weisheit, Heilung, Erkenntnis, Sprachengebet.

Diese Listen weichen stark von der ersten ab, und man hat sich später sehr bemüht, alles in saubere Kategorien zu bringen. Aber was, wenn nun dieser Versuch, alles so schön passend zu machen, reine Zeitvergeudung ist? Wenn diese Gabenlisten – wie ich schon sagte – nur eine Auswahl darstellen sollen?

Ich schlage vor, dass wir aufhören, zwischen Talenten, Fähigkeiten und Gaben unterscheiden zu wollen, und stattdessen anerkennen, dass alle diese Kompetenzen von Gott geschenkt sind. Die Fähigkeit unserer lieben Freundin Lynn, Kindern *eine Mutter zu sein*, war eine Gabe. Man braucht nur an die Nutznießer ihrer Gabe denken. Unsere Kinder profitierten von ihrer Beständigkeit und Konsequenz. Gail und ich profitierten davon, weil wir wussten, dass unsere Kinder die bestmögliche Aufsicht genossen. Die Menschen aus unserer Gemeinde profitierten davon, weil ihr Pastor und seine Frau ihnen zur Verfügung standen. Ein Mensch, der seine einzigartige Berufung und Begabung nutzte, setzte einen Segen frei, der vielen Menschen zugute kam.

Menschen, die in großen Dimensionen denken, erkennen an, dass es tausend verschiedene Aufgaben gibt, in denen sie sich einbringen könnten. Aber sie wissen auch, dass es nur wenige Aufgaben gibt, zu denen sie aufgrund ihrer Begabung einen maximalen Beitrag leisten können.

Vor vielen Jahren erkannte ich einige Dinge über mich selbst. Meine erste Erkenntnis war, dass mich praktisch alles, was es zu tun gab, faszinierte. Es gab kaum eine Aufgabe in der Gemeinde, die ich nicht sofort interessant gefunden hätte. Und so fiel es mir leicht, zu allem ja zu sagen und so mit Verpflichtungen und Versprechen vollgestopft zu werden, dass ich erschöpft war und relativ wenig zustande brachte.

Das bedeutete, dass ich lernen musste, an einigen Stellen ein strategisches Nein zu Aufgaben zu sagen, obwohl sie faszinierend und herausfordernd aussahen. Es bedeutete auch, mit gelegentlichen Enttäuschungen zu leben.

Das Zweite was ich lernte, hatte mit dem Kern meiner Aufgaben als Pastor zu tun. Es gab bestimmte Aufgaben, von denen erwartet wurde, dass ich sie wahrnahm, aber das bedeutete nicht, dass ich für die Erfüllung jeder dieser Aufgaben gleichermaßen begabt war. Ich kann eine Vision weitergeben. Ich kann predigen und schreiben. Ich kann Menschen ermutigen. In diesen Bereichen liegen meine Fähigkeiten. Wenn Gottes Macht über meinem Leben ist, kann ich ein guter geistlicher Leiter sein.

Aber mein Beruf verlangt auch Verwaltungsarbeit. Von mir wird erwartet, dass ich Menschen seelsorgerlich begleite. Und von mir wird erwartet, dass ich Arbeiten organisiere. Aber in diesen drei Bereichen bin ich nicht sonderlich begabt. Um sie zu erledigen, muss ich mich sehr anstrengen und viel mehr Zeit und Energie aufwenden, als ich brauche, wenn ich die Dinge tue, die ich im vorhergehenden Absatz aufgezählt habe.

Man kann im Auto mit jedem der vier oder fünf Gänge einer Gangschaltung quer durch Amerika fahren. Aber in einem Gang, der energie- und zeitsparend ist, verläuft die Fahrt am besten. Diese weite Strecke im zweiten Gang zu fahren hätte einen zu großen Verschleiß des Motors, eine Verschwendung von Benzin und ein langsames Tempo zur Folge.

In meinem Leben gibt es Dinge – Verwaltungsarbeit ist eines davon –, die ich im zweiten Gang angehen muss. Und es gibt Dinge, die ich im fünften Gang erledige. Predigen gehört vielleicht in diesen Bereich. Offensichtlich muss ich eine Möglichkeit finden, die Aktivitäten, für die ich in einen niedrigen Gang schalten muss, abzugeben, und mich mehr auf die Aktivitäten konzentrieren, die ich im fünften Gang schaffe, weil sie genau meinen Begabungen entsprechen.

Menschen mit *Ausdauer* erkennen diese Aufgaben und Qualitäten, die genau in ihrem Begabungsbereich liegen. Das ist in Wirklichkeit gar nicht so schwer.

Erstens kann man logischerweise annehmen, dass – in den meisten Fällen – eine klare Berufung mit der entsprechenden Begabung einhergeht. Diese beiden Dinge gehören in der Regel zusammen. Ich muss meine Aussage jedoch sofort einschränken, denn jeder wird früher oder später einem Menschen begegnen, bei dem diese Kombination nicht vorhanden zu sein scheint. Er ist berufen, aber (soweit wir das sehen können) scheinbar nicht begabt; dennoch erledigt er die Aufgabe gut.

Bei Simon Petrus fällt es schwer, die Übereinstimmung von Berufung und Gaben zu erkennen, wenn man seine ersten Monate als Jünger Jesu betrachtet. Sein Verhalten wirkt impulsiv, gelegentlich sogar trotzig. Später, als er sich in den ersten Tagen der Kirche als begabter Leiter erweist, erkennen wir, dass sein früheres Verhalten sich in eine positive Richtung verändert hat. Der impulsive Simon aus den Jüngertagen wurde in seinen Tagen als Apostel zu dem Mann, der schnelle Entscheidungen treffen konnte.

Zweitens zeigt sich eine Gabe an einer gewissen Natürlichkeit in unserem Verhalten. Unser Schwiegersohn Tom ist ein erstaunlich begabter Möbelschreiner. Manchmal sieht es so aus, als bräuchte er nur einen Blick auf einen Ahorn oder eine Eiche oder einen Mahagoni zu werfen und aus dem Holz wird genau das, was er sich vorgestellt hat. In hundert Jahren könnte ich nicht das zustande bringen, was er an einem einzigen Tag aus dem Holz schafft. Mir ist klar, dass Gott Tom den richtigen Blick, die nötige Fantasie und das richtige Geschick gegeben hat, schöne Kunstgegenstände zu schaffen und damit seine Familie zu ernähren.

Drittens hat Begabung Folgen. In den Händen einer begabten Person verändern sich Dinge. Organisationen kommen beispielsweise unter der Leitung derjenigen zusammen, die gut organisieren können. Menschen werden geheilt, wenn jemand die Gabe der Diagnose hat. Opfern wird geholfen, wenn jemand die Gabe des Mitgefühls hat.

Menschen mit Ausdauer, die ein größeres Bild vor Augen haben, definieren ihre Begabung sehr genau. Die meisten von uns werden entdecken, dass es drei oder vier Kompetenzen gibt, zu denen es uns ganz natürlich hinzieht. Wir können Geschichten erzählen, die deutlich machen, dass uns diese Bereiche wichtig sind, aber nicht einmal wir selbst können ohne weiteres erklären, warum es ausgerechnet diese Sache ist und nicht jene. Wir wissen nur, dass in uns eine geheimnisvolle Leidenschaft brennt, wenn wir uns im Rahmen unserer Gaben bewegen.

Dick Reckard war Mitglied der Gemeinde Grace Chapel in Lexington, Massachusetts. In den Anfangsjahren des Gemeindelebens war er Leiter der Sonntagsschule. Als die Gemeinde und ihr christliches Lehrprogramm wuchsen, wurden die Aufgaben zunehmend komplizierter. Und es kam der Moment, in dem Dick zugeben musste, dass das ganze Programm ihn überforderte und dass er seine Aufgabe an jemand anderen würde abgeben müssen. Er hätte an seiner Position festhalten und ein Wachstumshindernis werden können, aber er hatte den Mut und die Weitsicht, sich selbst nicht an die erste Stelle zu setzen, sondern die Aufgabe an fähigere Leute zu übergeben.

Es dauerte nicht lang, bis Dick Reckard eine neue Verantwortung übernahm: Er tauchte jeden Abend (an sechs Abenden in der Woche) um zweiundzwanzig Uhr in der Kirche auf, machte seine Runde durch die Gebäude und sorgte dafür, dass jede Tür zugeschlossen und jedes Licht ausgeschaltet war und dass die Heizung funktionierte. Er wohnte anderthalb Kilometer von der Kirche entfernt, und er ging jeden Abend – außer bei besonders schlechtem Wetter – von seinem Haus zu Fuß zur Kirche.

Diejenigen von uns, die Abend für Abend in der Kirche waren, gewöhnten sich daran, Dick seine Runden drehen zu sehen. Wenn er auftauchte, wussten wir, dass es Zeit war, das Gebäude zu räumen. Das Gebäude wurde geschlossen. Während Dick durch die Räume ging und den Kopf in jedes Zimmer steckte, hatte er immer – ohne Ausnahme – ein freundliches Wort, ein nettes »Gute Nacht« für jeden Menschen parat, der ihm begegnete.

Gelegentlich traf er auf jemanden, der verärgert war, weil eine Veranstaltung nicht gut gelaufen war oder weil er eine schwer zu verdauende Nachricht bekommen hatte. Das war für Dick die Gelegenheit, einen Augenblick stehen zu bleiben und mit ihm zu sprechen ... und zu beten. Ich habe viele Geschichten von Leuten gehört, deren Tag im letzten Augenblick gerettet worden war, weil sie Dick Reckard getroffen hatten, der ihnen Mut machte.

Kennen Sie ein biblisches Wort, das diese Aufgabenkombination als eine Gabe formuliert? Ermutigung? Barmherzigkeit? Vielleicht. Helfen oder Dienen? Einverstanden. Ich bin nicht sicher, ob es so wichtig ist, einen Namen für Dick Reckards Gaben zu finden. Er war einfach treu und tat das, was für ihn das Natürlichste war. Er tat etwas, das Folgen hatte und für viele Menschen zum Segen wurde.

Nachdem Dick in den Himmel heimgegangen war, war es unmöglich, jemanden zu finden, der seinen Platz eingenommen hätte. Soweit ich mich erinnere, musste die Gemeinde viele tausend Dollar zusätzlich in ihren Haushalt einplanen, um jemanden dafür zu bezahlen, dass er das tat, was Dick getan hatte: die Kirche zuschließen. Aber man hörte nie wieder, dass Menschen auf dem Weg zu ihrem Auto getröstet oder ermutigt wurden. Wie auch immer man diese Gabe nennen will, sie ist offenbar mit Dick gestorben.

Kapitel 12

Menschen mit Ausdauer
wollen ein großzügiges Leben führen

In fast jedem meiner Bücher zitiere ich den anglikanischen Pfarrer Charles Simeon aus dem neunzehnten Jahrhundert. Als eines Abends einige seiner engsten Freunde zu Besuch waren, sagte er zu ihnen:

> Ich betrachte meine christlichen Freunde gern als Brennstoff. Ihr seid alle an meinem Herd zusammen, und ich wärme mich an eurem Feuer, und meine christliche Liebe brennt und glüht.

In jüngeren Jahren hätte ich so etwas nicht sagen können. Heute könnte ich es. Die christlichen Freunde, mit denen Gail und ich gesegnet sind, sind neben unserer direkten Familie unser größter Schatz. Man kann uns alles andere wegnehmen, nur nicht unsere Familie und unsere Freunde.

Es fällt mir schwer, diese Worte zu schreiben, denn erst gestern habe ich einen dieser engsten Freunde beerdigt. Er hieß Al Napolitano. Ich kenne ihn seit über dreißig Jahren. Er war ein Mann, der große Zufriedenheit ausstrahlte, er war ohne Bosheit und liebte Gott. In den Tagen kurz vor seinem Tod saßen wir zusammen und unterhielten uns von Mann zu Mann. Da wir wussten, dass das Leben nur noch in Tagen gemessen wurde, schämten wir uns nicht, eine Stunde lang einander die Hand zu halten und die Erinnerungen an besondere Zeiten, die wir miteinander verbracht hatten, Revue passieren zu lassen. Wir sprachen offen über das Sterben, und ich war von seiner Ruhe beeindruckt. Keine Angst, keine Wut. Nur eine ruhige Bereitschaft, in Jesu Gegenwart zu treten.

Al war fast achtzig, als er von uns ging. Er war ein Mann mit sehr großer Ausdauer. Er fotografierte gern. Er saß viel an seinem

Computer und verschickte und bekam E-Mails. Er war ein eifriger Leser, und wir tauschten häufig Buchtitel und Bücher aus. In Begleitung von zwei anderen Freunden flogen wir vor zwei Jahren in die Schweiz und wanderten acht Tage lang durch die Alpen.

Al war der Erste aus dem Kreis meiner persönlichen Freunde, der gestorben ist. Fast alle waren gestern da und standen mit seiner Frau Lena, an seinem Grab. Wir trauerten gemeinsam und vergossen viele Tränen. Als ich mir jeden der Männer und Frauen in dieser Gruppe anschaute, wurde ich plötzlich von einer tiefen Einsicht erfasst. Obwohl sie vieles gemeinsam haben, ragt eines besonders heraus: Jeder in diesem Kreis hat sich entschieden, ein großzügiges Leben zu führen.

Das ist ein wichtiges Kennzeichen von Menschen mit Ausdauer. *Sie sind aufgrund einer bewussten Entscheidung großzügige Menschen.*

Al Napolitano war siebenundzwanzig Jahre lang Controller in einer Bostoner Firma gewesen. Als er fünfundsechzig wurde, überließ er seine Position einem anderen und stellte sich und seine berufliche Erfahrung mehreren gemeinnützigen Organisationen in der Gegend um Boston zur Verfügung. Montags traf man ihn in seiner Kirche an, wo er das Zählen der Kollekte überwachte. Zu anderen Zeiten war er dort, um Kassenprüfungen und die Erstellung der Finanzberichte zu überwachen, die an die Gemeinde und die ehrenamtlichen Gemeindeleiter verteilt wurden. Seine Unterschrift auf einem Bericht war für jeden das Zeichen, dass alles in Ordnung war.

Zu anderen Zeiten während der Woche fand man ihn in den Büros von *Vision New England,* einer großen, überkonfessionellen Organisation, die Gemeinden in Neuengland unterstützt und berät. Nichts war ihm zu groß oder zu klein. Al war bereit, alles zu tun, was in seiner Macht stand, um anderen das Leben zu erleichtern. Nie beklagte er sich; nie jammerte er; nie suchte er Anerkennung oder Lohn.

Das ist vielleicht der Grund, warum so viele Menschen meinen Freund Al liebten und verehrten. Er bat um nichts und war bereit alles zu geben.

An seinem Grab stand auch unsere Freundin Joanna Mockler, die vor zehn Jahren ihren Mann verloren hat. Sie ist auch ein Mensch, dessen ganzes Leben von Großzügigkeit geprägt ist. Einen beträchtlichen Teil ihrer Zeit verbringt sie in Ausschüssen von zwei großen, weltweit bekannten christlichen Organisationen. Aber den größeren Teil ihrer Zeit verbringt sie mit der Ausübung einer ihrer bemerkenswerteren geistlichen Gaben, der Gabe des Gebets und des Glaubens.

Wenn Joanna sagt, dass sie für jemanden betet, kann man eine Gebetslawine erwarten, und man kann mit häufigen Anrufen rechnen, während sie versucht herauszufinden, wie Gott vielleicht auf ihre Fürbitte antwortet. Über die Jahre habe ich unzählige Menschen über das Gebet sprechen hören, aber ich bin nur relativ wenigen begegnet, die wirklich das leben, was sie sagen, und die dies mit einer Intensität und Tiefe tun, dass man das Gefühl bekommt, mit einem Heiligen zusammen zu sein. Joanna Mockler ist ein solcher Mensch.

(Der große) Al MacLeod – mit seinen ein Meter fünfundneunzig – stand auch am Grab. Er hat einen großen Teil seiner Berufsjahre mit strategischen, langfristigen Planungen für eine große Verteidigungsfirma verbracht. Wenn wir uns damals unterhielten, sagte er oft: »Eines Tages höre ich mit dem ganzen Zeug auf und fange an etwas zurückzugeben.« Er träumte laut davon, seine Fähigkeiten dafür einzusetzen, eine kleine, gemeinnützige Organisation zu leiten. Und so waren wir alle gespannt, wann und wie dieser Traum wahr werden würde.

Dann kam der 11. September 2001. Die Woche bei der Heilsarmee am Ground Zero brachte mich auf eine Idee. Wie wäre es, wenn eine ausgewählte Gruppe von Menschen trainiert und vorbereitet würde, den Heilsarmeeoffizieren im Fall einer weiteren Katastrophe in unserem Land zur Seite zu stehen? Ich dachte an etwas Ähnliches wie die Nationalgarde. Menschen die bereit sind, sofort in Aktion zu treten, wenn sie gerufen werden.

Als ich MacLeod von meinem Traum erzählte, hörte er mir aufmerksam zu. Da er von einem militärischen Hintergrund kam, wusste er genau, was mir vorschwebte. Bald danach unterbreitete ich leitenden Leuten von der Heilsarmee meine Idee. Sie ließen sich schnell dafür begeistern. Es dauerte nicht lange, bis mein Freund Al mit dem Gebietskommandanten der Heilsarmee in Neuengland zusammenkam. Der Kontakt wurde so gut, dass ich mich aus der Sache zurückziehen konnte.

Kurze Zeit später setzte Al jedes Gramm seiner Berufserfahrung ein, um einen Katastrophenplan zu entwickeln, den die Heilsarmee im Nordosten der USA übernahm. Heute hat Al ein Büro in Boston, wo er ständig an einem Operationsplan arbeitet und tüftelt, der eines Tages unzählige Menschenleben retten könnte. Er hat sogar eine blaue Heilsarmeeuniform, die ihm passt. Wo sie etwas in seiner Größe aufgetrieben haben, weiß ich nicht.

An verschiedenen Stellen habe ich von anderen Freunden geschrieben (ganz besonderen Freunden), die gestern mit am Grab gestanden haben. Hier habe ich nur drei von ihnen genannt: Zwei von ihnen sind täglich sehr stark in Aktion, und der dritte ist jetzt bei Jesus zu Hause, wo er für sein großzügiges Leben reichlich Anerkennung findet.

Das Kennzeichen aller meiner Freunde ist *Großzügigkeit.* Jeder und jede von ihnen ist fest entschlossen, sich im Reich Gottes einzusetzen. Das, denke ich, ist die große Gemeinsamkeit in unserer Freundschaft.

Das große Bild eines Menschen mit Ausdauer ist ohne die Komponente der Großzügigkeit unvollständig. Charakter, Begabung und Zielstrebigkeit bekommen erst dann einen Sinn, wenn Großzügigkeit ins Spiel kommt. Großzügigkeit ist das Echtheitssiegel der Ausdauer, und sie ist das Gegenstück zu einem Leben, das in Materialismus, Egozentrik und Vergnügungssucht gefangen ist.

Vor langer Zeit habe ich das Wort »Ruhestand« aus meinem Wortschatz gestrichen. Ich halte nichts davon. Wenn man älter wird und die Kräfte nachlassen, kann es nötig sein, langsamer zu treten. Aber Ruhestand bedeutet, wenigstens für mich, den Übergang von Aktivität zu Passivität, vom Geben zum Nehmen.

Wo in der Bibel findet man die Erlaubnis zu diesem Rückzug? Wir sind berufen, *zu allen Zeiten* in unserem Leben mit unserer Zeit *großzügig* umzugehen.

Die meisten sehen die Eigenschaft der Großzügigkeit nur im Zusammenhang mit dem allmächtigen Geld. Aber bei Großzügigkeit geht es um viel mehr. Wir sprechen hier von einer Lebensart, die mit der Frage beginnt: »Was von mir kann ich mit anderen teilen, was kann ich weggeben?«

Als ich einmal in Südafrika war, fuhren wir an einem freien Feld vorbei, auf dem obdachlose Männer in kleinen Gruppen um Feuerstellen saßen. »Worüber sprechen diese Menschen wohl?«, fragte ich meinen Gastgeber.

»Keine Ahnung«, antwortete er. »Aber eines kann ich Ihnen sagen: Kein Mann in diesem Kreis leidet Hunger. Wenn Sie zu diesen Leuten hingingen, würde man Ihnen einen Sitzplatz anbieten, etwas zu trinken und etwas zu essen. Egal, wie wenig diese Menschen haben, einen Teil davon würden sie an Sie abgeben.«

»Das ist ein herausfordernder Gedanke«, fand ich. Ich musste an viele materiell besser Gestellte denken, die sich gern von allen abgrenzen, die nicht so sind wie sie. Aber warum überrascht mich das eigentlich? Jede Statistik, jede soziologische Beobachtung lässt vermuten, dass die Armen großzügiger sind als wir, die im Vergleich zu ihnen reich sind.

Was heißt es also, großzügig zu sein? Und großzügig womit? *Mit dem, was man tun kann.* Paulus schreibt dazu:

> Der Herr gebe Barmherzigkeit dem Hause des Onesiphorus; denn er hat mich oft erquickt und hat sich meiner Ketten nicht geschämt, sondern als er in Rom war, suchte er mich eifrig und fand mich. Der Herr gebe ihm, dass er Barmherzigkeit finde bei dem Herrn an jenem Tage. Und welche Dienste er in Ephesus geleistet hat, weißt du am besten. (2. Timotheus 1,16–18)

Würden Sie nicht gern einen Menschen kennen, über den gesagt wird: »Er hat mich oft erquickt«? Oder was sagen Sie von einem Menschen, über den es heißt:

Grüßt die Priska und den Aquila, meine Mitarbeiter in Christus Jesus, die für mein Leben ihren Hals hingehalten haben, denen nicht allein ich danke, sondern alle Gemeinden unter den Heiden. (Römer 16,3–4)

Das ist dasselbe Ehepaar, das einen jungen Mann namens Apollos in seinem Haus aufnahm und ihn ausbildete. »Die für mein Leben ihren Hals hingehalten haben.« Das sind sehr starke Worte. Ich wüsste gern, was Paulus konkret damit meint.

Über Timotheus schrieb Paulus der Gemeinde in Philippi:

Denn ich habe keinen, der so ganz meines Sinnes ist, der so herzlich für euch sorgen wird. Denn sie suchen alle das Ihre, nicht das, was Jesu Christi ist. (Philipper 2,20–21)

Ich lese diese Worte, und ich muss an meine Freunde denken. Dieser Geist der Großzügigkeit – sich selbst zu geben – ist nicht tot. Er ist im Leben von Menschen mit Ausdauer zu finden.

Noch einmal die Frage: Großzügig womit? *Mit dem, was man ist.*

Gibt es in der Bibel einen besseren Namen als den Namen Barnabas? Ursprünglich hieß er Josef, aber unter den ersten Gläubigen passte der Name Barnabas besser zu ihm, da der Name (bar = Sohn von; nabas = Ermutigung) »Sohn der Ermutigung« bedeutet. Genau das war dieser Mann: die Ermutigung in Person. Überall, wo er war, wurden Menschen ermutigt und in ihrer Entwicklung gefördert. Barnabas verdanken wir den apostolischen Dienst des Paulus. Als die Urkirche sich nicht überwinden konnte, an die Echtheit seiner Bekehrung zu glauben, war Barnabas derjenige, der das Risiko auf sich nahm und eine persönliche Freundschaft mit ihm einging. Später führte Barnabas Paulus in die Gemeinde in Antiochia ein. Und danach begleitete er ihn auf seinen ersten Missionsreisen.

Das letzte, was wir über Barnabas hören, handelt davon, dass er Johannes Markus verteidigt, einen jungen Mann, der versagt hatte und der eine zweite Chance brauchte. Barnabas' Großzügigkeit war wieder gefragt. Ironischerweise brach Barnabas mit Paulus, um den jungen Mann zu unterstützen. Ich sage Ihnen, Barnabas war ein sehr großzügiger Mann.

Maria von Bethanien war eine großzügige Frau. Nicht nur, weil sie Jesu Kopf und Füße mit einem teuren Öl salbte, sondern auch weil sie die Traurigkeit begriff, die in seinem Herzen immer stärker wurde. Als andere nicht wahrhaben wollten, dass sein Tod unmittelbar bevorstand, war sie da und stand zu ihm und erwies ihm ihre Freundschaft und Dankbarkeit. Von allen Menschen, die Jesus in diesen schlimmsten Stunden Unterstützung hätten zuteil werden lassen konnten, hatte nur Maria einen Blick für die Realität und tat etwas. Ich nenne das Großzügigkeit.

Großzügig womit, fragen Sie? *Mit dem, was sie hatte.*

Wenn wir anfangen, in der Bibel nach Großzügigkeit finanzieller Art zu suchen, kommen wir zu einem ziemlich ironischen Ergebnis. Die Menschen, die mit ihrem Geld und Besitz am großzügigsten waren, waren die Ärmsten der Armen.

Ich muss aufpassen, dass ich niemanden beleidige, wenn ich das sage. Ich kenne viele wohlhabende Menschen, die ziemlich großzügig sind. Aber mir ist auch bewusst, dass einer deutlichen Mehrheit unter den Reichen der Geist der Großzügigkeit vollkommen fehlt.

Eine südafrikanische Frau erzählte mir von einer Erfahrung, die sie und eine Freundin im letzten Jahr gemacht haben:

Sie war schwarz; ich war weiß. Wir waren Teil eines Programms zur Überwindung der Rassengrenzen. Dazu gehörte, dass wir eine Woche in einem Township bei einer schwarzen Familie leben sollten und danach eine Woche bei einer ziemlich wohlhabenden weißen Familie. Als wir in Alexandria (einem Township) ankamen, wurden wir zu einem Haus gebracht, das nicht viel mehr war als eine Hütte aus zwei Räumen. In dem Haus wohnte eine fünfköpfige Familie. Das Innere dieses Hauses war makellos sauber, obwohl die Familie fast nichts besaß. Wir erfuhren bald, dass der Mann und die Frau beabsichtigten, das einzige Bett im Haus uns zu überlassen. Eine Woche lang schlief die gesamte Familie in einem Zimmer auf dem Lehmboden, während wir im anderen Raum im Bett schliefen. Bei den Mahlzeiten wurden wir als Erste bedient und bekamen das Beste von dem, was die Familie zu bieten hatte. Alles, was sie besaßen, durften wir benutzen.

In der darauf folgenden Woche fuhren wir nach Pretoria zu einer weißen Familie. Das Haus war schön und hatte mehrere Schlafzimmer. Aber ich war erstaunt, als wir in einen Aufenthaltsraum geführt wurden und man uns sagte, dass wir unsere Schlafsäcke auf dem Boden ausrollen könnten. In dieser Woche schliefen wir in einem Haus, das mehrere unbenutzte Schlafzimmer hatte, auf dem Fußboden.

Jesus saß am Tempeltor und schaute zu, wie reiche Leute ihre Münzen in den Tempelschatz warfen und das offenbar so machten, dass jedes Mal ein lautes Klirren zu hören war, so dass sich andere nach ihnen umsahen. Keiner dieser Leute wird namentlich erwähnt; keiner wird als ein Vorbild für Großzügigkeit dargestellt. Aber dann heißt es: »Und es kam eine arme Witwe und legte zwei Scherflein ein; das macht zusammen einen Pfennig« (Markus 12,42).

Markus berichtet weiter: »Und er rief seine Jünger zu sich ...« (Vers 43). Ich nehme an, dass die Jünger damit beschäftigt waren, viele andere interessante Dinge zu beobachten. Plötzlich ruft Jesus sie zu sich. »Hey, schaut euch das an«, kann ich ihn sagen hören. »Schaut diese Frau an.« Er deutet auf sie und sagt: »Dort ... diese Frau da drüben!«

Wer würde eine so arme Frau schon beachten, wenn es so viele eindrucksvolle andere Leute zu beobachten gibt. Aber der Sohn Gottes scheint zu sagen: »Passt auf.« Und dann sagt er:

Wahrlich, ich sage euch: Diese arme Witwe hat mehr in den Gotteskasten gelegt als alle, die etwas eingelegt haben. Denn sie haben alle etwas von ihrem Überfluss eingelegt; diese aber hat von ihrer Armut ihre ganze Habe eingelegt, alles, was sie zum Leben hatte. (Markus 12,43–44)

Natürliche Augen suchen Ansehen und Macht. Die Augen des Sohnes Gottes suchen echte Großzügigkeit.

Zum großen Bild eines Menschen mit Ausdauer müssen die folgenden Fragen gehören: »Was kann ich geben und was kann ich tun? Was kann ich geben durch das, was ich bin? Und was kann ich geben durch das, was ich habe?«

Ich bin mit besonderen Freunden gesegnet, die diese Fragen an jedem Tag ihres Lebens sehr ernst nehmen. Vielleicht erklärt das, warum wir, wenn wir zusammenkommen, kaum Zeit oder Energie darauf verwenden, uns zu beklagen oder über andere zu reden. Wir halten uns nicht unnötig damit auf, dass die Gemeinde sich verändert, ohne nach unserer Meinung zu fragen. Wir vergeuden keine Zeit damit, Menschen schlecht zu machen, die Fehler begangen haben. Vielmehr ist unser Gespräch voller Barmherzigkeit. Es gibt viele Geschichten zu erzählen, die Lachen, Tränen oder Aufregung hervorrufen. Genau so sollte es sein, wenn Freunde zusammenkommen und wenn Großzügigkeit ihr Leben bestimmt.

III

Menschen mit Ausdauer sind frei von Lasten der Vergangenheit

Sie begreifen, wie wichtig es ist,
die Vergangenheit in Ordnung zu bringen.

Sie respektieren die Macht der Erinnerung.

Sie praktizieren Buße.

Sie sind schnell zur Vergebung bereit.

Sie fließen vor Dankbarkeit über.

Sie nutzen die Weisheit der Vergangenheit.

Aus Niederlagen lernen

Ich stehe an der Startlinie zu einem 800-Meter-Lauf. Rechts neben mir steht ein Läufer, der mir schon seit mehreren Wochen Kopfzerbrechen bereitet. Er ist die härteste Konkurrenz für die Ligameisterschaft über 800 Meter im nächsten Monat. Wenn ich ihn heute schlagen kann, wird mir dies das Selbstvertrauen geben, das ich für das größte Rennen des Jahres brauche.

Die konzentrierte Vorbereitung für heute begann vor einer Woche, als Marvin Goldberg mich in den Unterrichtsraum bestellte, in dem er Chemie und Physik unterrichtete. Als ich den Raum betrat, sah ich an der Tafel ein Diagramm mit zwei 400-Meter-Bahnen, die beiden Runden des 800-Meter-Laufs.

MWG kam schnell zur Sache. »Gordie, es wird schwer für dich werden, [er nannte den Namen des Läufers, der jetzt neben mir an der Startlinie stand] ihn zu schlagen. Falls du gewinnst, dann nur deshalb, weil du eine bessere Strategie hast, und weil du deine schnellste Zeit auf 800 Meter läufst. Ich will nicht, dass du gegen ihn läufst. Ich will, dass du gegen die Uhr läufst. Dieser Lauf hat vier Abschnitte. Ich will mit dir einen Laufplan für jeden Abschnitt ausarbeiten.« Goldberg ging zur Tafel.

»Ich will, dass du ab dem Startschuss nur gegen die Uhr läufst. Lass ihn das Tempo laufen, das er laufen will. Du läufst gegen die Uhr.« Er begann, Zahlen an die Tafel zu schreiben, Zeiten die er für jeden der 200-Meter-Abschnitte von mir erwartete.

»Und hier legst du an Geschwindigkeit zu.« Wieder deutete er auf eine Stelle im zweiten Diagramm. »Und an dieser Stelle ...« – jetzt deutete er auf einen Punkt in der letzten Kurve – »... setzt du alles ein, was du noch hast. Du hast so viel Kondition, dass du dieses Tempo für den Rest des Rennens durchhalten kannst. Laufe diese Zeiten, dann kannst du das Rennen gewinnen. Wir stellen alle

200 Meter einen Mann mit einer Stoppuhr auf. Du wirst also immer genau wissen, wie du in der Zeit liegst.«

Jeden Tag in dieser Woche übten wir die Strategie des Trainers ein. Bei den meisten Trainingseinheiten lief ich genau die Zeiten, die er für die jeweiligen 200 Meter geplant hatte. Andere Läufer stellten sich mir als Trainingspartner zur Verfügung, und ich bekam ein Gefühl für die Stellen, an denen ich das Tempo anziehen sollte, an denen ich es halten sollte, und an denen ich »aufs Ganze gehen« sollte.

Jetzt war der Tag, den wir so gründlich vorbereitet hatten, gekommen. Der Startschuss fiel, und die Läufer stürmten los. »Stürmten« ist vielleicht nicht das richtige Wort, denn nach ein paar Sekunden wurde mir klar, dass die meisten Läufer am Anfang kein schnelles Tempo laufen wollten. Auch nicht der Läufer, den ich schlagen musste. Noch bevor wir die erste Kurve erreichten, sagte ich mir, dass dieses Rennen ein Witz sei. Ich begann zu glauben, dass ich es gewinnen würde, egal, wie ich liefe.

So etwas nennt man Anmaßung – lähmenden Stolz, der den gesunden Menschenverstand ausschaltet. Mit einem Schlag waren das ganze Training, all die Strategiegespräche, die ganze intensive Vorbereitung vergessen. Meine Konzentration war wie weggeblasen.

Da fiel mir das Mädchen ein, das gekommen war, um mich laufen zu sehen. Ich wusste, dass sie am Ende der Geraden stand, kurz vor der zweiten Kurve. Sie wäre bestimmt beeindruckt, dachte ich, wenn ich an dieser Stelle weit in Führung läge. Also stürmte ich aus der Masse der Läufer hinaus und raste über die Bahn und auf das Mädchen und die Kurve zu. Bald hatte ich alle anderen in dem Rennen vergessen. Ich sah nur noch mich selbst und wie ich auf die Zuschauer wirken musste ... und auf das Mädchen. Falls mir irgendein Mannschaftskamerad meine Zwischenzeit zurief, habe ich es nicht gehört.

Als ich nach 300 Metern um die Kurve bog, war ich immer noch in Führung, aber ich lag völlig außerhalb des Laufplans, der eine Woche vorher im Schulzimmer entwickelt worden war. Deshalb ging mir nach 600 Metern die Luft aus und ich begann nachzu-lassen. Der Läufer, der mich wochenlang beschäftigt hatte, zog an mir vorbei, als würde ich stehen. Woher war er so plötzlich gekommen? Und woher kamen all die anderen Läufer, die mich plötzlich einzukreisen schienen? An diesem Tag belegte ich am Schluss einen beschämenden dritten ... oder vierten, vielleicht sogar fünften Platz.

Wenn es je einen Augenblick gab, in dem ich Marvin Goldberg nicht unter die Augen treten wollte, dann war das jetzt. Ich hatte keine der Strategien beachtet, die wir an der Tafel ausgearbeitet hatten; ich hatte das ganze Training in den Wind geschlagen, das wir in dieser Woche mit Hilfe mehrerer Mannschaftskameraden durchgeführt hatten.

»Wenn du mir vertraust ...«, hatte MWG einmal zu mir gesagt, als ich neu in die Mannschaft gekommen war. Ich hatte diese Ver-trauensbeziehung verletzt. Jetzt musste ich für mein Verhalten Rechenschaft ablegen.

»Gordie, komm bitte her.« Der Tonfall in der Stimme des Trai-ners unterstrich, dass es kein angenehmes Gespräch werden würde. »Gordie, erkläre mir doch bitte, woran du gedacht hast, als du dieses Rennen liefst.«

Wagte ich ihm zu sagen, dass meine Gedanken sich hauptsäch-lich um ein Mädchen gedreht hatten? Wahrscheinlich nicht. Ich musste andere Gründe finden, die mehr Sinn ergaben. Leise und geduldig wiederholte er den ursprünglichen Plan und schrieb dann die tatsächlichen Zwischenzeiten auf, die ich gelaufen war, und zeigte mir, wie sehr sie vom Plan abwichen:

»Gordie, dieses Rennen hat jetzt nur noch einen einzigen Wert: Die Frage, was du daraus lernen kannst. Ich will, dass du in Ge-danken jeden Schritt noch einmal genau durchgehst. Was hat dich bewogen, das zu tun, was du getan hast? Ich sage dir, ich habe Angst, dass du das meiste in deinem Leben auf die harte Tour lernen wirst. Du musst anscheinend erst verlieren, damit du lernst, wie man gewinnt. Heute hast du mir nicht vertraut; du bist nicht nach unserem Plan gelaufen; du hast deine Konkurrenz völlig unterschätzt. Am Montag will ich von dir hören warum.«

»Es tut mir Leid, Sir«, sagte ich. »Das ist das letzte Mal, dass ich etwas auf die harte Tour lerne.« (Das stimmte leider nicht.) Es folgte ein Wochenende, an dem ich viel nachzudenken hatte.

An diesem Tag fing ich an, die ersten Schritte eines wichtigen Prinzips der Ausdauer zu lernen: Menschen mit Ausdauer stellen sich den harten Fakten ihrer Fehler, ihrer Erfahrungen, ihrer Sünden, ihres Segens. Und sie lernen daraus. So bringen sie ihre Vergangenheit in Ordnung.

Kapitel 13

Die Vergangenheit in Ordnung bringen

Dir sind deine Sünden vergeben. (...) Dein Glaube hat dir geholfen; geh hin in Frieden. (Jesus zu einer Frau mit fragwürdigem Ruf; Lukas 7,48–50)

In Neuengland sind die Sommer vergleichsweise kurz. Wir schätzen das warme Wetter deshalb sehr, und wir versuchen, jeden schönen Tag so gut wie möglich zu nutzen. Wir machen Urlaub, wir organisieren viele Picknicks, und wir fahren so oft es geht an den See.

Aber wir verbringen auch viel Zeit damit, Reparaturen an unseren Häusern vorzunehmen. Wir streichen Wände, wechseln kaputte Bretter aus und überprüfen, ob das Dach noch dicht ist. Wer diese Instandsetzungsarbeiten zu lange hinauszögert, muss mit viel größeren Konsequenzen leben, sobald der Winter zurückkehrt. Dann geht es vielleicht nicht mehr um *Reparaturen*, sondern um einen *Neubau*.

Das Gleiche gilt für unser Innenleben. Wir tragen unsere ganze Vergangenheit mit uns herum, die Erfahrungen und Einflüsse, die seit unserer Geburt (und vielleicht auch schon vorher) unser Leben bestimmt haben. Diese Vergangenheit kann sehr stark unser Jetzt – das Heute – prägen und unsere Beziehungen, unsere Entscheidungen, unser Bild von uns selbst und sogar unser Gottesbild beeinflussen. Wenn unsere Vergangenheit immer gut instand gehalten wird, gibt sie uns Kraft für das Heute. Wenn sie nicht in Ordnung gebracht wird, bricht das Chaos aus.

Menschen mit Ausdauer wissen das. Sie können bestätigen, dass man mit einer ungeklärten Vergangenheit kein gesundes geistliches Leben führen kann.

Jakob, über den wir im Alten Testament viel lesen können, lebte viele Jahre seines Lebens mit einer nicht bereinigten Vergangenheit. Er übervorteilte seinen Bruder Esau und stahl ihm sein Erbrecht. Als die Sache zwischen ihnen brenzlig wurde, floh er aus dem Land. Als es Zeit war nach Hause zurückzukehren, tat er dies mit Grauen, da er Esaus Rache fürchtete. Viele Sorgen und große Angst belasteten ihn, weil er das Prinzip, seine Vergangenheit in Ordnung zu bringen, nicht ernst genommen hatte.

Die Vergangenheit sollte man am besten sofort in Ordnung bringen: Beziehungen klären, in denen es Verletzungen gab; Schuldgefühle, die die Seele zerfressen, loswerden; die negativen Gefühle gegenüber jemandem loslassen, der eine Beziehung verraten hat. Vernachlässigen wir das, geht es mit unserem Leben bergab.

Solange diese Dinge nicht in Ordnung gebracht werden, wirken sie sich in den meisten Fällen destruktiv aus. Manchmal liegen sie tief in uns vergraben, als würden sie schlafen, als wären sie fast vergessen. Aber solche nicht geklärten Punkte belasten unsere Ehe, unsere Arbeitsgewohnheiten, unser Selbstwertgefühl und sogar unser Verhältnis zu Gott. Kurz gesagt, eine Vergangenheit die nicht in Ordnung gebracht wurde, löst sich nicht einfach in Wohlgefallen auf. Sie bleibt und meldet sich ungebeten in der Gegenwart unseres Lebensweges zu Wort.

Ich bin wieder in Südafrika und spreche bei einer Konferenz für Pastoren und christliche Leiter. Nach meinem Vortrag lade ich meine Zuhörer ein, nach vorne zu kommen und niederzuknien, wenn sie gesegnet werden möchten. Ein afrikanischer Pastor tritt vor, aber während andere niederknien, kommt er direkt auf mich zu, vergräbt sein Gesicht in meiner Schulter und beginnt zu weinen. Er schluchzt heftig.

Als er sich wieder gefangen hat, sagt er in einem rauen Flüstern: »Ich hasse den weißen Mann; ich hasse den weißen Mann, und ich kann diesen Hass nicht loswerden. Ich brauche Gottes Segen, der mir hilft, diesen Hass loszuwerden. Er macht mich kaputt.«

Später erzählt er mir in einem Gespräch von einem Erlebnis aus den Tagen der Apartheid. Damals war er erst zwölf gewesen. Er war mit seiner Familie unterwegs gewesen und hatte dringend zur Toilette gemusst und eine Tür gesucht, auf der nicht stand: »Nur für Weiße.« Als er eine Herrentoilette bei einer Tankstelle sah, ging er hinein. Einen Augenblick später kam ein kräftiger Weißer durch die Tür und schrie: »Was machst du hier drinnen?«

Verängstigt stammelte er: »Auf dem Schild stand: Männer.«

»Du bist kein Mann, du bist ein Tier!«, brüllte der Weiße. Er hob den Jungen hoch (bevor dieser fertig uriniert hatte), und warf ihn buchstäblich zur Tür hinaus.

»Seit diesem Tag hasse ich Weiße und habe Angst vor ihnen«, sagte er zu mir. »Selbst diese Pastoren. Ich feiere mit ihnen Gottesdienste, ich arbeite mit ihnen, ich gehe zu ihren Konferenzen. Aber in meinem Herzen empfinde ich Hass. Dieser Hass begann damals bei dieser Tankstelle.«

Ich muss jedes Mal an diesen Pastor denken, wenn ich darüber spreche, dass wir unsere Vergangenheit in Ordnung bringen müssen. Falls je ein Mensch seine Vergangenheit in Ordnung gebracht haben wollte, dann bestimmt dieser Mann. Eine nicht bereinigte Vergangenheit, ablehnende Gefühle, belasteten ihn schwer, und er wollte alles tun, um sein seit langem verwundetes Herz zu heilen.

Ich bin kein ausgebildeter Psychologe. Aber ich glaube, ich habe viel von Psychologen gelernt. Immer wieder fordern sie die Menschen auf, ihre *Vergangenheit* nicht zu ignorieren, und machen deutlich, dass eine nicht geklärte Vergangenheit sich sehr negativ darauf auswirken kann, welches Leben ein Mensch in der Gegenwart führt.

Lange bevor die moderne Psychologie das betonte, beschäftigte sich schon die Bibel mit diesem Thema, auch wenn sie dabei kein psychologisches Fachvokabular benutzt. Meistens erzählt uns die Bibel einfach Geschichten. Aber wer diese Geschichten ernsthaft liest, begreift, worum es darin geht.

Nehmen wir zum Beispiel die Geschichte von Josef im 1. Buch Mose. Er lebte in einer Familie mit zwölf Brüdern und wurde zur Zielscheibe von ernsten Familienrivalitäten. Ich fand schon immer, dass Josef sehr unweise handelte, als er seine Träume vor seinen Brüdern ausposaunte, aber vielleicht verstehe ich die Geschichte nicht bis ins Letzte. Wie dem auch sei, die Brüder verachteten ihn. Vielleicht hatten sie das unbehagliche Gefühl, dass er, weil er die besondere Gunst seines Vaters genoss, eines Tages über sie herrschen würde.

Die Brüder warteten auf einen günstigen Augenblick, um ihn loszuwerden. Als dieser Augenblick kam, schlugen sie Josef zusammen und hätten ihn auf der Stelle getötet, wenn nicht Ruben, der Erstgeborene, eingegriffen und sie überredet hätte, ihn eine Weile in Ruhe zu lassen. Aber kurz danach, als Ruben gerade nicht da war, verkauften die übrigen Brüder Josef an eine Karawane, die nach Ägypten unterwegs war, und glaubten, damit wäre er jetzt für immer aus ihrem Leben verschwunden.

Hier können wir etwas über Ausdauer lernen! Unter diesen furchtbaren Umständen wären die meisten Menschen innerlich kaputt gegangen, aber Josef schien in Ägypten wunderbar klarzukommen. Er wurde an Potifar verkauft und sah einer Zukunft als Sklave entgegen ... aber offenbar einer sehr, sehr guten. Bald wurde er der oberste Sklave im Haus, stellvertretender Leiter der gesamten Geschäfte Potifars, könnten wir sagen. Alles war in seiner Hand. Das ist ein großer Tribut an Josefs Integrität und sein Vertrauen in Gottes Absichten für sein Leben.

Die Spannung in der Geschichte geht von Potifars Frau aus, die ihn am Ende der versuchten Vergewaltigung anklagte und in ihrem Zorn dafür sorgte, dass Josef im Gefängnis landete.

Wieder war Ausdauer gefragt! Bald leitete Josef das Gefängnis (eine unglaubliche Geschichte). Ausgerechnet diese widersinnigen Umstände – besonders, dass er durch das Gefängnis in die Nähe des ägyptischen Pharaos gelangte – sorgten dafür, dass die Führung des Landes auf ihn aufmerksam wurde. Einige Traumdeutungen später sieht alles anders aus. *Bald verwaltet dieser Mann das ganze Land.*

Jetzt taucht die Frage um Josefs Vergangenheit auf und es muss sich zeigen, ob er sie in Ordnung gebracht hat. Seine Brüder sind auf der Suche nach Lebensmitteln nach Ägypten gekommen, da Kanaan von einer schweren Hungersnot heimgesucht wird. Als sie im Land ankommen, haben sie keine Ahnung, wer die Schlüssel für die ägyptischen Vorratskammern in Händen hält.

Man kann hin und wieder den Eindruck bekommen, Josef habe mit seinen Brüdern gespielt. Er wusste, wer sie waren, aber sie hatten noch nicht herausgefunden, wer er war. Es gab mehrere stille Momente, in denen Josef seinen offiziellen Posten verließ und heimlich traurige Tränen weinte.

Wir brauchen keine Psychologen sein, um zu erkennen, was hier geschieht. Wir können es fühlen – besonders diejenigen, die in ihrer eigenen Vergangenheit den furchtbaren Schmerz von Familienzerrüttungen erfahren haben. Sie haben solche Tränen auch schon geweint.

Schauen wir uns jetzt die Brüder an. Noch bevor sie Josef erkennen, spüren sie, dass etwas nicht stimmt. Die Schuldgefühle und die Reue wegen ihrer Gewalttat in der Vergangenheit liegen nicht weit unter der Oberfläche. Während ihres Aufenthalts in Ägypten genügt bereits eine kleine Unannehmlichkeit, um ihr Selbstvertrauen zu erschüttern. Als Josef sie in die Enge treibt, verlieren sie die Fassung. Was kommt ihnen als Erstes in den Sinn? Die Erinnerung daran, dass sie Josef an die ismaelitische Karawane verkauft haben:

> Sie sprachen aber untereinander: Das haben wir an unserem Bruder verschuldet! Denn wir sahen die Angst seiner Seele, als er uns anflehte, und wir wollten ihn nicht erhören; darum kommt nun diese Trübsal über uns. (1. Mose 42,21)

Warum bringen diese Männer eine gegenwärtige Schwierigkeit mit etwas in Verbindung, das über zehn Jahre zurückliegt?

Die einzig mögliche Antwort ist, dass jeder von ihnen diese nicht bereinigte Erinnerung jahrelang in seinem Herzen mit sich herumgetragen hatte. Es genügte ein einziger schlimmer Augenblick, um alles wieder an die Oberfläche zu holen, um eine Verbindung herzustellen.

Ruben, der einzige Bruder, der sich für Josef eingesetzt hatte, versucht, sich von seinen Brüdern zu distanzieren:

Sagte ich's euch nicht, als ich sprach: Versündigt euch nicht an dem Knaben, doch ihr wolltet nicht hören? Nun wird sein Blut gefordert. (1. Mose 42,22)

Schließlich erreicht dieser Tanz zwischen Josef und seinen Brüdern einen Punkt der Aufklärung:

Da konnte Josef nicht länger an sich halten vor allen, die um ihn her standen, und er rief: Lasst jedermann von mir hinausgehen! Und stand kein Mensch bei ihm, als sich Josef seinen Brüdern zu erkennen gab. Und er weinte laut, dass es die Ägypter und das Haus des Pharao hörten, und sprach zu seinen Brüdern: Ich bin Josef. Lebt mein Vater noch? (1. Mose 45,1-3)

Wir sehen in diesem bewegenden Augenblick, wie ein Mann seine Vergangenheit abschließt, zuerst in seinem Innenleben und jetzt in den Schlüsselbeziehungen, die vor so vielen Jahren kaputt gegangen waren.

Und die Brüder? Wie ich schon sagte, bei ihnen sieht die Sache ganz anders aus: »Und seine Brüder konnten ihm nicht antworten, so erschraken sie vor seinem Angesicht« (1. Mose 45,3).

Im Gegensatz zu Josef, den weder Wut noch Abneigung belastete, wurden seine Brüder vom vollen Gewicht ihrer Vergangenheit fast erdrückt. Man kann ihre Schuldgefühle und ihre lähmende Angst nur erahnen. Die Vergangenheit – die nicht bereinigt war – meldete sich jetzt in der Gegenwart zu Wort. Und ihre Botschaft war nicht angenehm.

Josef hätte sich leicht im Netz einer kaputten, nicht bereinigten Vergangenheit verstricken können. Die Konsequenzen wären nicht auszudenken gewesen. Erstens wäre er nie der biblische Charakter geworden, der als einer der großen Sieger in der Bibel dargestellt wird. Zweitens wäre er nie in eine Position gelangt, die es ihm ermöglichte, Tausende von Menschenleben zu retten. Und drittens wäre er niemals in der Lage gewesen, eine Brücke zurück zu seiner Familie zu schlagen ... zu seinem Vater ... zu seinen Wurzeln.

Josefs Vater, Jakob, stirbt. Und die Brüder – deren Vergangenheit immer noch nicht vollständig in Ordnung gebracht war –

erfüllt neu die Angst, dass Josef Rache an ihnen nehmen könnte. »Josef könnte uns gram sein und uns alle Bosheit vergelten, die wir an ihm getan haben«, sorgen sie sich (1. Mose 50,15). Josefs Reaktion:

Fürchtet euch nicht! Stehe ich denn an Gottes statt? Ihr gedachtet es böse mit mir zu machen, *aber Gott gedachte es gut zu machen, um zu tun, was jetzt am Tage ist, nämlich am Leben zu erhalten ein großes Volk.* So fürchtet euch nun nicht; ich will euch und eure Kinder versorgen. Und er tröstete sie und redete freundlich mit ihnen. (1. Mose 50,19–21; Hervorhebung durch den Verfasser)

Dieser letzte Satz ist faszinierend! »Er tröstete sie und redete freundlich mit ihnen.« So handelt wirklich nur ein Mensch, dessen Vergangenheit bereinigt ist. Das ist eine herausragende Eigenschaft eines Menschen mit Ausdauer.

In einer Rede über die moralische Autorität der amerikanischen Präsidenten sagte der Historiker David Abshire: »Wie viele unserer früheren Präsidenten gerieten in persönliche Krisen, weil sie kindische Dinge nie ablegten, nie über ihr Versagen hinauswuchsen, nie aus Fehlern lernten, nie das Volk über sich selbst stellten?«

Die Worte (vielleicht in Anlehnung an Worte des Apostels Paulus) »kindische Dinge ablegen« beschreiben genau das, worauf ich hinaus will. Menschen mit Ausdauer legen kindische Dinge ab. Josef war solch ein Mensch.

Wie ich schon sagte, die Sommer in Neuengland sind kurz. Wir nutzen die Zeit deshalb gut, um unsere Häuser zu reparieren und andere Dinge in Ordnung zu bringen, die durch den Winter in Mitleidenschaft gezogen wurden.

Genauso ist es mit der Seele. Sie muss regelmäßig überholt werden – wenn man ein Mensch mit Ausdauer sein will.

Kapitel 14

Menschen mit Ausdauer erkennen die Macht der Erinnerung an

Ich war vielleicht fünf Jahre alt, als meine Mutter mich das erste Mal allein einkaufen schickte. Ihre Anweisungen waren klar: Ich sollte die Cross Braddock Avenue überqueren – wobei sie mich natürlich nicht aus den Augen ließ –, zum Metzger auf der anderen Straßenseite gehen und ihm einen Umschlag geben, der die Anweisung enthielt, was ich kaufen sollte, und in dem das Geld dafür lag. Es war für mich, wie für jedes Kind, ein aufregender Augenblick, und ich wollte zeigen, wie groß ich schon war.

Ich tat, wie mir geheißen, und alles lief glatt, bis der Metzger mir in einer Tüte das Fleisch reichte und sagte: »Du bekommst noch zwei Cent zurück.«

Ich habe keine Ahnung, warum ich das sagte, aber ich antwortete ihm: »Stimmt so.« Irgendwo hatte ich das wohl einmal gehört und gedacht, es passe für diese Situation.

Ich erinnere mich noch heute an die Überraschung des Metzgers über mein vorwitziges Verhalten. »Oh, nein«, sagte er, er könne das Wechselgeld nicht behalten. Niemals! Und er steckte die zwei Cent in den Umschlag, den ich mitgebracht hatte, und er bestand darauf, dass ich sie meiner Mutter zurückgeben sollte.

Wenige Sekunden später ging ich wieder über die Straße und gab meiner wartenden Mutter das Fleisch und das Wechselgeld. Dann lief ich unbeschwert davon und spielte im Garten. Aber bald rief mich die Stimme meiner Mutter ins Haus.

Der Metzger hatte bei uns zu Hause angerufen und meiner Mutter die Sache mit dem »Passt schon« erzählt. In unserer Nachbarschaft erzählte man sich so etwas.

Meiner Mutter war anzusehen, dass sie mein Verhalten nicht gut fand. »Du bringst *immer* jeden Cent wieder mit nach Hause«, sagte sie. »Dein Vater muss für jeden Cent schwer arbeiten. Sage du *nie:* ›Stimmt so‹.«

Jetzt kommt der dumme Teil dieser Geschichte. Seit sechzig Jahren warte ich immer – immer! – geduldig an jeder Ladentheke auf das Wechselgeld, selbst wenn es nur ein Cent ist. Manchmal fragt sich bestimmt der eine oder andere Verkäufer, warum ich auf eine so kleine Summe warte, aber in mir ist eine Stimme – Mutters Stimme –, die sagt: »Du bringst jeden Cent mit nach Hause.« Ich gebe ein gutes Trinkgeld, wenn es angebracht ist, aber ich kann mich nicht überwinden zu sagen: »Stimmt so.«

Solch eine Macht und Wirkung haben unsere Erinnerungen. Ich kann mir vorstellen, dass unsere Eindrücke von jedem Ereignis in unserem Leben irgendwo gespeichert sind. In Situationen, in denen wir es am wenigsten erwarten, beeinflussen diese Erinnerungen, wie wir uns in der Gegenwart verhalten.

Menschen mit Ausdauer wissen das. Deshalb bemühen sie sich, Erinnerungen in Ordnung zu bringen – so wie es Josef tat –, damit keine ungesunden Erinnerungen die Herrschaft über unsere Einstellung und unser Verhalten in der Gegenwart bekommen.

Man sagt, dass wir die Hälfte dessen was wir in unserem ganzen Leben lernen, vor unserem fünften Geburtstag lernen. Wie man zu dieser Schlussfolgerung gekommen ist, weiß ich nicht, aber sie klingt plausibel. Und sie bildet auch die Grundlage für diesen Gedanken:

- Ein wichtiger Teil dessen, wer wir sind, was wir tun und wie wir mit anderen umgehen, wird von unseren Erfahrungen in den ersten zehn Jahren unseres Lebens geformt.

Wenn dies auch nur zur Hälfte wahr ist, sollten wir es sehr ernst nehmen. Es besagt, dass vieles von dem, wie wir das Leben sehen und wie wir damit umgehen, in unseren ersten Jahren festgelegt wurde. Was, wenn nun einige dieser Bausteine unseres Lebens falsch waren, oder wenn sie falsch eingebaut wurden?

Wenn ich einen dreiundneunzigjährigen Mann frage, ob er und seine neunzigjährige Frau manchmal Meinungsverschiedenheiten haben, versichert er mir, dass es solche natürlich gebe. Ich frage ihn, wie sie in solchen Situationen miteinander umgehen, und er erklärt mir, wie wichtig es sei, dass er trotzdem in einem liebevollen Ton mit ihr spreche. Als ich ihn nach dem Grund frage, erzählt er, dass der Vater seiner Frau, als sie noch ein Mädchen gewesen war, immer sehr verletzend und grob mit ihr gesprochen habe. »Immer wenn sie einen Mann in einem wütenden Tonn sprechen hört, kommen die Gefühle des Schmerzes und der Angst in ihr zurück.«

»Aber das war doch vor achtzig oder fünfundachtzig Jahren«, sage ich. »Wollen Sie mir erzählen, dass sie sich immer noch daran erinnert ...?«

»Als wäre es gestern gewesen!«, versichert er mir.

In unseren ersten Lebensjahren legen wir das Fundament für unsere Gefühle und Reaktionen. Wir beobachten die Menschen, die in unserem Leben »die größten« sind, und stellen fest, wie und wann sie Ärger, Freude, Traurigkeit oder Angst zum Ausdruck bringen. Aus dem, was wir sehen, ziehen wir unbewusst Schlussfolgerungen für unser eigenes Leben.

Wir lernen in den ersten zehn Lebensjahren, Liebe zu geben und anzunehmen. Die Art, wie wir die Zuneigung und Zärtlichkeit unserer Eltern empfinden (die Art, wie die Liebe unserer Eltern zueinander auf uns wirkt), wird zu einem Modell dafür, wie wir andere lieben, wenn wir älter werden.

Die meisten von uns lernen in diesen frühen Jahren ihre grundlegenden Kommunikationsfähigkeiten: wie man spricht, wie man zuhört. Wir gewinnen oder verlieren das Selbstvertrauen, das uns befähigt, unsere Gedanken und unsere Vorstellungen anderen gegenüber auszudrücken. Wenn wir dieses Selbstvertrauen nicht bekommen, werden wir uns vielleicht für den Rest unseres Lebens nur widerstrebend an einem lockeren Gespräch mit anderen beteiligen. Wir ziehen uns zurück, halten uns zurück und überlassen den anderen das Reden und sprechen nur, wenn wir gefragt werden, oder wir fühlen uns sogar unter Druck gesetzt, wenn jemand uns herausfordert, unsere Meinung zu äußern.

Ich habe den Verdacht, dass wir uns in diesem frühen Alter unsere grundlegenden Arbeitsgewohnheiten aneignen. Wird die Arbeit eine Herausforderung sein oder etwas dem man aus dem Weg gehen muss? Wird sie mit Bravour und Gründlichkeit erledigt oder nur schlecht gemacht? Wird sie fertiggestellt, oder bleibt sie unvollendet?

Kann es sein, dass unsere grundlegende Vorstellung von Gott in den ersten zehn Lebensjahren geprägt wird?

Mein erster Eindruck von Gott war zum Beispiel dieser: Gott lässt es regnen, wenn eine Parade stattfindet. Das hieß für mich, dass der Gott der Bibel ein Spaßverderber sei musste.

Mein Kindheitseindruck war, dass das Leben voller Enttäuschungen war, und dass Gott es so wollte. Daraus leitete ich die Meinung ab, dass Gott wahrscheinlich nicht wollte, dass ich ein neues Fahrrad bekäme, für die Baseballmannschaft ausgewählt würde oder die Gunst des Lehrers in der ersten Klasse genösse.

Heute weiß ich, dass dieses unglückliche Bild von Gott meine Jugendjahre und meine Zeit als junger Erwachsener prägte. Und es kam der Moment, in dem ich alles revidieren und die früheren Eindrücke, die sich in meine Seele eingegraben hatten, hinauswerfen musste. Das ist ein Beispiel dafür, was es heißt, die Vergangenheit in Ordnung zu bringen.

Ich hatte immer den Verdacht, dass ein solches verzerrtes Bild von Gott ein Problem des Psalmisten David gewesen sein muss. Seine Familie scheint für ihn kein sicherer Ort gewesen zu sein. Was soll man von einem Vater halten, der, als der Prophet Samuel kam und einen Kandidaten für Israels Thron suchte, alle seine Söhne kommen ließ – außer David? Als Samuel sie alle anschaute und Gott zu jedem nein sagte, fragte er Isai, den Vater: »Sind das alle?« Er bekam zur Antwort: »Der Kleine ist draußen auf den Feldern, aber ich hielt ihn für zu unwichtig, um ihn hereinzuholen.« (Das ist meine eigene Übersetzung der Geschichte.)

Ich frage mich, wie ich mich gefühlt hätte, wenn ich draußen auf den Feldern gewesen wäre und gewusst hätte, dass mein Vater mich für so wertlos hielt, dass er mich nicht einmal zu seinen Söhnen rechnete. Hätte ich dieses Bild von meinem Vater nicht auf mein Bild von Gott übertragen?

Ich glaube, dass diese Erinnerung David sein ganzes Leben lang belastet hat. Sie bewegte ihn dazu, in Gott einen Ersatzvater zu finden. Was in Wirklichkeit gar keine so schlechte Idee ist! Lesen Sie die folgenden Worte und sehen Sie selbst, ob in ihnen nicht das gebrochene Herz eines Sohnes zum Ausdruck kommt, der mit seinem irdischen Vater nie ganz zurecht kam:

> Herr, höre meine Stimme, wenn ich rufe; sei mir gnädig und erhöre mich! Mein Herz hält dir vor dein Wort: »Ihr sollt mein Antlitz suchen.« Darum suche ich auch, Herr, dein Antlitz. Verbirg dein Antlitz nicht vor mir, verstoße nicht im Zorn deinen Knecht! Denn du bist meine Hilfe; verlass mich nicht und tu die Hand nicht von mir ab, Gott, mein Heil! Denn mein Vater und meine Mutter verlassen mich, aber der Herr nimmt mich auf. (Psalm 27,7–10)

Meiner Meinung nach wollte David mit diesen Worten seine Vergangenheit in Ordnung bringen. Statt die Traurigkeit oder die Wunden der Vergangenheit zu leugnen, spricht er die Wahrheit offen aus und verarbeitet sie. Natürlich gab es andere Dimensionen seiner Vergangenheit, die er offensichtlich ignorierte. Aber in diesem Punkt leistet er eine bemerkenswerte Arbeit.

Menschen mit Ausdauer nehmen ihre Vergangenheit und die Geschichten darin ernst. Wenn sie einen Bezug zwischen der Vergangenheit und der Gegenwart herstellen, bitten sie Gott um die Kraft, die Einsicht und die Fähigkeit, richtig damit umzugehen. Wenn nötig, bringen sie Dinge in Ordnung.

Jedes Mal, wenn ich einen Cent in der Hand halte, erwacht eine sechzig Jahre alte Erinnerung an eine Metzgerei in mir zum Leben. Soll ich den Cent behalten? Ja! Meine Mutter hat einmal gesagt, das sei wichtig, und diese Erinnerung beeinflusst mich noch heute.

Kapitel 15

Die Macht der Erinnerung

Vor vielen Jahren sprach ich bei einer Konferenz. Am Ende meines Vortrags kam eine Frau auf mich zu. Sie stellte sich vor und sagte: »Ich war früher Ihre Babysitterin.«

Wir unterhielten uns eine Weile. Mich faszinierte diese Berührung mit meiner Vergangenheit.

Ich erinnere mich sehr gut an dieses Gespräch. Es war eines der ersten Male, dass in mir eine große Neugier erwachte zu erfahren, wie ich als Kind gewesen war. Was waren die Dinge gewesen, die mich geprägt haben? Ich wusste, dass sie mir einige Antworten auf diese Fragen würde geben können.

Am Ende unseres Gesprächs bat ich sie um einen Gefallen: »Wären Sie bereit, mir einen langen Brief zu schreiben und mir alles über mich zu erzählen, an das Sie sich aus meiner Kindheit erinnern?« Sie sagte, das würde sie gern tun, und wir verabschiedeten uns.

Mehrere Wochen später traf der Brief, um den ich gebeten hatte, ein. Heute liegt er irgendwo in einem unserer vielen Familienalben als ein Schatz, den ich erneut lesen werde, wenn ich sehr, sehr alt bin. Der Brief war mehrere Seiten lang, engzeilig geschrieben, sehr ausführlich. Er stammte von einer Frau mit einem ausgezeichneten Gedächtnis.

Dieser Brief veranlasste mich, meine Erinnerungen zu ordnen – sie in eine Reihenfolge zu bringen und zu sehen, welche Erkenntnisse aus ihnen gezogen werden können. Mir dämmerte allmählich, dass meine Erinnerungen einen großen Teil dessen ausmachen, was ich bin. Wenn meine Erinnerungen unordentlich sind, durcheinander ... wenn es ungelöste Fragen darin gibt (wie bei Josefs Brüdern), leidet meine Ausdauer darunter.

In diesem Brief erinnerte sich meine frühere Babysitterin, dass ich als Vierjähriger am liebsten Kirche gespielt habe: Ich nahm sie mit in die Kirche – in die Kirche meines Vaters – neben unserem Haus. Wir betraten gemeinsam das leere Gotteshaus, und ich schob sie auf einen bestimmten Platz. Dann ging ich nach vorne und stieg auf die Kanzel, wie ich es bei meinem Vater jede Woche beobachten konnte.

Ich kniete an dem Platz nieder, an dem er sich jede Woche niederkniete. Nach einer angemessenen Pause für das Gebet stieg ich auf die Kanzel, schlug das Gesangbuch auf und sagte ein Lied an. Und wir – ich, der Pastor, und meine Babysitterin als die Gottesdienstbesucherin – spielten einen kompletten Gottesdienst durch: Lieder, Gebet, Abkündigungen und eine Predigt. Dann erteilte ich den Segen – ich hob die Hand zum Segen, wie mein Vater jeden Sonntag –, und dann ging ich zur Hintertür und bereitete mich darauf vor, ihr die Hand zu schütteln, wenn sie das Gotteshaus verließ. Wen wundert es da, dass ich den größten Teil meines Lebens Pastor war?

Bei dem Versuch, meine Erinnerungen zu ordnen, stellte ich fest, dass die meisten von ihnen in eine von drei Kategorien fallen:

1. Sie drehen sich um die Schlüsselpersonen, die mich beeinflusst haben, sowohl zum Guten als auch zum Schlechten.
2. Sie drehen sich um die wichtigsten Gedanken, die mich geleitet haben, sowohl die edlen als auch die unedlen.
3. Sie drehen sich um die kritischen Ereignisse, die mich verändert haben, sowohl die, die mich glücklich gemacht haben, als auch die, die mich traurig gemacht haben.

Wenn ich versuche Menschen zu helfen, ihr Leben in Ordnung zu bringen, verwende ich diese drei Kategorien.

Als Erstes bitte ich sie, ihr Leben in Fünf-Jahres-Blöcke zu unterteilen (0–5, 5–10, 10–15 usw.). Dann fordere ich sie auf, jeden Block so gut wie möglich mit den Namen der *einflussreichsten Personen, der großen Ideen und der kritischen Ereignisse* jeder Zeitspanne auszufüllen. Ich warne aber: Dies lässt sich nicht an einem Abend oder an einem Wochenende schaffen. Es dauert wahrscheinlich mehrere Wochen, wenn nicht sogar Monate. Die Erinnerung an eine Sache führt oft zur nächsten. Wir sind überrascht und manchmal schockiert darüber, was seit Jahren tief in unserem Inneren verborgen ist.

Ich schlage vor, sich an die Häuser zu erinnern, in denen man gelebt hat, an die Namen der besten Freunde, der Lehrer und Nachbarn. Sobald wir anfangen diese »Meilensteine« unseres Lebens zu erkennen, beginnen die Erinnerungen zu fließen.

Ich denke, Gott hatte so etwas im Sinn, als er Israel aus Ägypten und durch die Wüste ins verheißene Land führte. Von Anfang an sorgte Gott dafür, dass die Israeliten sich als Volk an bestimmte Dinge erinnerten. Am Anfang ihres Auszugs lehrte er sie das Passah zu feiern:

> Ihr sollt diesen Tag als Gedenktag haben und sollt ihn feiern als ein Fest für den Herrn, ihr und alle eure Nachkommen, *als ewige Ordnung* (2. Mose 12,14; Hervorhebung durch den Verfasser).

Während der Wüstenwanderung, die vierzig Jahre dauerte, gab Gott bedeutenden Orten einen Namen. Er ließ Israel an bestimmten Stellen Altäre und Denkmäler errichten. Erinnern wir uns an den Durchzug durch den Jordan ins gelobte Land:

> Als nun das Volk ganz über den Jordan gegangen war, sprach der Herr zu Josua: Nehmt euch aus dem Volk zwölf Männer, aus jedem Stamm einen, und gebietet ihnen: Hebt mitten aus dem Jordan zwölf Steine auf von der Stelle, wo die Füße der Priester stillstehen, und bringt sie mit euch hinüber und legt sie in dem Lager nieder, wo ihr diese Nacht bleiben werdet. (Josua 4,1–3)

Später erzählte Josua von dieser Erfahrung:

> ... damit [diese Steine] ein Zeichen seien unter euch. Wenn eure Kinder später einmal fragen: Was bedeuten euch diese Steine?, so sollt ihr ihnen sagen: Weil das Wasser des Jordans weggeflossen ist vor der Lade des Bundes des Herrn, als sie durch den Jordan ging, sollen diese Steine für Israel ein ewiges Andenken sein. (Josua 4,6–7)

Mit anderen Worten: Sich zu erinnern ist wichtig. Sich richtig zu erinnern ist wichtig. Sich dankbar zu erinnern ist wichtig.

Wenn ich als erstes die Fünf-Jahres-Blöcke meines Lebens durcharbeite, nimmt meine Großmutter eine wichtige Rolle in meiner Liste der einflussreichen Personen ein. Sie muss mich sehr geliebt haben. Wenn ich mein Leben nicht Gott übergeben hätte, dann hätte *sie* es wahrscheinlich für mich getan.

Großmutter war der erste ernsthafte Beter in meinem Leben. Da mein Großvater ein Missionsleiter war und sich auf Europa konzentrierte, bestand Großmutter darauf, dass ich die Landkarte Europas lernte – seine Flüsse, seine Großstädte, seine Volksgruppen und seine reichhaltige Geschichte. Sie genierte sich nicht, mich zu bestechen. Dafür, dass ich alle europäischen Länder auswendig lernte, versprach sie mir zwei nagelneue Dollarscheine (damals ziemlich viel Geld), wenn ich die Namen fehlerfrei aufsagen könnte. Das sechste Kapitel des Epheserbriefes auswendig aufzusagen war einen Anspitzer wert, etwas, was ich mir schon lange gewünscht hatte.

Es gibt viele andere Schlüsselpersonen, die ich in die Fünf-Jahres-Blöcken meines Lebens einordnen könnte. Nicht alle waren besonders gute Menschen. Es gibt Menschen, an die ich mich erinnere, weil sie mir Schmerz, Leid oder Demütigung zugefügt haben. Diese müssen auch zu den Schlüsselpersonen gezählt werden. Wenn wir als Erwachsene jemanden treffen, der uns an sie erinnert, regen sich in uns sonderbare Gefühle der Abneigung, Angst oder Wut. Das sind Augenblicke, in denen sich zeigt, ob wir die Vergangenheit in Ordnung gebracht haben.

Beim Ordnen der Erinnerungen ist es zweitens wichtig, die Leitgedanken zu verfolgen, die unser Leben durch die Jahre hindurch bestimmt haben. Haben sich diese Gedanken geändert? Welche haben sich als falsch oder irreführend erwiesen?

Ein vorherrschender Gedanke, der viele Jahre lang über meinem Leben hing war das, was ich »Vorbestimmung« nenne: »Es gibt etwas sehr Wichtiges, das du in deinem Leben tun musst. Du darfst es nicht verpassen. Du musst herausfinden, was es ist, und darauf zugehen. Sei nicht wie Jona, der versuchte, vor seinem Schicksal davonzulaufen. Du willst doch nicht im Bauch eines Wals landen. Denke an deine Bestimmung.« Eine Comicfigur hat es einmal so ausgedrückt: »Das Leben ist so schwer, wenn man eine Bestimmung um den Hals hängen hat.«

Da waren natürlich die typischen Gedanken, die man in einer christlichen Umgebung mit auf den Weg bekam. »Du musst dafür sorgen, dass alle deine Freunde von Jesus gehört haben« (ich war darin nicht gut); »du willst doch nicht, dass einer von ihnen in die Hölle kommt, weil du ihnen nicht das Evangelium verkündet hast« (das wollte ich gewiss nicht, aber irgendwie war dieser Gedanke keine hilfreiche Motivation). »Du musst entscheiden, ob du in den christlichen Dienst berufen bist oder nicht, denn du wirst dein ganzes Leben unter dem Gericht verbringen, wenn du eine Berufung hattest und ihr nicht gehorcht hast« (darüber habe ich mir lange große Sorgen gemacht).

Diese Gedanken haben die ersten zehn Jahre meines Lebens geprägt. Positiv und negativ. Einige von ihnen musste ich in späteren Jahren neu bewerten. Vielleicht waren sie der Grund für unnötige Schuldgefühle; vielleicht haben sie ein falsches Bild von Gott in mir geprägt.

Eine dritte Frage beim Ordnen der Erinnerungen hat mit kritischen Ereignissen zu tun. Damit meine ich einmalige Ereignisse, die uns für immer verändern. Sie ragen aus dem Alltag heraus; sie überraschen uns; sie werden nie vergessen.

James MacGregor Burns schreibt in seinem Klassiker über Führung:

> Bevor Sigmund Freud eines Abends, als er sieben oder acht Jahre alt war, schlafen ging ... [ab dieser Stelle ist es Freud selbst, der schreibt] »missachtete ich die Regeln, die der Anstand fordert, und gehorchte im Schlafzimmer meiner Eltern dem Ruf

der Natur, während sie zugegen waren. Indem er mich zurechtwies, ließ mein Vater folgende Bemerkung fallen: ›Aus dem Jungen wird nie etwas werden.‹ Das muss ein beängstigender Schlag (eine Beleidigung) für meinen Ehrgeiz gewesen sein, denn Anspielungen an diese Szene tauchen immer noch in meinen Träumen auf und stehen immer in Verbindung mit einer Aufzählung meiner Leistungen und Erfolge, als wollte ich sagen: ›Siehst du, aus mir ist doch etwas geworden.‹«

Das würde ich als ein kritisches Ereignis in Freuds Leben bezeichnen. Der Vorfall scheint zwar im Augenblick unbedeutend zu sein – ein (vielleicht) verängstigter kleiner Junge, der in die Hose macht –, aber dieses Ereignis verändert sein weiteres Leben, es ist ein wunder Punkt, der seine ganze Zukunft mit prägt. Ein winziges Ereignis, das nicht nur Freuds Leben veränderte, sondern die ganze Weltgeschichte, könnte man sagen.

Die Frage, die sich bei unseren vielen Erinnerungen stellt, lautet: Was mache ich mit ihnen? Wie sollen wir auf eine Vergangenheit reagieren, die so voll ist mit Dingen, die uns nach unten ziehen und die den Langstreckenlauf des Lebens zu einem beschwerlichen Weg machen können, wenn wir nicht aufpassen? Die Menschen der Bibel hatten auf diese Frage mindestens vier Antworten.

Kapitel 16

Menschen mit Ausdauer praktizieren Buße

Vor ungefähr 350 Jahren schrieb der englische Prediger John Bunyan das Buch *Pilgerreise zur seligen Ewigkeit*, eine allegorische Beschreibung des christlichen Lebens. Bunyan schrieb das Buch im Gefängnis, in dem er wegen seiner Überzeugungen saß. Er beschreibt darin die Reise des Pilgers, Christ, der sein Zuhause in der Stadt des Verderbens verlässt und zur himmlischen Stadt unterwegs ist. Auf dem Weg begegnet er einem Charakter nach dem anderen ... einige davon sind gut, andere sind schlecht.

Ein Bild in diesem lebendig geschriebenen Buch beeindruckt mich besonders: Ein Bild ganz am Anfang des Buches, in dem Christ eine schwere Last auf dem Rücken trägt. Bald wird klar, dass diese Last die Ansammlung seiner Sünden ist – Lasten aus seiner Vergangenheit.

An einem Punkt seiner Pilgerreise begegnet Christ Herrn Willig. Willig ist ein Mensch, der es allen recht machen will, der sich leicht überzeugen lässt, und jemand, der so lange an einer Sache festhält, wie der Weg leicht und unkompliziert ist. Er ist gewöhnlich optimistisch, sogar enthusiastisch.

Willig fällt es schwer zu verstehen, warum Christ nicht schneller vorwärts kommt ... und nicht vielleicht sogar ein bisschen rennt.

»Ich kann nicht schnell laufen«, sagt Christ zu ihm. »Diese Last auf meinem Rücken ist einfach zu schwer.«

Willig versteht nicht. Er hat keine solche Last, weil er sich weigert zurückzuschauen und zu erkennen, wie seine Vergangenheit aussieht. So lebt Willig einfach von einem Augenblick zum nächsten und bemerkt nicht, dass sein Innenleben mit allem Möglichen vollgestopft ist. Solange er das ignorieren kann, geht es ihm gut ... für den Augenblick.

Als die beiden – Christ und Willig – in einen Sumpf fallen (Bunyan nennt ihn den Sumpf der Verzagtheit), in den die Abwässer der umliegenden Städte fließen, ist Willig schnell dabei, die Reise abzubrechen. Er will hinaus; er will dorthin zurück, woher er kommt. Die beiden Männer trennen sich. Das letzte, was man von Willig sieht, ist, wie er dorthin zurückläuft, woher er gekommen ist. Aber Christ – immer noch mit seiner schweren Last auf dem Rücken – bemüht sich weiter vorwärts zu dem Ort, an dem ihm seine Last abgenommen werden wird, wie man ihm gesagt hat.

Für Bunyans Christ dreht sich alles darum, die Vergangenheit zu verarbeiten oder in Ordnung zu bringen – diese Last auf seinem Rücken loszuwerden. Er hatte die Aufforderung in der Bibel begriffen: »Lasst uns ablegen alles, was uns beschwert, und die Sünde, die uns ständig umstrickt« (Hebräer 12,1).

Ich habe den Eindruck, dass Menschen auf dreierlei Weise versuchen, ihre Vergangenheit in Ordnung zu bringen.

• Die erste Methode besteht darin, sich von ihr zu distanzieren, nur in der Gegenwart und vielleicht in der Zukunft zu leben.

Wir nennen das Leugnen. Die Vergangenheit hat keinen praktischen Nutzen. Denke nicht darüber nach; frage nicht, welcher Schaden hinter dir liegt; frage nicht, ob es etwas ins Reine zu bringen gilt. Ich bin schon Menschen begegnet, die so leben, und Willig hat in meinen Augen diese Strategie gewählt.

Ich denke an einen Mann, dem die Probleme der Vergangenheit zu schwer waren, um sich mit ihnen auseinander zu setzen. Es gab zu viele kaputte Beziehungen, zu viel Bedauern. Seine Lösung? Kehre deiner Vergangenheit einfach den Rücken, sage den Leuten die du schon dein Leben lang kennst, dass du an einem Kontakt zu ihnen nicht mehr interessiert bist. Briefe bleiben ungelesen; man geht nicht ans Telefon, wenn sie anrufen; Urlaubsgrüße werden nicht beachtet. Damit schafft man sich ein völlig neues

Leben. Ziel der Sache: »Meine Last ist keine Last mehr, weil ich ihre Existenz nicht anerkenne.« Zugegeben, diese Methode kann eine Weile funktionieren.

Während derjenige den ich gerade beschrieben habe, eine ziemlich dramatische Strategie anwendet, gibt es viele andere, die einfach das Gestern in einer Flut von Ablenkungen begraben. Mit anderen Worten: Sie laufen der Vergangenheit davon. Sie verschaffen sich neue Dinge, neue Beziehungen, neue Arbeitsplätze, neue Aktivitäten. Nur nicht aufhören zu laufen. Vielleicht, so argumentieren sie, hat die Vergangenheit keine Zeit, mich einzuholen.

- Eine zweite Möglichkeit für den Umgang mit der Vergangenheit ist es, die Last zu akzeptieren und sich an sie zu gewöhnen.

Das bedeutet, mit ihrem immer größer werdenden Gewicht zu leben, anzuerkennen, dass das Leben immer langsamer wird, je größer die Last wird. Ich würde Saul, den König von Israel, in diese Kategorie einordnen. Statt sich mit seinem eigenen Versagen, seiner Last auseinander zu setzen, entwickelte er eine Besessenheit vor dem jungen David, und jagte ihn mit der Absicht, ihn zu töten, durch das ganze Land. Wenn er nur bereit gewesen wäre, sich mit sich selbst und seiner eigenen Last auseinander zu setzen! Aber anscheinend war es leichter, diese Last zu tragen und David zu verfolgen.

Ich denke an einen Mann, der eines Tages bei einer Konferenz in einer stillen Ecke mit mir sprach. Ihm ließen Dinge, über die ich in Bezug auf unser Innenleben geschrieben habe, keine Ruhe. Während unseres Gesprächs spürte ich, dass es in seinem Leben ein tiefes Geheimnis – einen Knoten – gab. Als ich ihn direkt darauf ansprach, gab er zu, dass ich Recht hatte. Da war eine *Last*. Aber so sehr er auch wollte, konnte er sich nicht einmal überwinden, sie in Worte zu fassen. Es muss eine sehr schwere Last gewesen sein, denn er gab zu, dass er seine Familie, seinen Status als christlicher Leiter und seinen Arbeitsplatz verlieren würde, wenn das Geheimnis je ans Licht käme.

»Wie lang leben Sie schon mit dieser Sache?«, fragte ich.

»Mindestens seit zwanzig Jahren«, antwortete er.

»Und was wollen Sie damit machen?«

»Ich muss einfach damit leben. Ich muss jeden Tag meines Lebens damit leben und mich fragen, ob, und wenn ja: wann es herauskommen wird.«

Ich möchte wetten, dass es viele wie diesen Mann gibt. Sie sind zu dem Schluss gekommen, dass ihre Last ein Teil des Preises für ihr Leben ist. Sie tun, was sie unter den gegebenen Umständen tun können. Aber die Last der Vergangenheit wird sie immer begleiten.

Das führt mich zum dritten Weg, die Vergangenheit ganz zu verarbeiten:

- Bringen Sie sie in Ordnung!

Dies ist die beste Variante, und sie wird möglich durch die Gnade, die uns in Jesus Christus und in seinem Tod geschenkt wurde.

Die Vergangenheit in Ordnung zu bringen beginnt mit Buße. Das griechische Wort dafür heißt »Metanoia«. Die Griechen meinten damit: »etwas bereuen«, »seine Meinung ändern« und »die Richtung ändern.«

Buße war nicht immer ein religiöses Wort. Das Wort stammt aus der antiken Welt, in der Reisende nur wenige Straßen hatten, keine Verkehrsschilder, keine Straßenlaternen und keine Straßenkarten. Es passierte sehr oft, dass sich jemand verlief. Das bedeutete, dass ein Reisender, wenn er den Weg auf dem er sich befand, als den falschen erkannte, stehen bleiben und sich eingestehen musste: »Ich habe mich verlaufen.« Dann suchte er den richtigen Weg und ging so weit zurück, bis er sich wieder auf dem richtigen Weg befand.

In der Bibel sprechen Worte wie »Sünde« (das bedeutet: »das Ziel verfehlen«), »verloren«, »suchen«, »umkehren«, »gerettet« (oder erlöst) und »gefunden« davon, die Vergangenheit in Ordnung zu bringen. Sie beschreiben einen Prozess: Gott hat immer ein offenes Ohr für einen Menschen, der bereit ist umzukehren, und geht in Liebe auf ihn zu und nimmt ihm die Last ab, die er so lange mit sich herumgetragen hat.

Um zu beschreiben, was Buße oder Umkehr bedeutet, erzählte Jesus die Geschichte vom verlorenen Sohn; einem jungen Mann, der fast die Hälfte des Vermögens seines Vaters verprasste und schließlich bei den Schweinen landete. Als er einen Punkt erreichte, an dem die Schweine besser aßen als er, gab er endlich zu, dass er sich auf dem falschen Weg befand.

Da ging er in sich und sprach: Wie viele Tagelöhner hat mein Vater, die Brot in Fülle haben, und ich verderbe hier im Hunger! Ich will mich aufmachen und zu meinem Vater gehen und zu ihm sagen: Vater, ich habe gesündigt gegen den Himmel und vor dir. (Lukas 15,17–18)

Das sind die Worte eines Menschen, der sagt: »Ich bin auf dem falschen Weg! *Ich habe gesündigt* (das Ziel verfehlt)«.

Ich glaube, es gibt nicht viele Bücher von mir, in denen ich nicht früher oder später zum Thema Umkehr komme. Ich musste mich auf meinem eigenen Lebensweg intensiv mit diesem Thema auseinander setzen. Nicht in der Theorie, sondern in der Praxis. Ich weiß sehr genau, wie sich der verlorene Sohn gefühlt hat.

Während ich diese Seiten schreibe, schaue ich aus dem Fenster meines Arbeitszimmers auf eine kleine Wiese hinaus. Sie gehört zu dem Grundstück, das wir »Peace Ledge« genannt haben und auf dem wir seit fünfundzwanzig Jahren wohnen. An einem Rand dieser Wiese befindet sich ein hübscher Garten. Im Augenblick leuchten bunte Blumen auf der Wiese.

Vor fünfundzwanzig Jahren war das keine Wiese. Es gab auch keinen Blumengarten. Es war ein überwuchertes Feld mit viel Unkraut und wild wachsenden Pflanzen. Der Boden war übersät mit Steinen und Felsbrocken. Um den Rand des Feldes herum waren (und sind immer noch) Steinmauern, die darauf schließen lassen, dass die Bauern früherer Generationen immer wieder Steine und Felsbrocken aufhoben und sie am Rand aufgehäuft haben. Daher die Mauern.

Als wir das Grundstück kauften, das wir »Peace Ledge« nennen, beschlossen wir, dieses Feld in eine Wiese zu verwandeln. Das bedeutete, die Pflanzen so zurechtzustutzen, dass das Gras wachsen konnte. Und es bedeutete, das Feld von den Steinen und Felsbrocken zu befreien. Das war keine leichte Aufgabe.

Zuerst entfernten wir die großen Steine (die größer als ein Brotkorb waren). Dann kamen die kleineren Steine und Felsbrocken (in der Größe von Basketbällen) an die Reihe. Schließlich zogen wir ein drittes Mal los und durchkämmten das Feld – das jetzt eine Wiese geworden war – nach kleineren Steinen, die schlecht wären für die Messer eines Traktormähers. Das Ganze dauerte mindestens zwei Jahre.

Ich vergleiche diese Arbeit mit den ersten Schritten bei der Buße. Genauso wie man aus einem verwahrlosten Feld eine schöne Wiese macht, indem man es von Felsbrocken und Steinen befreit, bringt man das innere Leben in Ordnung und nennt die Ereignisse und Einstellungen der Vergangenheit beim Namen, die Gott und die Menschen, mit denen man zusammenlebt, beleidigt haben. Man nennt sie beim Namen und übernimmt die Verantwortung dafür. Das ist wichtig. Man fängt nicht an mit Entschuldigungen und Erklärungen. Man übernimmt einfach die Verantwortung und fragt: »Was kann ich tun, um das in Ordnung zu bringen?«

Als Kind nannte ich das »meine Sünden bereuen«. Als Erwachsener hat sich meine Sprache verändert. Aber darauf kam es nicht an. Das Problem ist, dass wir, je älter wir werden, es müde werden, unsere Sünden zu bereuen. Wir werden »klüger«, und wir entwickeln alles Mögliche, um nichts bereuen zu müssen. Wir finden Begründungen, die unsere Verantwortung kleiner machen. Wir schieben die Schuld auf andere, auf das System, auf die Umstände. Wir tun alles, um uns selbst nicht so schlecht zu fühlen.

Das Problem dabei ist, dass die Last immer schwerer wird, je geschickter wir uns herausreden.

Buße war für mich nie wirklich ein heißes Thema, bis mein Leben vor zwanzig Jahren eine völlig falsche Richtung nahm. In einem Augenblick, den ich bis ans Ende meines Lebens bedauern werde, brach ich die Versprechen einer reich gesegneten Ehe. Man kann es Untreue nennen. Egal, wie man es nennt, es war etwas, für das es keine Erklärung oder Entschuldigung gibt. Heute ist jene Episode für mich so schmerzlich, dass ich mir sage: »Ich kenne den Mann der das getan hat, überhaupt nicht (und ich will ihn auch nicht kennen). Wer war er?«

Leider muss ich sagen, dass ein solches Versagen nötig war, damit ich tiefe Wahrheiten über mich selbst erkannte, die ich unter anderen Umständen nie zugegeben hätte.

Wie die Wiese, die ich von meinem Arbeitszimmerfenster aus sehe, schien mein Leben von den meisten großen Felsbrocken und Steinen befreit zu sein. Als ich näher hinschaute und die kleinen Steine und Kiesel in meinem Leben sah, bedeckte ich sie mit gelegentlichen, oberflächlichen Bekenntnissen, dass ich Gottes Barmherzigkeit und Vergebung brauche. Aber das war alles Routine. Schließlich hatte ich nichts mit Pornographie zu tun, ich misshandelte unsere Kinder nicht, ich veruntreute kein Gemeindegeld, und ich fühlte mich nicht zum anderen Geschlecht hingezogen (außer zu meiner Frau). Ich war ein ganz passabler Mann mit einigen Schwächen und dunklen Flecken, aber ohne große Sünden.

Und dann traf ich eine Reihe einfacher, scheinbar unschuldiger, Entscheidungen, die dann schließlich zu einer bösen Entscheidung führten.

Lassen Sie mich die Geschichte von unserer Wiese noch einen Schritt weiter führen: Als wir das Feld von seinen Steinen und Felsbrocken befreit und die Pflanzen so weit zurückgeschnitten hatten, dass Gras wachsen konnte, rechneten wir nicht mit einer Sache, die uns die Einheimischen hätten sagen können, wenn wir sie gefragt hätten. Wir wussten nicht, dass unter dem Humus (dessen Schicht sehr dünn war), unzählige andere Steine und Felsbrocken lagen, die alle nach und nach auftauchen würden. Da der Frost in jedem Winter bis tief in die Erde reichte, wurden viele dieser Steine und Felsbrocken nach oben befördert. Im Frühling fuhr ich auf meinem

Traktormäher los und hörte plötzlich, wie das Messer an einen Felsen stieß, den ich vorher nie gesehen hatte. Bei genauerem Hinsehen stellte ich überrascht fest, dass ein Stein aus der Erde emporragte. Ich hatte vorher nichts von seiner Existenz gewusst. Wenn ich versuchte solch einen Stein frei zu bekommen, entdeckte ich oft, dass es gar kein Stein war; es war ein großer Fels – viel größer als ein Brotkorb ... *und er war die ganze Zeit im Verborgenen da gewesen.*

Das war mein Problem. Steine – nein, Felsen – waren tief in meinem Inneren verborgen, von denen ich nichts gewusst hatte. Sie mussten erkannt, beim Namen genannt und beseitigt werden.

An diesen Punkt führte mich mein Versagen vor zwanzig Jahren zu der Erkenntnis, dass *Umkehr* mehr ist als meine Sünden bereuen. Sie ist an allererster Stelle die nüchterne Erkenntnis, dass tief in mir *Felsen* vergraben sind. Vielleicht sieht man sie jetzt noch nicht, aber sie können jeden Augenblick auftauchen, und dann brauche ich dringend die Barmherzigkeit Gottes.

Vor zwanzig Jahren war das Versagen in meinem Leben nicht damit erledigt, dass ich abends einfach betete: »Herr, es tut mir Leid, dass ich gesündigt habe.« Ich musste mich mit Dingen tief in meinem Inneren auseinander setzen, die zu einem unentschuldbaren Verhalten geführt hatten. Ich musste der schmerzlichen Tatsache ins Auge blicken, dass ich die Menschen, die mir am nächsten standen, verletzt hatte. Ich hatte ein Vertrauen gebrochen, das im Laufe vieler Jahre aufgebaut worden war. Ich hatte ein sorgfältig aufgebautes Netzwerk von Beziehungen in Gefahr gebracht, die lebenswichtig waren. Und ich hatte Gott tief beleidigt.

Darum geht es bei der Buße: Sich dem zu stellen, was man getan hat, und anzuerkennen, dass man anderen großen Schmerz zugefügt hat. Und keine billige Ausrede dafür suchen.

Nachdem ich die Dinge mit Gott, mit meiner Frau und mit meiner Familie ins Reine hatte bringen müssen, musste ich vor fünfzehnhundert Freunde in meiner Gemeinde treten, die jetzt mein schlimmstes Geheimnis kannten, und musste vor ihnen Rechenschaft für mein Verhalten ablegen.

Heute kann ich kaum glauben, dass Gail und ich das alles heil überstanden haben. Aber wir haben es geschafft, und das hat in unserem Leben alles verändert.

Es soll hier genügen zu sagen, dass ich weiß, was Buße ist. Durch Buße bekam ich mein Leben zurück.

Stanley Jones erzählt – in einem Buch, das er vor vielen Jahren geschrieben hat (*Christ and Human Suffering*) – von einem Mann, der seiner Frau eine ähnliche Schuld beichten musste:

Als die Bedeutung von dem, was er sagte, zu ihr durchdrang, wurde sie kreidebleich, taumelte an die Wand zurück und lehnte dort. Die Tränen liefen ihr über die Wangen. Während er da stand und sie anschaute, sah er, wie seine Sünde seine Frau kreuzigte – ihre reine Liebe wurde am Kreuz seiner Sünde gemartert. »In diesem Augenblick«, sagte er, »erkannte ich, wie sehr Jesus an seinem Kreuz wegen meiner Schuld gelitten hat. Ich sah an ihrem [im Vergleich zu Jesu] kleinen Leiden, was Jesu großes Leiden bedeutete.« Als sie durch ihre Tränen hindurch sagte, dass sie mich nicht verlassen, sondern mir zu einem neuen Leben zurück verhelfen würde, spürte ich, dass ich in Jesu Kreuz einen Neuanfang angeboten bekam. Ab diesem Augenblick war ich ein neuer Mensch.

Buße ist für ein Leben mit Ausdauer unerlässlich. Sie wird zu einem gewohnten geistlichen Muster, das regelmäßig praktiziert wird. Wenn ein Mensch ehrlich vor Gott wird und nichts vor ihm zurückhält. Und wenn dieser Mensch sich allein auf die Liebe und die Barmherzigkeit Jesu verlässt, wird die Last leichter. Die Bürde wird von ihm genommen.

Beobachten Sie Menschen mit Ausdauer genau. Um es mit Jesajas Worten auszudrücken: Sie werden feststellen, »dass sie laufen und nicht matt werden, dass sie wandeln und nicht müde werden« (Jesaja 40,31). So geht es einem Menschen mit Ausdauer, dessen Last durch die regelmäßige Disziplin der Buße leichter wird.

Kapitel 17

Menschen mit Ausdauer
sind schnell zur Vergebung bereit

In einem seiner Bücher (*The Preaching Event*) erzählt John Claypool die Geschichte von Zwillingsbrüdern, die unzertrennlich waren. Sie besuchten dieselben Schulen, trugen ähnliche Kleidung, interessierten sich für dieselben Aktivitäten. Als sie erwachsen wurden, übernahmen sie das Familiengeschäft – einen Laden – und arbeiteten so gut zusammen, dass jeder Geschäftsmann in der Stadt sie beneidete.

»Eines Morgens«, schreibt Claypool, »betrat ein Kunde das Geschäft und kaufte etwas für einen Dollar (das war früher viel Geld). Der Bruder, der ihn bediente, nahm den Dollarschein, legte ihn auf die Kasse und begleitete den Kunden zur Tür, um ihn zu verabschieden. Kurze Zeit später kehrte er zur Kasse zurück und stellte fest, dass der Dollar nicht mehr da war. Als er seinen Bruder fragte, ob er die Banknote in die Kasse gelegt habe, sagte dieser, er habe sie nie gesehen.

›Das ist aber komisch‹, meinte der erste Bruder. ›Ich kann mich ganz genau erinnern, dass ich die Banknote hier auf die Kasse gelegt habe, und seitdem war niemand außer uns beiden im Laden.‹«

»Hätten sie die Sache dabei bewenden lassen«, schreibt Claypool, »wäre nichts passiert.«

Aber eine Stunde später fragte der Bruder, jetzt mit einem unüberhörbaren Argwohn in der Stimme: »Bist du sicher, dass du diesen Dollar nicht gesehen und ihn in die Kasse gelegt hast?« Der andere Bruder hörte die Anschuldigung aus seiner Frage heraus und verteidigte sich aufgebracht.

Dieser Vorfall war der Anfang »des ersten schweren Vertrauensbruchs zwischen den beiden. Er wurde immer größer und größer.«

Kein noch so vieles Reden konnte diese Frage klären. Schließlich führte der Streit so weit, dass die beiden wütend ihre Geschäftspartnerschaft beendeten. Eine Mauer wurde errichtet, um das Gebäude in zwei Hälften zu teilen, und aus dem vorher blühenden Geschäft wurden jetzt zwei rivalisierende Konkurrenzläden. »Jeder Bruder versuchte, Verbündete für sich und gegen den anderen zu gewinnen.« Claypool fügt hinzu: »Dieser offene Krieg dauerte über zwanzig Jahre.«

Eines Tages fuhr ein Auto mit einem Nummernschild aus einem anderen Bundesstaat vor dem Gebäude vor. Ein gut gekleideter Mann stieg aus, ging in eines der beiden Geschäfte und fragte, wie lange der Ladenbesitzer schon an diesem Ort tätig sei. Als er erfuhr, dass es über zwanzig Jahre waren, sagte der Fremde: »Dann sind Sie derjenige, bei dem ich eine alte Rechnung begleichen muss.«

Der Mann berichtete dann von einem Vorfall, der sich vor zwanzig Jahren zugetragen hatte. Er war ein Landstreicher gewesen, sagte er, er war von Stadt zu Stadt gezogen, ohne Geld und oft ohne etwas zu essen.

»Als ich hinter Ihrem Geschäft durch die Gasse ging, schaute ich durch die Hintertür und sah einen Dollar auf der Kasse liegen. Alle anderen waren im vorderen Teil des Ladens. Ich bin in einem christlichen Haus aufgewachsen und hatte nie zuvor in meinem Leben etwas gestohlen, aber an diesem Morgen hatte ich so großen Hunger, dass ich der Versuchung nicht widerstehen konnte, durch die Tür huschte und diesen Dollar an mich nahm. Diese Tat lastet seitdem schwer auf meinem Gewissen, und ich habe endlich erkannt, dass ich nie Frieden finden werde, solange ich nicht zurückkomme und diese alte Sünde bekenne und die Sache in Ordnung bringe. Darf ich Ihnen jetzt dieses Geld zurückgeben und Ihnen einen angemessenen Schadensersatz zahlen?«

Claypool beschreibt, wie der Ladenbesitzer, der inzwischen ein alter Mann war, anfing, konsterniert den Kopf zu schütteln und zu weinen. Nach ein paar Minuten, als er sich wieder unter Kontrolle hatte, sagte er zu dem Fremden: »Gehen Sie bitte nach nebenan und wiederholen Sie die Geschichte, die Sie mir gerade erzählt haben.«

Der Fremde tat es, und jetzt standen zwei alte Männer da, die sich erstaunlich ähnlich sahen, und weinten.

Ich weiß nicht, ob diese Geschichte wahr ist oder nicht. Aber ich muss Ihnen sagen: Ich kann sie nicht lesen – und ich habe sie schon oft gelesen –, ohne selbst eine gewisse Gefühlsregung zu spüren. Sie weckt bei mir Gedanken an Beziehungen, an denen ich beteiligt war, bei denen es Spannungen gab oder (in den schlimmsten Fällen) zum Zerbruch kam.

Das ist eine Geschichte über Vergebung, oder vielmehr über mangelnde Vergebung.

In den Jahren meines Lebens, in denen mir meine jetzige Reife und Weisheit fehlten, befand ich mich manchmal in Beziehungen, für die es keine Lösung gab, oder die wenigstens aussichtslos aussahen. Ich konnte grollen, rachsüchtig sein und wollte zurückschlagen, oder (so typisch für mich) ich ging einer Begegnung aus dem Weg, bei der eine Sache ausgesprochen und zu einem anständigen Schluss gebracht hätte werden können. Mir selbst überlassen, war ich ziemlich unbeholfen, wenn es um Konflikte und ihre Lösungen ging.

Einmal, glaube ich, habe ich einen Menschen tatsächlich eine Zeit lang gehasst. Aber es gab einen Augenblick der Einsicht, in dem ich anfing, diesen gefährlichen Charakterzug als solchen zu erkennen: Ich saß in einem Flugzeug und war zu einer Gemeinde unterwegs, in der ich predigen sollte. Ich war ein junger Mann, und in mir brodelten Gefühle, die mir Angst einjagten. In mir rumorten feindselige Gefühle gegenüber einem Kollegen. Wie, fragte ich mich, sollte ich an diesem Wochenende auf eine Kanzel steigen und den Frieden Christi und die Gnade Gottes predigen? Trotz meiner mangelnden Reife wusste ich, dass das nicht möglich war.

Ich bin immer zurückhaltend mit Äußerungen, dass Gott gesprochen habe. Ich glaube zwar, dass Gottes Heiliger Geist auf wunderbare Weise zu uns sprechen kann, aber ich benutze nicht gern eine Sprache, die ein direktes Gespräch andeutet. Aber an jenem Tag, in jenem Flugzeug sprach Gott zu mir ... zu diesem kleinen, hasserfüllten Menschen, der ich war.

Ich saß da und schrie zu Gott, dass er mir meine feindseligen Gefühle wegnehmen sollte (Gefühle, von denen ich jetzt, Jahre später, glaube, dass sie unverhältnismäßig und wahrscheinlich völlig unberechtigt gewesen waren), und ich hörte Gott in mein Leben hineinflüstern: »Wie wäre es mit Vergebung?« Etwas so Einfaches. Ein paar Worte. Das war alles, was ich hörte. Er fragte mich, ob ich es nicht mit *Vergebung versuchen* wollte? Ich beschloss, es zu versuchen.

Die nächste Stunde in diesem Flugzeug gehört zu den denkwürdigsten geistlichen Erfahrungen meines Lebens. In einer ungewöhnlichen Erfahrung mit Gott spürte ich, wie Gottes Geist mich von hasserfüllten Gedanken freimachte. Nach dieser Stunde fühlte ich mich um fünfzig Pfund leichter.

Ich frage mich, was wohl hinter Simon Petrus' Frage in Matthäus 18,21 steckt: »Herr, wie oft muss ich denn meinem Bruder, der an mir sündigt, vergeben? Genügt es siebenmal?« Machte er eine ähnliche Erfahrung durch wie ich? Kam es durch jemanden in Petrus' Leben zu diesem Gespräch, der ihn ständig reizte? Ein anderer Fischer? Einer der anderen Jünger? Seine Schwiegermutter?

Petrus hielt sich bestimmt für ziemlich großzügig, als er vorschlug, siebenmal zu vergeben. Das klang nach einer ziemlich noblen Geste. Was für ein Schock muss es deshalb für ihn gewesen sein, als Jesus sagte: »Ich sage dir, nicht siebenmal, sondern siebzigmal siebenmal« (Matthäus 18,22). Der Herr hätte genauso gut sagen können: »Du sollst nie aufhören zu vergeben.«

Als ich reifer wurde, lernte ich viel über Vergebung. Bei der Vergebung, so erkannte ich, geht es darum, die Erinnerung aufzuräumen, indem man rachsüchtige Gefühle anderer Menschen gegenüber aufgibt und ihnen absagt. Bei Vergebung geht es darum, das Recht auf Rache und Vergeltung aufzugeben. Es geht darum, anzuerkennen, dass wir alle auf die eine oder andere Weise versagen, und dass wir mit jedem, der uns etwas getan hat, auf einer Stufe vor dem Kreuz stehen, an dem Gott uns in Jesus vergeben hat. Keiner von uns kann beanspruchen, vor Gott irgendwie höher zu stehen als ein anderer. Bei der Vergebung geht es darum, diese harte Realität zu erkennen.

Als Paulus seinen Brief an die Epheser schrieb, war ihm bewusst, dass die meisten seiner Leser direkt aus einem heidnischen Lebensstil gekommen waren, in dem Vergebung ein Fremdwort war. Sie waren in einer Umgebung aufgewachsen, in der Rache beklatscht wurde. Deshalb schrieb er ihnen: »Seid aber untereinander freundlich und herzlich und *vergebt* einer dem andern, wie auch Gott euch vergeben hat in Christus« (Epheser 4,32; Hervorhebung durch den Verfasser).

Wenn einem Menschen schon einmal etwas Furchtbares, das er getan hat, vergeben wurde – wie mir –, weiß er wie es ist, Vergebung zu empfangen. Er lernt, dass Vergebung kein einmaliges Ereignis ist. *Es ist ein Prozess.* Jemand wurde verletzt, beleidigt, betrogen, aber er entscheidet sich, nicht auf einer Bestrafung zu bestehen.

Tief in uns sitzt etwas, das nicht vergeben will. Rache ist unsere Standardreaktion, wenn wir beleidigt werden. Wir wollen, dass ein anderer genauso verletzt wird, wie wir verletzt wurden. Vergebung ist also der menschlichen Natur fremd. Sie muss gelernt werden; sie geht einher mit Disziplin. Vergebung ist eine aktive Entscheidung: Ich verlange keine Wiedergutmachung; ich entscheide mich, so zu leben und zu denken, *als wäre nichts geschehen.*

Die Vergangenheit kann ohne praktizierte Vergebung nicht in Ordnung gebracht werden. Wer vergibt, gibt das Recht auf, einem anderen etwas vorzuhalten.

Ich zähle die Worte, die Jesus am Kreuz sprach, zu den wichtigsten Worten, die je gesagt worden sind: »Vater, vergib ihnen, denn sie wissen nicht, was sie tun.«

Warum sagte ein leidender, sterbender Jesus das? Schließlich bat ihn niemand um seine Vergebung. Falls die anwesenden Leute diese Worte gehört hätten, hätten sie ihn in ihrer Wut wahrscheinlich noch lauter beschimpft.

Warum sprach er also dieses Gebet? Mit diesen Worten, in denen er Gott bittet, ihnen zu vergeben, vergibt er selbst ihnen. Warum? Ich glaube, *er tat es in erster Linie um seiner selbst willen.*

Vielleicht klingt es anmaßend zu sagen: »Wenn ich nur wüsste, was in Jesu Kopf vor sich ging ...«, aber ich gehe dieses Risiko ein. Wenn ich Jesu Gedanken in dieser Situation lesen könnte, würde ich bestimmt sehen, dass ihm bewusst war: Indem er seinen Feinden vergab, wehrte er sich aktiv gegen jede Versuchung, verbittert zu werden. Wenn wir die Wahrheit begreifen, dass Jesus wirklich ganz Gott und ganz Mensch war und somit alle Versuchungen kannte (wie es im Hebräerbrief ausdrücklich gesagt wird), denke ich, sehen wir hier einen Erlöser, der sich selbst vor der Versuchung des Hasses und der Ablehnung schützt.

Jesus wartete nicht, bis wütende Gefühle anfingen, seine Seele zu verkrüppeln; er entschied sich, aktiv zu vergeben (oder für ihre Vergebung zu beten), damit er der sündlose Christus bleiben konnte, der für die Sünden der Welt sterben konnte.

Vor ein paar Jahren hatte ich die Ehre, Nelson Mandela persönlich kennen zu lernen. Diese Begegnung war einer der denkwürdigsten Augenblicke meines Lebens. Nicht weil ich Helden verehren würde, sondern wegen der Erfahrung, die ich in seiner Gegenwart machte. Als er den Raum betrat, fühlte ich mich, als würde ich in eine Wolke der Barmherzigkeit eingehüllt. Dieser Mann strahlte einfach eine geistliche Kraft aus, die mich verblüffte.

Jahre vor dieser persönlichen Begegnung mit Nelson Mandela hatte ich einen Mann interviewt, der fünf Jahre mit ihm auf *Robben Island* gefangen gewesen war. »Unsere Zellen lagen nebeneinander«, erzählte er mir.

»Was haben Sie von ihm gelernt?«, fragte ich.

»Er lehrte mich zu vergeben«, kam die Antwort. »Ich war ein verbitterter junger Mann. Nelson Mandela spürte das sofort, als wir uns das erste Mal begegneten. Er sagte zu mir: ›Sohn, du bist für unsere Bewegung nicht zu gebrauchen, solange du nicht lernst, dem Weißen zu vergeben. Du kannst seine Sache hassen, aber du darfst ihn nicht hassen.‹«

Als ich Nelson Mandela begegnete, spürte ich diese starke Barmherzigkeit, ohne die seine faszinierende Ausdauer nicht denkbar wäre. Er kam nach siebenundzwanzig Jahren aus dem Gefängnis, trat ins Rampenlicht und forderte das südafrikanische Volk – Weiße und Schwarze – auf, zu vergeben. Damit bewahrte er ein Volk vor einem katastrophalen Blutvergießen.

Wieder denke ich an Claypools Geschichte von den zwei Brüdern, die zwanzig Jahre ihres Lebens in gegenseitiger Ablehnung gefangen gewesen waren. Was für eine Verschwendung! Und ich schaue die Welt an, in der ich lebe: ihre Gerichtsprozesse, ihre Straßenkämpfe, ihren bösen Klatsch und Tratsch, der das Denken vergiftet, ihre Selbstmordattentäter und Terroristen und alles andere. Ist es zu einfach zu sagen, dass Vergebung erheblich zur Lösung dieser Probleme beitragen würde?

Nein. Denn Vergebung gehört unweigerlich dazu, wenn wir unsere Vergangenheit in Ordnung bringen und Menschen mit Ausdauer werden wollen.

Kapitel 18

Menschen mit Ausdauer
fließen vor Dankbarkeit über

Eines Abends luden Gail und ich unsere Enkelkinder und ihre Eltern in eines dieser großen Pizzarestaurants ein, in denen das Essen furchtbar schmeckt, aber der Spielbereich für Kinder herrlich ist. Es war für alle ein schöner Abend.

Als wir das Restaurant verließen, wurde eines unserer Enkelkinder auf den Kindersitz hinten in unserem Auto geschnallt. Dabei sagte seine Mutter zu ihm: »Vergiss nicht, dich bei Opa für den Abend zu bedanken.« Es kam keine Antwort.

Sie sagte es noch einmal. »Du sollst Opa danke für den schönen Abend sagen.« Nichts.

Sie versuchte es ein drittes Mal. Immer noch nichts.

»Ist schon okay«, sagte ich. Die frustrierte Mutter seufzte, schloss die Tür und ging zu ihrem Auto.

Als wir allein waren, fand ich, dass es Zeit wäre für ein wenig großväterliche Erziehung. »Weißt du«, erklärte ich, »Opa tut gern etwas für seine Enkel. Aber es macht irgendwie keinen Spaß, wenn sie nicht dankbar sind.« Ich hielt das für eine vernünftige Art, das Problem der Undankbarkeit anzusprechen. In meiner Logik erwartete ich, dass er sofort in laute Dankbarkeit ausbräche. Aber meine Worte wurden mit Schweigen beantwortet. Ich wurde etwas gereizt.

Meine Stimme wurde um ein oder zwei Dezibel lauter. »Hast du gehört, was ich gesagt habe?«

»Ja«, kam die Antwort.

»Du hast gehört, wie wichtig es ist, dankbar zu sein?«

»Ja.«

»Denkst du dann nicht, dass es eine gute Idee wäre, danke zu sagen?« Wieder Schweigen.

Dann kam: »Ich bin dankbar ... ich will es nur nicht sagen.«

In seinem Brief an die Christen in Rom erklärt Paulus den geistlichen Zustand von Gesellschaften und Kulturen, in denen Moral und Höflichkeit verkommen. Über Menschen die gegenüber Gott trotzig sind, schreibt er: »Denn obwohl sie von Gott wussten, haben sie ihn nicht als Gott gepriesen *noch ihm gedankt* (Römer 1,21; Hervorhebung durch den Verfasser).

Zwei Merkmale kennzeichnen laut Paulus dekadente Gesellschaften: die fehlende Bereitschaft, den Schöpfer anzuerkennen (oder ihn zu preisen), und eine Weigerung, dankbar zu sein. Um diesen zweiten Gedanken in Worte zu fassen, die unser Enkel verstehen kann: Die menschliche Rasse will einfach nicht danke sagen. Von Natur aus will das keiner von uns.

Aber Dankbarkeit ist ein herausragendes Kennzeichen von Menschen mit Ausdauer, die sich ihrer Vergangenheit stellen. Sie suchen nach Dingen, die nach Dankbarkeit rufen. Sie danken Menschen, die in ihrem Leben positive Spuren hinterlassen haben. Ihr Dank an Gott für den Segen und Nutzen, den sie entdecken, ist grenzenlos. Sie sind dankbar für das Geschenk des Lebens, des Denkens und der Schönheit und tausende andere Dinge.

Das Thema Dankbarkeit ist so gewöhnlich, dass es leicht als trivial abgetan werden kann. Jeder, wenigstens fast jeder, weiß, dass ein paarmal danke hier und da in zwischenmenschlichen Beziehungen Wunder wirkt.

Der Verkäufer im Geschäft reicht uns unsere Einkäufe und sagt: »Danke, einen schönen Tag noch.« Die Flugbegleiterin dankt uns dafür, dass wir mit ihrer Fluggesellschaft fliegen. Der Pastor dankt uns, dass wir zum Gottesdienst kommen. Selbst die Computerstimme am Telefon dankt uns für unseren Anruf. Tatsache ist, dass wir das Wort »Danke« so oft am Tag hören, dass wir oft vergessen, was es in Wirklichkeit bedeutet.

Die Worte der Dankbarkeit sind zwar wichtig – wenn sie ernst gemeint sind –, aber erst ein Herz voller Dankbarkeit macht einen Menschen mit Ausdauer aus. Das ist ein großer Unterschied!

Zehn Aussätzige begegneten Jesus auf der Straße zwischen Galiläa und Samaria. Da sie wegen der Ansteckungsgefahr Abstand halten mussten, konnten sie nur rufen: »Erbarme dich unser!« Ob sie Almosen wollten oder von Jesu Ruf gehört hatten heilen zu können, ist nicht bekannt. Mit den Worten »erbarme dich« gestehen sie ein, dass sie verzweifelt darauf angewiesen sind, dass andere ihnen etwas Gutes tun.

»Geht hin und zeigt euch den Priestern!«, war Jesu Antwort. Vielleicht wurde noch mehr gesagt, aber das ist alles, was wir über diese Geschichte erfahren. Als sie hingingen, so erzählt uns die Bibel, »da wurden sie rein« (Lukas 17,14).

Einer aber unter ihnen, als er sah, dass er gesund geworden war, kehrte er um und pries Gott mit lauter Stimme und fiel nieder auf sein Angesicht zu Jesu Füßen und dankte ihm. Und das war ein Samariter. (Lukas 17,15–16)

»Wo sind aber die neun?«, fragte Jesus. »Hat sich sonst keiner gefunden, der wieder umkehrte, um Gott die Ehre zu geben, als nur dieser Fremde?« (Lukas 17,17–18).

Jesus stellt heraus: Dankbarkeit ist entscheidend.

Diese Geschichte soll unterstreichen, wie wichtig Dankbarkeit ist. Erst durch Dankbarkeit wird eine Erfahrung vollendet. Die anderen neun – vermutlich Juden – hätten es besser wissen müssen. Der Einzige, der wusste, wie wichtig Dankbarkeit ist, war ein Samariter. Aufgrund der Antipathie zwischen den zwei Kulturen muss das jeden Juden verärgert haben, der all dies mitbekamen.

Zwei Stellen sind in diesem Absatz in meiner Bibel unterstrichen: »Kehrte er um« und »Wo aber sind die neun?« Dankbar zu sein heißt, an den Ort des Geschehens zurückzukommen und anzuerkennen, was geschehen ist und wer es geschehen ließ. Dankbar ist ein Mensch mit Ausdauer, wenn er in seinen Erinnerungen Ereignisse entdeckt, für die er danke sagen will.

Uns allen wurde als Kindern beigebracht, danke zu sagen. Es ist eine der ersten Höflichkeitsfloskeln, die wir lernen. Ich kann mich nicht erinnern, dass mir irgendjemand erklärt hätte, warum es wichtig ist, danke zu sagen, außer mit dem ganz praktischen Argument: »Wenn du nicht dankbar bist, werden die Leute wahrscheinlich nicht mehr lange großzügig zu dir sein.«

Der dankbare Geist – die Absicht hinter den Worten – ist das Ergebnis ständiger Disziplin, da Dankbarkeit für die meisten von uns keine natürliche oder instinktive Sache ist. Vielleicht wird das durch die Tatsache verdeutlicht, dass neun der zehn Geheilten nicht zurückkamen. Dankbarkeit ist ein erlerntes Verhalten. Sie kommt mit der Erkenntnis, dass ich Segen weder verdiene noch ein Recht darauf habe. Bestenfalls bin ich ein begnadeter Empfänger von allem, was ich habe und bin.

Thomas Kelly schrieb:

Wir beten für die großen Dinge und vergessen, für die gewöhnlichen, kleinen (und in Wirklichkeit gar nicht so kleinen) Gaben zu danken. Wie kann Gott einem Menschen große Dinge anvertrauen, der nicht dankbar die kleinen Dinge von ihm annimmt?

Der alte Mann zieht seinen Hut und sagt: »Sehr verbunden« als Ausdruck seiner Dankbarkeit. »Ich bin dir zum Dank verpflichtet«, sagt er damit. Diese Worte verraten Demut: »Ich komme allein nicht weiter.« Sie verraten Abhängigkeit: »Ich brauche die Menschen um mich herum, ich brauche Gott.« Sie verraten einen Wert: »Ich erkenne den Preis an, den diese Sache gekostet hat.« Und diese Worte verraten Freude: »Mein Leben wurde mit der Freude erfüllt, die dankbare Menschen erfahren.«

Deshalb hört man im Wortschatz von Menschen mit Ausdauer Worte wie: »Ich bin dankbar«, »Ich weiß das zu schätzen«, »Ich stehe in seiner Schuld.« Sie sind es gewohnt, Transaktionen mit anderen Menschen zu Ende zu bringen, und natürlich in der Anbetung vor Gott.

Ungefähr ein halbes Jahr nach unserem gemeinsamen Abend im Pizzarestaurant war derselbe Enkel wieder mit mir unterwegs. Wir waren für einen Tag und eine Nacht nach New York City gefahren. Wir hatten uns mit Pommes und Pizza satt gegessen, hatten das *Empire State Building* besichtigt, waren zur Freiheitsstatue gefahren und hatten einige andere aufregende Dinge unternommen, die man in New York machen kann. Endlich befanden wir uns wieder auf dem Heimweg.

Er schwieg eine ganze Weile, und ich dachte, er wäre eingeschlafen. Aber dann sprach er.

»Opa?«

»Ja?«

»Danke für all den Spaß, den wir hatten.«

»Bitte. Mir hat es auch Spaß gemacht.«

»Opa?«

»Ja?«

»Ich hoffe wirklich, dass du noch nicht so bald stirbst, denn ich will noch viel mehr Spaß wie heute haben.«

Das war alles, was ich hören musste. Ein Kind hat seine Vergangenheit betrachtet – seine jüngste Vergangenheit – und sie mit Dankbarkeit abgeschlossen. Dieses Mal hatte er es gesagt. Wenn er das für den Rest seines Lebens weiterhin macht, wird er auch ein Mensch mit Ausdauer werden.

Kapitel 19

Menschen mit Ausdauer nutzen die Weisheit der Vergangenheit

Wenn ich verreise, nehme ich so wenig Gepäck wie möglich mit. Deshalb bin ich es gewohnt, Socken, Hemden oder Unterwäsche zu waschen, wenn ich irgendwo in einem Hotel wohne.

Dazu gehört, dass ich so viel Wasser wie möglich aus den nassen Sachen wringe, damit sie schnell trocknen. Aber egal, wie sehr ich mich bemühe, könnte ich eine Stunde später wieder von vorne mit dem Auswringen anfangen, wenn ich wollte.

Ich habe dieses Bild vor Augen, wenn ich über die vierte Art schreibe, wie Menschen mit Ausdauer die Vergangenheit durchkämmen, um alles in einem guten Zustand zu halten. Denn genauso wie ich meine Kleidung auswringe, wringt ein Mensch mit Ausdauer die Ereignisse in seinem Leben aus, um so viel Weisheit wie möglich herauszuholen. Mit anderen Worten: Ein Mensch mit Ausdauer ist ein Mensch der nachdenkt. Er geht den Geschehnissen immer auf den Grund und sucht nach ihrer Bedeutung.

Das tat Maria, die Mutter unseres Herrn, zur Zeit der Geburt Jesu. Wenn wir die Weihnachtsgeschichte erzählen, beschreiben wir gern die Hirten, die zur Krippe kamen und dann auf die Straßen strömten, um »das Wort [auszubreiten], das zu ihnen von diesem Kinde gesagt war« (Lukas 2,17). Sie taten das, wozu auch wir aufgefordert sind: *Das Wort ausbreiten.* Maria hingegen war still. Von ihr heißt es: »Maria aber behielt alle diese Worte und bewegte sie in ihrem Herzen (Lukas 2,19).

Das ist das Bild von einem Menschen, der sich die Zeit nimmt, Geschehnisse »auszuwringen« und Einsicht und Weisheit aus ihnen herauszuholen. Früher oder später mag Maria etwas zu sagen haben, aber wenn sie es sagt, haben ihre Worte Substanz.

Einige Zeit später sieht Maria sich und ihre kleine Familie einem enormen Druck ausgesetzt: als Herodes' Schergen über Bethlehem herfallen und ihrem neugeborenen Sohn nach dem Leben trachten. Sie und Josef müssen aus dem Land fliehen und eine Weile im Exil leben. Das alles erfordert Mut, geistliche Tiefe und Vertrauen in die Absichten Gottes. Diesen Mut und dieses Vertrauen bekommt ein Mensch, der sich wie Maria die Zeit nimmt, über das Geschehene nachzudenken und die Weisheit, die darin enthalten ist, zu sammeln.

Ich finde es interessant, dass wir nie wieder etwas von den Hirten hören. Ihre Begeisterung verschwindet aus dem biblischen Bericht. Aber Maria, die Nachdenkliche, ist in den besten und in den schlimmsten Momenten immer da. Das ist typisch für weise Menschen. Sie entwickeln Ausdauer.

Nachdem ich mich blamiert hatte weil ich ein Rennen verlor, das ich hätte gewinnen sollen, höre ich Trainer Goldberg zu mir sagen: »Ich will, dass du am Montag zu mir kommst und mir sagst, was passiert ist.« Er fordert mich auf, das Geschehene »auszuwringen«, um die nötigen Lektionen daraus zu lernen. Wenn ich am Montag mit einer klaren Einsicht auf die Aschenbahn zurückkomme und erkannt habe, wo mein Denken falsch gelaufen ist, und wenn ich zurückkomme und weiß, wie ich es vermeiden kann, so etwas in Zukunft wieder zu tun, ist er zufrieden. Dann habe ich ein wenig Weisheit erworben. Zweifellos wird er dafür sorgen, dass ich diese Weisheit in ein Prinzip packe, das mich mein Leben lang begleiten wird.

Genau das ist damals auch geschehen. Ich wende die Prinzipien dieses schief gelaufenen Rennens fast jeden Tag meines Lebens an. Die Niederlage war nicht vergeblich.

Wer bringt den Namen König Salomos nicht mit Weisheit in Verbindung? Seine Lebensgeschichte kann jedoch jedem als Warnung dienen.

Als David, Salomos Vater, das Reich an seinen Sohn übergab, war Salomo so klug zu wissen, dass seine Fähigkeit, das Land in den Fußstapfen seines Vaters zu leiten, mehr als Charisma oder politisches Geschick erforderte. Deshalb betete er zu Gott:

Ich aber bin noch jung, weiß weder aus noch ein. Und dein Knecht steht mitten in deinem Volk, das du erwählt hast, einem Volk, so groß, dass es wegen seiner Menge niemand zählen noch berechnen kann. So wollest du deinem Knecht ein gehorsames Herz geben, damit er dein Volk richten könne und verstehen, was gut und böse ist. Denn wer vermag dies dein mächtiges Volk zu richten? (1. Könige 3,7–9)

Alles weist darauf hin, dass Gott sich über Salomos Bitte freute. Unter anderem sagte er:

Siehe, so tue ich nach deinen Worten. Siehe, ich gebe dir ein weises und verständiges Herz, so dass deinesgleichen vor dir nicht gewesen ist und nach dir nicht aufkommen wird. (1. Könige 3,12)

Nach dieser Verheißung können wir lesen, wie Salomos Weisheit sichtbar wurde. Wir lesen nicht nur vom Bau des großartigen Tempels, sondern bekommen auch ein Beispiel für Salomos Rechtsprechung in einem Rechtsstreit zwischen zwei Prostituierten, von denen jede einen Sohn hatte. Die zwei Frauen kamen mit einem schwerwiegenden Problem vor den König. Der Sohn der einen Frau war tot. Jetzt beanspruchten beide Frauen das überlebende Kind als das ihre.

Salomo verlangte ein Schwert und befahl, dass das Kind in der Mitte geteilt und jeder der beiden Mütter eine Hälfte gegeben würde. Seine scheinbar grausame Entscheidung löste bei den zwei Frauen völlig unterschiedliche Reaktionen aus: bei der falschen Mutter einen Anflug von Befriedigung, bei der echten Mutter ein Protestgeschrei, sogar die Bereitschaft, das Kind der anderen zu geben, um sein Leben zu retten. Für Salomo, der ihre Mutterliebe erkannte, war der Fall damit eindeutig entschieden.

Diese Episode verbreitete sich schnell in Israel und wurde das, was Geschäftsleute eine *Firmengeschichte* nennen würden, eine Geschichte, die das Wesen eines Chefs beschreibt.

Und ganz Israel hörte von dem Urteil, das der König gefällt hatte, und sie fürchteten den König; denn sie sahen, dass die Weisheit Gottes in ihm war, Gericht zu halten. (1. Könige 3,28) Salomos Geschichte nahm jedoch eine sonderbare Wende, denn während dieser Mann in nationalen Angelegenheiten mit großer Weisheit regierte, schien er sein Privatleben auf eine Weise zu gestalten, die auf Impulsivität und Zwanghaftigkeit schließen lässt. Dass diese große Diskrepanz zwischen weisem Auftreten in der Öffentlichkeit und persönlicher Dummheit möglich war, verblüfft mich immer wieder.

Jahrhunderte vorher hatte Mose gewarnt (siehe 5. Mose 17), dass ein König nie großen Reichtum an Silber und Gold, viele Frauen (die sein Herz auf Irrwege leiten könnten) oder eine große Menge an Pferden anhäufen sollte. Diese Liste erinnert an die drei großen Gefahren, *Geld, Sex und Macht*, die starke Führungspersönlichkeiten zu Fall bringen können.

Trotz all seiner Weisheit in nationalen Angelegenheiten ignorierte Salomo dieses Prinzip und tat in seinem Privatleben genau das Gegenteil. »So war der König Salomo größer an Reichtum und Weisheit als alle Könige auf Erden« (1. Könige 10,23). In ihrer Bewunderung für seine Weisheit als Herrscher überhäuften die Leute Salomo von überallher mit Geschenken, bis sein Reichtum alle Vorstellungen übertraf. »Und Salomo brachte Wagen und Gespanne zusammen, so dass er tausendvierhundert Wagen und zwölftausend Gespanne hatte« (1. Könige 10,26). Außerdem heißt es: »Der König Salomo liebte viele ausländische Frauen« (1. Könige 11,1).

Alles, wovor Mose damals gewarnt hatte, können wir in Salomos Leben sehen. »Der Herr aber wurde zornig über Salomo, dass er sein Herz von dem Herrn, dem Gott Israels abgewandt hatte, der ihm zweimal erschienen war« (1. Könige 11,9).

Irgendwo auf seinem Lebensweg hörte Salomo auf, die Vergangenheit nach Einsichten »auszuwringen«. Die *Gegenwart* wurde das einzig Entscheidende, und er ließ sich von seinen Instinkten leiten.

Der Mann hörte auf zuzuhören; er hörte auf, danach zu fragen, was richtig ist; er hörte auf, seine Stellung als Dienst zu betrachten.

Dinge auswringen ... aus Geschehnissen einen Sinn herauspressen ... Einsicht und Weisheit erwerben: Wie geschieht das?

Ich schicke voraus, dass ich mich selbst nicht als besonders weisen Mann betrachte, aber ich kann beschreiben, wie ich versuche, Weisheit zu erwerben.

Erstens habe ich gelernt, Fragen zu stellen. Zuerst mir selbst, dann anderen. Vor Jahren hörte ich Peter Drucker zu einer Gruppe junger Gemeindeleiter sagen: »Hinterfragt immer alles, was ihr seht. ›Was bedeutet das?‹« Es war eine einfache, aber wichtige Anweisung. Geh nie oberflächlich über eine Erfahrung hinweg, ohne zu fragen: »Was kann ich hier lernen?« »Warum gab es Erfolg oder Misserfolg?« »Wie hätte man das besser machen können?« »Was hat es gekostet, und rechtfertigt der Zweck die eingesetzten Mittel?«

Zweitens bin ich beeindruckt von einem Prinzip, das mittelmäßige Schachspieler von guten unterscheidet: Letztere schauen immer vier oder fünf Züge voraus. »Wohin führt das?« »Was sind die möglichen unbeabsichtigten Konsequenzen?« »Wo in meiner Vergangenheit (oder in der Vergangenheit von jemand anderem) gibt es einen Präzedenzfall für das, was hier passiert ist?« »Welche Entscheidungen ergeben sich aus dem, was passiert ist?«

Weise Menschen betrachten das Gestern und fragen, wie es sich auf das Morgen auswirken wird. Sie sind sich dessen bewusst, dass zwischen den meisten Dingen ein Zusammenhang besteht, das eines zum anderen führt. Weisheit entsteht, wenn man erkennt, wohin die Dinge führen.

Hin und wieder spreche ich mit Männern und Frauen, deren Leben sehr oberflächlich aussieht. »Haben Sie darüber nachgedacht ...?« Nein, haben sie nicht. »Wie, meinen Sie, wirkt sich das aus auf ...?« Sie haben keine Ahnung. »Haben Sie schon einmal überlegt ...?« Nein, nicht wirklich. »Haben Sie sich schon einmal gefragt, was Gott ...?« Nie daran gedacht.

[Jesus] ging nach seiner Gewohnheit hinaus an den Ölberg. Es folgten ihm aber auch die Jünger. Und als er dahin kam, sprach er zu ihnen: Betet, damit ihr nicht in Anfechtung fallt! Und er riss sich von ihnen los, etwa einen Steinwurf weit, und kniete nieder [und] betete. (Lukas 22,39–41)

Bibelleser wissen, wie die Geschichte weiterging. Jesus betete; die Jünger schliefen. Die Folge: Als ihre Feinde kamen, handelte Jesus überlegt und würdevoll; die Jünger gerieten in Panik und liefen davon. Er handelte mit Weisheit; sie folgten ihrem Instinkt.

Das ist ein erstklassiges Beispiel für den Unterschied zwischen einem Menschen, der weiß, wie er aus der Vergangenheit die Weisheit und Macht gewinnen kann, die er für die Gegenwart braucht, und Menschen, die keine Ahnung haben, was überhaupt geschieht.

IV

Menschen mit Ausdauer trainieren für die lange Strecke

Sie bereiten sich auf »Notfälle« vor.

Sie wissen genau, was geschafft werden muss.

Sie halten sich körperlich fit.

Sie halten sich geistig fit.

Sie zügeln ihre Gefühle.

Sie bändigen ihr Ego.

Sie öffnen ihr Herz für die Gegenwart Gottes.

Sprinten oder die lange Strecke laufen

Die *Penn Relays* fanden zum ersten Mal 1895 statt und gehören zu den größten jährlichen Laufwettkämpfen der Welt. Jeden April finden sich tausende von Läufern auf dem *Franklin Field* in Philadelphia ein und kämpfen um Urkunden, Medaillen und Pokale. Ich ging drei Jahre hintereinander für *Stony Brook* an den Start.

Die Zuschauertribünen waren voll, als ich an einem jener Wettkampftage mit meinen Startblöcken in den Händen zur Startlinie ging. Ich war Startläufer des *Stony-Brook*-Teams. Unsere Mannschaft (vier Läufer, von denen jeder eine Runde laufen musste) startete auf Bahn Zwei, die Mannschaft von *Poly Prep* in Brooklyn (seit Jahren unser Erzrivale) startete auf Bahn Eins.

Ich erkannte den Startläufer von *Poly Prep*. Er hatte vor kurzem einen Sprintrekord über 100 Meter in unserer Altersklasse aufgestellt. Wir nickten einander zu. Jeder von uns spürte vielleicht, dass das eigentliche Rennen zwischen uns beiden entschieden würde, und dass die sechs Läufer von den anderen Schulen keine Chance auf den ersten Platz hatten.

Jeder Startläufer bekam einen Holzhammer, um die Startblöcke in den Boden zu schlagen. Als wir fertig waren, richteten wir uns auf und zogen unsere Pullover aus. Unsere Blicke trafen sich, und der Läufer von *Poly Prep* sagte zu mir: »Möge der Bessere gewinnen. Ich warte dann hinter der Ziellinie auf dich.« Heute würde man so etwas als Sprücheklopfen abtun.

Ein Kampfrichter gab jedem der acht Startläufer einen Stab. Dann hörten wir die bekannten Worte: »Auf die Plätze!« Jeder Läufer unternahm einen letzten Versuch, sich zu lockern und das Adrenalin, das durch seinen Körper schoss, unter Kontrolle zu bringen. Dann stiegen wir vorsichtig und konzentriert über die Startblöcke und begannen die Startposition einzunehmen. Alles musste genau passen: Die Fußsohlen waren gegen die Blöcke gedrückt, Zeigefinger und Daumen lagen gespreizt auf der Startlinie, der ganze Körper war vornüber gebeugt, bereit, sofort loszustürmen.

Diese Startposition hatte ich unzählige Male eingeübt. Schließlich hatte jeder Läufer seine Position eingenommen. Auf der Tribüne wurde es still.

»Fertig!«, rief der Starter. Acht Hinterteile gingen in die Höhe; acht Augenpaare starrten auf die Bahn bis zur ersten Kurve.

Schuss! Der scharfe Knall der Startpistole ertönte. Alle acht stürmten los. Auf den ersten Metern schnellten unsere Körper aus der gebückten Startstellung hoch und richteten sich zu ihrer vollen Größe auf. Augenblicklich erwachten die Zuschauer zum Leben.

Ich erinnere mich noch, dass ich mich wunderte, wie schnell der Mann von *Poly Prep* verschwand. Er war fort! Und ich erinnere mich, dass ich auf meinen Schienbeinen die kleinen Steinchen spürte, die hinter ihm her spritzten. Wir hatten noch nicht einmal die erste Kurve erreicht und ich befürchtete bereits, dass ich nach meiner Runde unserem nächsten Läufer den Stab in zweiter Position übergeben würde.

Wir liefen um die erste Kurve und kamen auf die Gerade. Vor mir sah ich den Mann von *Poly Prep.* Er hatte einen beachtlichen Abstand zum Rest des Feldes. Ich war an zweiter Stelle, einen oder zwei Meter vor dem Rest des Feldes. Jetzt hatten wir die Gerade zur Hälfte zurückgelegt. Da stellte ich plötzlich fest, dass der Läufer von *Poly Prep* langsamer wurde. Wenige Sekunden später holte ich ihn ein und zog an ihm vorbei.

Jetzt lief ich in die zweite Kurve. Als ich aus der Kurve kam, setzte ich zum Schlussspurt an – dieser letzten Mobilisierung aller Kräfte, die nach monatelangem Tempo- und Ausdauertraining möglich ist. Ich konnte den zweiten Läufer von *Stony Brook* vor mir am Startpunkt sehen. Er fing an zu laufen und schaute über seine rechte Schulter nach hinten, um mein Tempo einzuschätzen. Als ich zwei Meter hinter ihm war, drehte er sich um und schaute konzentriert nach vorne, die rechte Hand hatte er hinter sich gestreckt. Sein Daumen und Zeigefinger bildeten ein großes V. Als ich ihn erreichte, spürte ich, wie er seinen Griff um den Stab schloss. Ich ließ los, und er war fort. Ich lief über das Innenfeld auf die andere Seite der Bahn, um meinen Mannschaftskameraden anzufeuern, wenn er um die erste Kurve käme.

Ich vergaß aufzupassen, was aus dem Läufer von *Poly Prep* wurde.

»Gordie, komm bitte her.« Es war die Tenorstimme von Marvin Goldberg, die über den Lärm der Zuschauer trotzdem gut zu hören war. Wir standen nebeneinander und verfolgten das Rennen, bis alle vier Läufer jeder Mannschaft ihre vierhundert Meter zurückgelegt hatten und das Staffelrennen vorbei war. Goldberg schien es nicht zu interessieren, ob *Stony Brook* das Rennen gewonnen hatte oder nicht. Er wollte mit mir reden. »Ich habe gehört, was er zu dir gesagt hat. Ich will, dass du diesen Augenblick für den Rest deines Lebens nicht vergisst. Merke dir, dass es unwichtig ist, wie schnell du bei einem 100-Meter-Lauf sprinten kannst, wenn das Rennen über vierhundert Meter geht. Heute bist du die lange Strecke gelaufen; er hat nur einen Sprint hingelegt.«

Der Trainer hatte mich etwas Wichtiges über Ausdauer gelehrt. Zu viele Menschen betrachten das Leben als Sprint – etwas Schnelles, Wildes, das vorbei ist, ehe es in die Tiefe gehen kann. Aber das Leben ist mehr als ein kurzer Sprint. Es ist ein Langstreckenlauf, und es erfordert Ausdauer, Entschlossenheit und einen Schlussspurt auf der Zielgeraden.

Das alles bekommt man aus einer Quelle: *Selbstbeherrschung ... Disziplin.*

Kapitel 20

Menschen mit Ausdauer bereiten sich auf »Notfälle« vor

Jeder aber, der kämpft, enthält sich aller Dinge.
(Der Apostel Paulus; 1. Korinther 9,25)

Neal Bascomb hat ein wunderbares Buch mit dem Titel *The Perfect Mile* geschrieben. Darin erzählt er die Geschichte von Roger Bannister, John Landy und Wes Santee, drei Sportlern, die sich vorgenommen hatten, eine Meile (1609 Meter) unter vier Minuten zu laufen. Bascomb schreibt:

> Alle drei Läufer verbrachten tausende von Stunden mit einem harten Training, um ihren Körper und ihren Geist in Form zu bringen. Sie liefen in einem Jahr mehr Meilen, als viele von uns in ihrem ganzen Leben zu Fuß gehen. Einen großen Teil ihrer Jugend waren sie außer Atem. Sie trainierten Woche für Woche bis zum Umfallen, und das alles, um in einem Rennen über eine Meile eine oder vielleicht zwei Sekunden schneller zu werden – die Zeit, die es dauert, um mit den Fingern zu schnippen und das Geräusch wahrzunehmen. Es gab schlaflose Nächte und Trainingseinheiten in Regen, Matsch, Schnee und in sengender Hitze. Es gab Situationen, in denen sie ein Bier trinken oder mit einer Freundin ausgehen wollten, aber sie wussten, dass sie das nicht konnten. Sie begriffen, dass ihr Leben irgendwie anders war, dass sie nicht einfach tun konnten, was sie gerade wollten. Wenn sie nicht trainierten oder liefen oder den Willen aufbauten, der für diese Anstrengungen nötig war, versuchten sie, nicht an das Training oder an das Laufen zu denken.

Der Begriff, mit dem einige das beschreiben, was diese Männer tun, ist *Selbstbeherrschung*. Andere nennen es lieber *Disziplin*. Einige Sportler hätten auch nichts gegen das Wort *Konditionstraining*. Jeder dieser Begriffe beschreibt den Versuch, sich über das Gewöhnliche hinaus anzutreiben und etwas Einmaliges und außerordentlich Befriedigendes zu erreichen.

Wenn wir davon sprechen, ein Kind zu erziehen, meinen wir damit den Prozess, einen jungen Menschen mit Überzeugungs- und Verhaltensmaßstäben in Einklang zu bringen, die nicht ohne weiteres zur menschlichen Natur gehören. Zu diesem Prozess gehört das Unterweisen, das Vorbild sein und das Korrektur geben, und das alles soll in einem liebevollen und fürsorglichen, aber festen Rahmen geschehen. Das Endergebnis, das dabei angestrebt wird, nennt man *Reife*.

Der Gärtner erzieht einen jungen Baum, indem er einen Pfosten in den Boden schlägt und den biegsamen Stamm des jungen Baumes daran festbindet. Dieser Prozess schützt den Baum davor, von einem starken Wind verbogen zu werden, und verhilft ihm gleichzeitig zu einem geraden Wuchs.

Trainer haben eine ähnliche Verantwortung wie Eltern für ihr Kind und ein Gärtner für einen Baum. Das Alte Testament beschreibt diesen Prozess mit folgenden Worten: »Gewöhne [oder ›erziehe‹] einen Knaben an seinen Weg, so lässt er auch nicht davon, wenn er alt wird« (Sprüche 22,6).

Am Anfang dieses Buches habe ich Marvin Goldbergs Worte zitiert, die er zu mir sagte: »Ich glaube, du hast das Zeug zu einem ausgezeichneten Läufer. (...) Aber du musst noch viel lernen. Wenn du für *Stony Brook* in einem Wettkampf laufen willst, musst du schwer arbeiten. Du musst Selbstdisziplin üben, und das heißt, dass du mir vertrauen und meine Anweisungen befolgen musst. Jeden Tag musst du auf diese Aschenbahn kommen und das Training absolvieren, das auf dieser Anschlagtafel steht. Lass dich nicht darauf ein, wenn du nicht bereit bist, alles, was du hast, dafür zu geben.«

Goldberg sprach hier von Disziplin, von etwas, das ich vorher nie sonderlich geschätzt hatte. Seine unmissverständliche Botschaft lautete: »Den Lohn, den wir im Leben bekommen wollen, gibt es nicht ohne Disziplin und Training.«

Im Rückblick erkenne ich, dass es in meiner Kindheit immer wieder Menschen gegeben hat, die mich gelehrt haben, was Disziplin bedeutet. Aber wirklich begriffen habe ich es erst, als Marvin Goldberg es mir an diesem Tag so eindrücklich erklärte.

Meine Eltern hatten darauf bestanden, dass ich bestimmte Aufgaben im Haus übernahm. Aber ich sollte diese Dinge nicht nur *machen*, sondern ich sollte sie gut machen. Eines Tages, nachdem ich angeblich auf den Möbeln im Haus Staub gewischt hatte, rief mein Vater mich ins Wohnzimmer. Die Spätnachmittagssonne schien durch das Fenster, und ihre Strahlen verrieten gnadenlos, dass ich höchstens einmal oder zweimal flüchtig mit dem Staublappen über das Klavier gewischt hatte. Die staubbedeckte Oberfläche deutete wie ein nackter Zeigefinger auf mich. Der Beweis war unumstößlich: Ich hatte meine Arbeit nicht gemacht.

Mein Vater deutete auf den Staub und sagte: »Willst du, dass Leute in unser Haus kommen, diesen Staub sehen und denken, dass unsere Familie so arbeitet? Die Qualität *deiner* Arbeit fällt auf uns alle zurück.« Warum ich mich nach über fünfzig Jahren an diesen Augenblick immer noch erinnere, weiß ich nicht. Aber ich muss oft daran denken, wenn ich versucht bin, etwas nicht fertig zu machen oder etwas nur oberflächlich zu erledigen. *Die Qualität deiner Arbeit fällt auf uns alle zurück.*

Sich Ziele zu setzen und diese auch zu erreichen ist weder leicht, noch geschieht es automatisch. Das schafft nur ein Mensch, der sich um höhere Maßstäbe und größere Leistungen bemüht. Diese Tatsache begriff ich unter Marvin Goldberg. Ich begann zu erkennen, dass wir jeden Tag eine Reihe von Entscheidungen treffen, indem wir zu manchen Dingen nein und zu anderen ja sagen. Unsere Bereitschaft zu diesen Entscheidungen schafft eine wachsende Ausdauer, die es ermöglicht, einen Tag später mehr zu schaffen, mehr zu wissen, mehr zu dienen.

Erinnern wir uns an Daniel im Alten Testament. Mich faszinierte schon immer die Geschichte von ihm und seinen drei Freunden, die den größten Teil ihrer Jugend in der Ausbildungsakademie eines babylonischen Herrschers verbrachten. Sie waren junge Männer, berichtet die Bibel, »die keine Gebrechen [hatten], sondern schön, begabt, weise, klug und verständig [waren], also fähig, an des Königs Hof zu dienen« (Daniel 1,4).

Sie sollten »in Schrift und Sprache der Chaldäer« unterrichtet werden. Außerdem lesen wir: »Und der König bestimmte, was man ihnen täglich geben sollte von seiner Speise und von dem Wein, den er selbst trank« (V. 5). »Aber Daniel nahm sich in seinem Herzen vor, dass er sich mit des Königs Speise und mit seinem Wein nicht unrein machen wollte« (V. 8).

Die Verantwortlichen machten sich Sorgen um die Entwicklung dieser Männer. Sie durften nicht zulassen, dass einer ihrer Schützlinge krank oder unattraktiv werden würde.

»Versuch's doch mit deinen Knechten [*erziehe sie,* würde hier auch passen]«, sagte Daniel, »zehn Tage und lass uns Gemüse zu essen und Wasser zu trinken geben. Und dann lass dir unser Aussehen und das der jungen Leute, die von des Königs Speise essen, zeigen; und danach magst du mit deinen Knechten tun nach dem, was du sehen wirst« (V. 12–13).

Am Ende dieser Probezeit war klar, dass »sie schöner und kräftiger [aussahen] als alle jungen Leute, die von des Königs Speise aßen« (V. 15).

Was können wir aus dieser Geschichte lernen? Hier haben wir es mit jungen Männern zu tun, die lernten, sich nicht alles zu gönnen, sondern eine Willensentscheidung zu treffen, durch die sie an Ausdauer gewinnen würden. Und es zahlte sich aus.

Thomas Merton schreibt dazu:

Niemand, der einfach isst oder trinkt, wenn ihm nach Essen oder Trinken zumute ist, oder der raucht, sobald er den Drang verspürt, sich eine Zigarette anzuzünden, oder seine Neugier und seine Sexualität befriedigt, sobald sie stimuliert sind, kann sich als freier Mensch betrachten. Er hat seiner geistigen Freiheit abgesagt und ist zum Knecht seiner körperlichen Impulse geworden. Deshalb gehören sein Verstand und sein Wille nicht ganz ihm. Sie stehen unter der Macht seines Appetits, und somit werden sie beherrscht von denjenigen, die seinen Appetit befriedigen.

Merton spricht hier einen Gedanken an, der paradox erscheint: *Wir sind am freiesten, wenn wir Disziplin haben.* Das ist etwas, das viele in unserer heutigen Zeit nicht verstehen. Sie bezeichnen es als Freiheit, wenn man jederzeit alles tun kann, was man gerade will. Aber trotzdem ist niemand freier als der Mensch, dessen Verstand, Körper und Seele trainiert werden, damit sie wachsen und blühen.

Elton Trueblood sagt dazu:

Das Akzeptieren der Disziplin ist der Preis der Freiheit. Der Stabhochspringer hat nicht die Freiheit, über die hohe Stange zu springen, wenn er nicht Tag für Tag eisern trainiert. Die Freiheit des Chirurgen, seine Instrumente einzusetzen, um die Knochen ganz nahe neben einem winzigen Nerv wegzusägen, ohne ihn zu verletzen, gewinnt er aus einer ähnlichen Disziplin.

Es ist zweifelhaft, ob auf andere Weise Hervorragendes erreicht werden kann. John Milton verriet etwas über seine eigene kreative Stärke, als er schrieb: »Nichts auf der Welt ist durch das ganze Leben eines Menschen hindurch von gravierenderer und dringenderer Wichtigkeit als die Disziplin.«

Viele würden gern ihren Namen auf einem Buchcover lesen. Zugegeben, es ist ein herrliches Gefühl, etwas geschafft zu haben. Aber niemand außer dem Autor kennt die einsamen Stunden vor einer Tastatur, in denen Gedanken und Bilder ausprobiert und in Worte gefasst werden. Die Freude und die Freiheit die mit dem fertig gestellten Buch kommen, sind wunderbar. Aber der Weg der Disziplin der zu dem fertigen Produkt führte, ist mit Mühen beladen.

Als junger Mann verstand ich irgendwann, dass Paulus dem jungen Timotheus genau diese Tatsache begreiflich zu machen versuchte, als er schrieb:

Du aber sei den Gläubigen ein Vorbild im Wort, im Wandel, in der Liebe, im Glauben, in der Reinheit. (...) Dies lass deine Sorge sein, damit gehe um, damit dein Fortschreiten allen offenbar werde. Hab Acht auf dich selbst und auf die Lehre; beharre in diesen Stücken! Denn wenn du das tust, wirst du dich selbst retten und die, die dich hören. (1. Timotheus 4,12–16)

Die Aufforderungen zum aktiven Handeln springen unübersehbar ins Auge: »*Sei ein Vorbild ... dies lass deine Sorge sein ... damit gehe um ... hab Acht ... beharre.*«

An anderer Stelle schreibt Paulus:

Jage aber nach der Gerechtigkeit, der Frömmigkeit, dem Glauben, der Liebe, der Geduld, der Sanftmut! Kämpfe den guten Kampf des Glaubens; ergreife das ewige Leben, wozu du berufen bist und bekannt hast das gute Bekenntnis vor vielen Zeugen. (1. Timotheus 6,11–12)

Wieder: »*Jage ... kämpfe ... ergreife.*« Diese Worte lassen nicht auf ein Leben in Passivität schließen. Das sind kämpferische Worte, die einen Menschen herausfordern den Tag zu nutzen und alles aus ihm herauszuholen, was Gott für ihn vorgesehen hat.

An der Universität begegnete ich Menschen, die es mit der Selbstdisziplin sehr ernst nahmen. Als ich in die Laufmannschaft der *University of Colorado* eintrat, lernte ich Bill Toomey kennen, der ein paar Jahre später in Mexico City für die USA die Gold-medaille im Zehnkampf gewann. Wir gingen oft gemeinsam zur Aschenbahn und begannen das Training, das Trainer Frank Potts für uns ausgearbeitet hatte. Wenn eine Trainingseinheit vorbei war, ging ich erschöpft in die Umkleidekabine und konnte es nicht erwarten zu duschen, mich umzuziehen und wieder nach Hause zu kommen.

Aber Toomey blieb auf dem Sportplatz. Er machte eine kurze Pause, dann wiederholte er die Trainingseinheit ein zweites Mal. Es dauerte nicht lange, bis zwischen seinen Leistungen auf der Bahn und meinen ein riesengroßer Unterschied zu erkennen war. Wenn ich diese Geschichte erzähle, füge ich immer hinzu: »Jetzt wissen Sie, warum jeder Leichtathlet auf der Welt den Namen Bill Toomey kennt, aber niemand – niemand! – hat je den Namen Gordon MacDonald gehört.«

Der Unterschied fing auf dem Gebiet der Disziplin an. Im Rückblick auf seine größten Jahre als Sportler sagte Toomey:

Egal, welches Ziel man verfolgt, am wichtigsten ist es, dass man das was man erreichen will, liebt. Sobald man sich für eine Sportart oder eine kreative Aktivität entschieden hat, gelten überall ähnliche Regeln. Eines der Schlüsselelemente ist die Fähigkeit, ehrlich zu sich selbst zu sein. Zu viele Sportler geben ihre Schwächen nicht zu. Um fortlaufend etwas zu leisten, muss man Disziplin haben und sich an ein Programm halten. Viele Sportler haben keinen gut durchdachten Plan, der ihnen zeigt, wohin sie gehen, und wie sie letztendlich dorthin kommen wollen.

Während meiner Studienzeit lernte ich Geisteswissenschaftler, Künstler und Naturwissenschaftler kennen, die Toomeys Aussagen voll und ganz zugestimmt hätten. Diese Männer und Frauen waren bereit, bis spät in die Nacht zu arbeiten oder zu studieren, sich harter Kritik auszusetzen und hundertmal ein Experiment auszuprobieren (und zu scheitern), um beim 101. Mal den Durchbruch zu schaffen. Ich staunte über ihre Hartnäckigkeit, ihre Konzentration, ihre Entschlossenheit, alle unnötigen Ablenkungen von sich fernzuhalten. Eine solche Konzentration auf ein Ziel hatte ich nie zuvor gesehen.

Ihre Disziplin war geistlicher Natur: viel Zeit für Gebet, Meditation, Bibellesen, Gottesdienst und sogar geduldiges Leiden gehörte dazu. Ich habe Menschen kennen gelernt, die bereitwillig Armut, schwere Lebensbedingungen, Unterordnung unter Systeme (und Menschen) die ungerecht und unterdrückend waren, auf sich nahmen. Trotz alledem schienen ihre Seelen zu leuchten, und jedes

Wort, das sie sagten, alles, was sie taten, schien etwas zu bewirken. In ihrer Gegenwart hatte ich das Gefühl, Gott ein wenig näher zu kommen, und ich fühlte mich sanft genötigt, selbst auch ein wenig mehr zu geben.

Ich sagte über die Sportler und über die Geisteswissenschaftler: »So wie sie möchte ich auch sein.«

Jetzt weiß ich, dass der Weg zur Ausdauer nur über Disziplin und Selbstbeherrschung führt. Ich bin in einer Lebensphase, in der die Versuchung größer wird, Verantwortung abzuwälzen, auf alten Ideen zu beharren, sich Veränderungen zu verweigern, die schweren Lasten anderer zu überlassen. Aber ich werde das nicht tun, weil die Disziplinen, die ich im Laufe der Jahre gelernt habe, es nicht zulassen. Und ich will es so.

Während meines Theologiestudiums lernte ich einen ehemaligen Missionar kennen. Er hieß Raymond Buker. Er und seine Frau hatten den größten Teil ihres Lebens in Burma verbracht. Sie hatten oft schwer gelitten, aber sie blieben der Aufgabe, zu der Gott sie berufen hatte – zu den Menschen in jenem Teil der Welt zu gehen –, treu. Einer der Gründe, warum mich Raymond Buker faszinierte, war vielleicht die Tatsache, dass er 1924 die USA bei den Olympischen Spielen in Paris vertreten hatte, die durch den Läufer Eric Liddle in dem Film *Die Stunde des Siegers* berühmt wurden.

Dr. Buker war ein charakterstarker und gottesfürchtiger Mann, aber er konnte auch herzhaft lachen. Gleichzeitig war er ein Meister der Selbstbeherrschung. Ich lud ihn eines Tages zu einer Tasse Kaffee ein. Er antwortete, dass er sich gern zu mir setzen und sich mit mir unterhalten würde, aber der Kaffee sei nicht nötig.

»Kein Kaffee?«, fragte ich. »Sie brauchen doch Ihren Morgenkaffee.«

»Nein, danke. Wir können uns auch so unterhalten.«

In den folgenden Wochen hatten wir noch mehrere Gespräche dieser Art. Ich bot Buker Kaffee an, und er lehnte jedes Mal höflich ab. Schließlich bemerkte ich: »Sie mögen Kaffee anscheinend wirklich überhaupt nicht.«

»Nein, ehrlich gesagt, trinke ich sogar sehr gern Kaffee.«

»Aber ...?«

»Vor langer Zeit habe ich gelernt, wie wichtig es ist, regelmäßig nein zu mir zu sagen. Manchmal heißt das, dass ich zu Sachen nein sage, die ich gern mag. Zum Beispiel zu Kaffee. Jedes Mal wenn ich zu Kaffee nein sage, mache ich mir bewusst, dass ein Tag kommen kann, an dem ich zu anderen Dingen von viel größerer Wichtigkeit ein sehr klares ›Nein‹ sagen muss. Dann habe ich das bei einfacheren Dingen schon geübt ... zum Beispiel bei Ihrer Tasse Kaffee.«

So spricht ein Mensch mit Ausdauer.

Kapitel 21

Menschen mit Ausdauer wissen genau, was geschafft werden muss

Vor hundert Jahren war Selbstbeherrschung ein beliebtes Thema. Die Menschen waren fasziniert von Berichten über Forscher aus dem neunzehnten und dem Anfang des zwanzigsten Jahrhunderts – Perry, Byrd, Shackleton und Scott fallen einem dazu ein – und ihre Bereitschaft, bis an die Grenzen der menschlichen Belastbarkeit zu gehen. Heute wird oft der Ruhm viel stärker betont als die Knochenarbeit, die hinter großen Errungenschaften steht.

Trotzdem gibt es Menschen, die von Selbstdisziplin sprechen und davon, was es heißt, über die Grenzen des Normalen hinauszugehen. Jamie Clark schreibt über die Vorbereitungen für eine Mount Everest-Besteigung:

Wenn man in Form kommen will, um diesen Berg besteigen zu können, trainiert man mehrere Stunden am Tag mit einem schweren Rucksack auf dem Rücken auf einem schief gestellten Laufband. Man sieht affig aus. Man stinkt. Es ist eine hässliche Szene. Das ist immer so. Der Weg zum Erfolg ist nicht schön anzusehen.

Menschen mit Ausdauer wissen das, und es beunruhigt sie nicht. Für sie ist es befriedigend zu wissen, dass sie jeden Teil ihres Lebens unter Kontrolle haben, und sie begreifen, dass sie dafür einen Preis bezahlen müssen.

Solche Menschen verstehen, was Petrus meinte, als er schrieb:

Darum umgürtet die Lenden eures Gemüts, seid nüchtern und setzt eure Hoffnung ganz auf die Gnade, die euch angeboten wird in der Offenbarung Jesu Christi. Als gehorsame Kinder gebt euch nicht den Begierden hin, denen ihr früher in der Zeit eurer Unwissenheit dientet; sondern wie der, der euch berufen hat, heilig ist, sollt auch ihr heilig sein in eurem ganzen Wandel. (1. Petrus 1,13–15)

Die ersten Christen wussten, dass hinter jeder Ecke Krisen lauern konnten: Dass sie aufgefordert werden könnten, für ihre Überzeugungen Rechenschaft abzulegen, und dass sie sogar mit Gefängnis und dem Märtyrertod rechnen mussten. Als er von seinen Leiden berichtet, erwähnt Paulus, dass er fünfmal ausgepeitscht wurde. Bei diesen Prozessen wegen angeblicher Gotteslästerung wurde der Angeklagte bis zur Hüfte entkleidet und über ein Gestell gespannt. Dann bekam er gnadenlos neununddreißig Peitschenhiebe verpasst. Es wird berichtet, dass ziemlich viele Menschen an diesen brutalen Methoden starben; andere wurden dadurch so gedemütigt, dass sie ihrem Leben selbst ein Ende setzten. Paulus musste diese Qualen fünfmal über sich ergehen lassen.

Nur Menschen mit Disziplin konnten eine solche Behandlung ertragen. Das bedeutete, dass sie Tag für Tag trainierten, damit sie abgehärtet genug wären, falls ein solcher kritischer Moment käme.

Dazu schreibt Paulus:

Jeder aber, der kämpft, enthält sich aller Dinge. Jene nun, damit sie einen vergänglichen Kranz empfangen, wir aber einen unvergänglichen. Ich aber laufe nicht wie aufs Ungewisse; ich kämpfe mit der Faust, nicht wie einer, der in die Luft schlägt, sondern ich bezwinge meinen Leib und zähme ihn, damit ich nicht andern predige und selbst verwerflich werde. (1. Korinther 9,25–27)

Meine einfachste Erklärung, was Disziplin ist, lautet: *bewusstes Leiden.* Es bedeut, darauf zu bestehen, dass der Körper, der Verstand und der Geist sich Herausforderungen stellen, die unsere Fähigkeiten und unseren Mut fördern.

Dieses bewusste Leiden wird selten als angenehm empfunden. Es ist kein Vergnügen. In dem Prozess der Selbstdisziplinierung kommt es oft zu Demütigung und Niederlagen. Erfolg und Lohn kommen erst viel, viel später. Jemand, der sich in Disziplin übt, schlägt einen Weg ein, der ihn wahrscheinlich nicht beliebt macht. Erst wenn das Training vorbei ist und die Mühen sich auszahlen, blickt die Welt erstaunt auf und schenkt Applaus und Bewunderung.

Der Läufer, der Ringer, der Schwimmer, sie alle bringen ihren Körper zu höherer Leistung, indem sie von sich selbst längere, schnellere und intensivere Phasen körperlicher Höchstleistung fordern. Sie hören nicht einfach auf, nur weil sie erschöpft sind oder Schmerzen haben. Sie haben gelernt, dass es geistige Barrieren gibt, die überwunden werden müssen. Sie bestehen darauf, dass ihr Körper ihrer Willenskraft gehorcht, nicht nur einfach der Bequemlichkeit.

Das Gleiche lässt sich natürlich über den Nachfolger Jesu sagen, der seiner Berufung gehorcht und seine Aufgabe erfüllen will.

Ein Freund von mir, der pensionierte Admiral Tim Ziemer, erzählte von seiner Mutter und seinem Vater, die während des Vietnamkrieges als Missionare in Vietnam waren. Eines Tages, als sie von den Vietcong unter Beschuss genommen wurden, versteckten sie sich zusammen mit mehreren verwundeten Vietnamesen in einem Bunker. Als der Beschuss unerträglich wurde, wagte es der Vater meines Freundes, den Bunker zu verlassen und auf die Feinde zuzugehen, um sie um eine Waffenpause zu bitten, damit die Verwundeten und die Toten weggebracht werden könnten. Aber sobald er sich zeigte, erschoss ihn ein Vietcong. Seine Frau, die Mutter meines Freundes, musste das mit ansehen. Als die Vietcong schließlich den Bunker stürmten, töteten sie alle bis auf seine Mutter. Man führte sie ab – sie war selbst verwundet – und sie wurde gezwungen, an ihrem toten Mann vorbei zu gehen, ohne dass man ihr erlaubte, ihn wenigstens zum Abschied zu berühren.

Später, als die Vietcong Mrs. Ziemer in ein vietnamesisches Lazarett entließen, sagte eine Krankenschwester zu ihr: »Sie müssen unser Volk und unser Land sehr hassen.« Mrs. Ziemer erwiderte: »Nein, mein Mann und ich sind hierher gekommen, weil wir dieses Land und seine Bewohner sehr lieben.«

Eine solche Antwort kann man nicht spontan geben. Sie ist die Folge einer geistlichen Disziplin, die Jahr für Jahr und Tag für Tag praktiziert wurde. Ihre Ausdauer ist auch heute ungebrochen.

Neulich schrieb Admiral Ziemers Mutter, die inzwischen eine sehr betagte Frau ist: »Mein Sohn, betrachte dich selbst als den Geringsten, sieh dich selbst als den Kleinsten, setze dich selbst immer an die letzte Stelle ... und andere immer an die erste.« Tim dachte über ihre Worte nach und sagte:

Ich habe vor langer Zeit gelernt, auf meine Mutter zu hören! Ich habe in meinem Leben tiefgreifende Predigten und Lehren gehört; meine Bibliothek ist voll mit Büchern darüber, wie man als Christ lebt, aber wenn ich zurückblicke, hat mir die Art, wie meine Mutter durchs Leben ging und ihren Glauben lebte, gezeigt, was es heißt, den Heiland als unseren persönlichen Erlöser zu kennen, in ihm ganz und heil zu sein ... uns auf ihn zu verlassen ... ihm in allen unseren Nöten zu vertrauen.

»Wir müssen uns unser Leben lang in der Disziplin der Ungewissheit üben«, sagte ein christlicher Leiter aus England, Fred Mitchell:

Wir wissen nie, welche Notsituationen uns erwarten, welche Gelegenheiten vielleicht reifen, welche Chancen auf uns zukommen, welche Versuchungen vielleicht im Hinterhalt liegen und nur darauf warten loszuschlagen, wenn wir nicht mit ihnen rechnen.

Wenn ein Mensch als Christ Ausdauer erlangen will, sollte er einige der folgenden Dinge im Blick haben:

Disziplin stärkt den Willen. Sie verstärkt die Fähigkeit eines Menschen, Mut zu haben, wenn das Leben schwer wird. Das wird an den drei Freunden Daniels – Schadrach, Meschach und Abednego – sichtbar, die sich weigern, vor einem heidnischen Götzen die Knie zu beugen, woraufhin ihnen angedroht wird, in den so genannten Feuerofen geworfen zu werden. Den sicheren Tod vor Augen sagen sie zum König Nebukadnezar:

Es ist nicht nötig, dass wir dir darauf antworten. Wenn unser Gott, den wir verehren, will, so kann er uns erretten; aus dem glühenden Ofen; und aus deiner Hand, o König, kann er erretten. Und wenn er's nicht tun will, so sollst du dennoch wissen, dass wir deinen Gott nicht ehren und das goldene Bild, das du hast aufrichten lassen, nicht anbeten wollen. (Daniel 3,16–18)

Diese alten Geschichten sind das Fundament biblischen Glaubens. Sie erzählen von tapferen Männern und Frauen, die ihren Gott so ernst nahmen, dass sie sich durch einen solchen Druck nicht einschüchtern ließen. Ihr ganzes Leben lang härteten sie sich durch Disziplin ab, um eine solch extreme Prüfung bestehen zu können. Ihre Willenskraft war der Situation gewachsen, weil sie sich in Disziplin geübt hatten.

Woher kam die Willenskraft der Freunde Daniels? Ich vermute, wir haben sie das erste Mal gesehen, als sie sich während ihrer Jahre an der Ausbildungsakademie weigerten, für sie falsches zu essen und zu trinken. Ihre jetzige Entscheidung war nur der nächste Schritt in einem Leben, das schon früher durch Disziplin gelernt hatte, im richtigen Augenblick ja oder nein zu sagen.

Disziplin bringt die geistlichen Gaben und Fähigkeiten eines Menschen zu höchstmöglicher Effektivität. »Wie kommt man zur Carnegie Hall?«, fragt ein Tourist einen New Yorker. Er bekommt zur Antwort: »Durch Üben, Mann. Durch viel Üben.«

Nach der »Operation Wüstensturm«, dem Irakkrieg Anfang der 90er Jahre, wurde ein Kommandant, der eine Panzerarmee befehligt und einen verblüffenden Sieg errungen hatte, von einem Kongressabgeordneten gefragt, wie es möglich gewesen sei, eine so umfangreiche Aktion in einem so großen Gebiet zu koordinieren. Der Offizier erwiderte, der Sieg sei der Tatsache zu verdanken, dass er vor dem Ausbruch des Krieges schon Hunderte von Panzerschlachten geführt habe.

»Aber«, entgegnete der Kongressabgeordnete, »so viele Panzerschlachten hat es in der Militärgeschichte doch noch gar nicht gegeben.« Der Offizier widersprach und sagte, er habe mit Hilfe von Computersimulationen schon unzählige Schlachten geführt.

Diese Panzerkommandanten waren mit einer großen Kampf-
erfahrung in den Krieg gezogen, weil sie in Friedenszeiten trainiert
hatten, sich jeder denkbaren Kriegssituation zu stellen.

Disziplin schafft Mut. Die Geschichte von David und Goliat ist so
bekannt wie kaum eine andere Geschichte aus dem Alten Testament.
David meldete sich freiwillig, auf das Schlachtfeld zu gehen und es mit
dem Riesen aus den Reihen der Philister aufzunehmen. Saul wollte es
den Jungen gern versuchen lassen, aber er hatte schwere Zweifel, was
die Aussichten auf einen Erfolg angingen: »Du kannst nicht hingehen,
um mit diesem Philister zu kämpfen; denn du bist zu jung dazu, dieser
aber ist ein Kriegsmann von Jugend auf« (1. Samuel 17,33).

Aber David tritt mit einem erstaunlichen Selbstvertrauen auf,
das er durch die Disziplin in seinem Leben gewonnen hat.

Dein Knecht hütete die Schafe seines Vaters; und kam dann ein
Löwe oder ein Bär und trug ein Schaf weg von der Herde, so lief
ich ihm nach, schlug auf ihn ein und errettete es aus seinem
Maul. Wenn er aber auf mich losging, ergriff ich ihn bei seinem
Bart und schlug ihn tot. So hat dein Knecht den Löwen und den
Bären erschlagen, und diesem unbeschnittenen Philister soll es
ergehen wie einem von ihnen; denn er hat das Heer des lebendigen Gottes verhöhnt. Und David sprach: Der Herr, der mich
von dem Löwen und Bären errettet hat, der wird mich auch
erretten von diesem Philister. (1. Samuel 17,34–37)

*Selbstbeherrschung schafft auf geistlichem Gebiet Selbstvertrauen und stärkt
die körperlichen Fähigkeiten.* Jede Anstrengung, die gemeistert wird,
führt uns zur nächsten. Wenn ich dieses Beispiel anführe, darf ich
jedoch nicht verschweigen, dass David selbst genau wusste, dass hinter seiner Entwicklung und seinen körperlichen Fähigkeiten die
befreiende Kraft Gottes stand, der seine Anstrengungen großzügig
belohnte.

*Schließlich führt Disziplin zu ausgezeichneten Leistungen im Leben
und bei der Arbeit.* Indem man Dinge regelmäßig und wiederholt,
erwirbt man die Fähigkeit, weitaus effektivere Dinge zu tun, und
und zwar in einer Weise, die andere motiviert.

Paulus führte ein solches diszipliniertes Leben und hatte dabei die Entwicklung der Menschen um ihn herum im Blick. Deshalb konnte er zu Timotheus voll Selbstvertrauen sagen: »Du aber bist mir gefolgt in der Lehre, im Leben, im Streben, im Glauben, in der Langmut, in der Liebe, in der Geduld, in den Verfolgungen, in den Leiden ...« (2. Timotheus 3,10). Er konnte das mit einem solchen Selbstvertrauen sagen, weil er wusste, dass er trainiert hatte, in allen diesen Lebensbereichen sein Bestes zu geben. Jetzt war sein Leben ein Vorbild, nach dem Timotheus seinen eigenen Glauben und Charakter aufbauen konnte. Timotheus hatte ein Vorbild vor Augen, das er nachahmen konnte – eine klare Vorgabe für ein herausragendes Leben.

Als Charles Eliot Präsident der *Harvard University* war, wurde er gebeten, die wichtigste Eigenschaft eines Universitätsleiters zu nennen. Seine Antwort lautete: »Die Fähigkeit, Schmerz zuzufügen.« Eliot wusste genau: Wenn eine Institution wachsen und ihren Auftrag hervorragend erfüllen will, werden auch schmerzliche Zeiten kommen. Dann ist es wichtig, Menschen mit Disziplin zu haben, die ihr Potenzial voll ausschöpfen und vielleicht sogar noch einen Schritt weiter gehen.

Als ich Eliots Worte las, musste ich an Trainer Goldberg denken. Er war bereit gewesen, Schmerz zuzufügen (wenigstens empfanden es seine Läufer so). Er trieb uns an, ohne auf unsere Müdigkeit und Erschöpfung Rücksicht zu nehmen; wir hielten ihn für einen grausamen Trainer. Ich muss leider zugeben, dass wir hinter seinem Rücken oft unschöne Kommentare über ihn fallen ließen. Aber das geschah nur während des Trainings. An den Tagen, an denen Wettkämpfe stattfanden, sah die Sache ganz anders aus. Wenn unsere Mannschaften einen Sieg nach dem anderen davontrugen und wir unsere Medaillen und Pokale einheimsten, vergaßen wir unsere gelegentlichen Feindseligkeiten und liebten ihn dafür, dass er uns gezwungen hatte, unser Bestes zu geben. Wenn er es zugelassen hätte, hätten wir ihn auf unseren Schultern zum Mannschaftsbus getragen. Er hatte uns geholfen, Disziplin zu üben und die Früchte dieser Disziplin zu ernten.

Anscheinend haben Menschen mit Ausdauer irgendwie begriffen, dass es wichtig ist, sich selbst Schmerz zuzufügen. Vom Körper, vom Verstand und von der Seele dieses zusätzliche Etwas zu fordern, das die meisten Menschen von Natur aus nicht geben wollen. Das macht den Unterschied aus.

Kapitel 22

Menschen mit Ausdauer halten sich körperlich fit

Den Überlieferungen zufolge war Paulus weder ein kräftiger noch ein besonders gesunder Mann. Ich stelle ihn mir als Zuschauer bei den Spielen vor, der sich wünscht, er könnte auch mitlaufen. Ich sehe ihn, wie er die Sieger beneidet, die zur Siegerehrung gehen und den Siegeskranz in Empfang nehmen. Vielleicht träumte er davon, wie es wäre, der Mann der Stunde zu sein.

> Denn kein größerer Ruhm verschönt ja das Leben
> der Menschen,
> Als den ihnen die Stärke der Händ' und Schenkel erstrebet.
> Auf denn, versuch' es einmal, und wirf vom Herzen
> den Kummer.

Das sagt der Prinz der Phäaken, Laodamas in Homers *Odyssee*, als er Odysseus auffordert, zu den Spielen der Phäaken zu kommen.

»Die leibliche Übung ist wenig nütze«, schrieb Paulus an Timotheus (1. Timotheus 4,8). Natürlich wollte Paulus herausstellen, dass geistliches Training das lohnendere Anliegen ist. Aber trotzdem erkannte er an, dass das körperliche Training eines Sportlers seinen Lohn hat.

Wenn ich an die verschiedenen Disziplinen in meinem eigenen Leben denke, muss ich mit dem Körper anfangen – der Entwicklung dieser »Hütte«, wie Paulus den Körper in 2. Korinther 5,1 nennt. Der Körper ist ein wunderbarer physikalischer Mechanismus, den Gott geschaffen hat. Wenn man sich vernünftig um ihn kümmert, kann er das Leben neun, wenn nicht sogar zehn Jahrzehnte erhalten. Unser Körper verdient mehr, als viele von uns ihm heutzutage geben.

Für die christliche Gemeinde, in der ich aufwuchs, war der Körper ein Stiefkind. Man war so darauf konzentriert, die Welt zu bekehren, dass die körperlichen Fragen und Disziplinen kaum Beachtung fanden. »Der Körper ist der Tempel des Heiligen Geistes«, hörten wir oft (aus 1. Korinther 6,19), wenn es wieder einmal an der Zeit war, gegen Tabak und Alkohol zu Felde zu ziehen oder dagegen, den Körper sexuell aufreizend zu zeigen. Aber dieser Vers wurde selten in einer anderen Bedeutung verstanden.

Doch das war gestern. Heute hat sich vieles geändert, und viele Christen freuen sich am Wunderwerk ihres Körpers. Wir erkennen die faszinierende Schöpfungskraft Gottes in der Komplexität der Körpersysteme. Wir staunen darüber, dass alles so wunderbar funktioniert und das Leben Jahr für Jahr erhält.

Erst vor einigen Tagen wurde ich Zeuge davon, wie ein übergewichtiger Mann Mitte fünfzig plötzlich umfiel, weil sein Herz aufgehört hatte zu schlagen. Drei Frauen – eine Krankenschwester und zwei andere mit Erste-Hilfe-Erfahrung – bildeten innerhalb weniger Sekunden ein Rettungsteam. Eine begann mit Herzdruckmassage, eine zweite mit Mund-zu-Mund-Beatmung, und eine dritte holte einen tragbaren Defibrillator. Der Mann hatte aufgehört zu atmen; sein Puls war nicht mehr zu fühlen. Zwei oder drei Minuten lang war er tot. Dann holten die Bemühungen der drei Frauen ihn ins Leben zurück.

Mehrere andere Männer – die meisten in einem ähnlichen Alter – schauten diesem Geschehen mit bleichem Gesicht zu. Viele von ihnen hatten ernsthaftes Übergewicht und waren unsportlich; und man konnte ihnen ansehen, dass ihre Gefühle schwankten zwischen Mitgefühl mit diesem Mann und der Erkenntnis, dass ihnen so etwas auch jederzeit passieren könnte.

Sicher haben sich einige von ihnen an diesem Tag fest vorgenommen, etwas für eine Verbesserung ihrer körperlichen Verfassung zu tun.

Einige Tage vor diesem Vorfall hatte ich mit einem Geschäftsmann ein Gespräch über Prioritäten geführt. »Wie legen Sie die Prioritäten fest, die Ihren Terminplan bestimmen?«, fragte ich.

»Ich gehe an alle möglichen Prioritäten mit einer einfachen Frage heran«, erklärte er. »Diese Frage lautet: Welche dieser Prioritäten haben die langfristigsten Konsequenzen?«

»Was würden Sie unter dieser Vorgabe dann als die oberste Priorität in Ihrem Leben bezeichnen?«

»Das ist leicht gesagt«, antwortete er. »Meine Gesundheit. Ohne sie habe ich auch in anderen Bereichen nicht viel zu bieten.«

»Und was hat die langfristigsten Konsequenzen in *Ihrem* Leben?«, fragte er mich.

»Ich würde sagen, mein geistliches Leben, meine Beziehung zu Gott«, antwortete ich nach kurzem Nachdenken. »Aber gleich danach würde ich wahrscheinlich Ihrer Priorität zustimmen.«

Vor einiger Zeit kam ich zu dem Schluss, dass die Sorge um meinen Körper wirklich eine hohe Priorität haben sollte. Nachdem ich fünfundzwanzig Jahre nicht mehr an Laufwettkämpfen teilgenommen hatte, begann ich wieder zu laufen. Natürlich nicht in Wettkämpfen, sondern zu meinem eigenen Vergnügen. Mein Arzt machte mir begreiflich, dass ich einen Punkt in meinem Leben erreicht hatte, an dem ich mich entscheiden musste zwischen der Disziplin körperlicher Bewegung und einer Ernährungsumstellung oder aber Medikamenten, die sowohl teuer als auch mit unerwünschten Nebenwirkungen verbunden wären. Hinzu kamen die Überredungskünste meiner Ehefrau, der ein flacher Bauch und die Vorstellung, ihren Mann noch eine Weile länger um sich zu haben, gefielen.

Heute achte ich mit Gails Ermutigung darauf, was ich esse, und dass ich mein Gewicht halte (ohne davon besessen zu sein). Jeden Tag plane ich eine halbe Stunde ein, um fünf Kilometer zu laufen, entweder auf den Landstraßen in der Nähe unseres Hauses, auf dem Laufband in unserem Keller oder im Fitnessraum eines Hotels, wenn ich unterwegs bin. Ich versuche, vernünftige Ruhepausen einzuhalten, zu denen auch ein Mittagsschlaf gehört.

Menschen, die Ausdauer bekommen wollen, nehmen solche Dinge ernst. Sie wissen, wenn sie sich um ihren Körper kümmern, haben sie einen positiven Schritt in Richtung eines längeren und gesünderen Lebens getan. Das sagt uns der gesunde Menschenverstand, und wir zeigen damit, dass wir gute Haushalter sind: Wir kümmern uns um das, was Gott uns anvertraut hat.

Aber die Disziplin des Körpers ist mehr als nur eine gesundheitsfördernde Maßnahme. Es ist der erste Schritt zu anderen Disziplinen. Ich habe gelernt: Wenn ich meinen Körper längere Zeit fordere – wie bei einem Fünf- oder Zehnkilometerlauf –, scheinen die anderen Teile von mir, allmählich zu begreifen, dass ich, Gordon, der Chef bin, und dass mein ganzes Sein sich den Überzeugungen und Absichten unterzuordnen hat, die ich für mich festgelegt habe.

Thomas Kelly sagte einmal, dass jeder von uns ein »Komitee« sei; jeder Teil von uns ist ein bisschen trotzig und jeder will Vorsitzender des Komitees sein (ob mit oder ohne »Gordon«). Wenn ich in meinen körperlichen Disziplinen konsequent bin, habe ich das Gefühl, als würden die anderen Stimmen in meinem Komitee zueinander sagen: »Also, er hat darauf bestanden, dass der Körper tut, was er will; wir müssen wohl die Tatsache akzeptieren, dass er der Chef ist, und dass er uns auch dazu bringen wird, das zu tun, was er will.«

Wenn ich mein körperliches Training absolviert habe, bin ich in einer viel besseren Verfassung, mich auf meine geistlichen Disziplinen zu konzentrieren und auf die Arbeiten des Tages, die meine volle Konzentration verlangen: Schreiben, Reden vorbereiten, die Probleme als Leiter einer Organisation lösen. Ich bin eher bereit, Telefongespräche zu führen, denen ich lieber aus dem Weg ginge, und Fragen zu klären, die ich gern aufschieben würde.

Das Neue Testament nimmt in Bezug auf Selbstbeherrschung und Selbstdisziplin kein Blatt vor den Mund. Paulus spricht einmal von Gesellschaften, die aufgrund ihres moralischen Verfalls zugrunde gehen, und er nennt als eines der Probleme mangelnde Selbstbeherrschung (er gebraucht in 2. Timotheus 3,3 das Wort »zuchtlos«). In 2. Timotheus 1,7 spricht er dagegen von Menschen, die von Gottes Geist erfüllt sind und sagt, dass Gott uns den Geist der »Kraft und der Liebe und der Besonnenheit [oder der Selbstdisziplin]« gegeben hat. Das dritte Wort in dieser Aufzählung des Paulus' wird aus dem Griechischen verschieden übersetzt: mit »Vorsicht« oder »Besonnenheit« oder »Selbstbeherrschung«. Dieses Wort gibt einen hohen Wert der griechischen Kultur wider, in der die Vorsicht (gemeint war ein mäßigender Verstand) als Kennzeichen großer Reife galt.

Die körperliche Selbstdisziplinierung ist heute kein beliebtes Thema. Auch die christliche Gemeinde, die bei der Pflege und Disziplinierung des Körpers eine Vorreiterrolle spielen sollte, lässt in dieser Hinsicht viel zu wünschen übrig. Wir wollen mit unseren Ansichten über die Heiligung des Lebens ernst genommen werden, aber wir haben dabei leider oft nicht das ganze Leben im Blick.

Viel zu oft spreche ich mit Menschen, die schwer übergewichtig sind, die zugeben, dass sie ungesunde Essgewohnheiten haben und Schlafgewohnheiten, die überhaupt keinen Sinn ergeben. Stellen Sie sich folgendes Gespräch vor:

»Hast du Respekt vor dir selbst?«

»Respekt vor mir selbst? ... Ich weiß nicht genau. Warum fragst du?«

»Bist du sicher, dass du darüber sprechen willst?«

»Ja, natürlich.«

»Also gut. Mir fällt auf, wie wenig Rücksicht du auf deinen Körper nimmst. Das verrät mir, dass du das Essen mehr genießt, als du es genießt dich um dich selbst zu kümmern. Ich habe den Eindruck, dass der Teil in dir der essen will, lauter spricht als der Teil in dir der gern gesund und fit sein möchte. Warum, glaubst du, ist das so?«

»Ich weiß nicht genau.«

»Was machst du jeden Tag, um dich in Form zu halten?«

»Na ja, ich überlege, dass ich mit Sport anfangen müsste.«

»Wann, glaubst du, könntest du damit anfangen?«

»Wenn ich mehr Zeit habe.«

»Ich möchte wetten, dass du wahrscheinlich auch bei den geistlichen Disziplinen Probleme hast. Habe ich Recht?«

»Hm ... ja.«

»Kannst du noch ein paar andere Vermutungen verkraften? Wie sieht es bei dir mit dem Umgang mit Geld aus? Und hast du irgendwelche Probleme mit sexuellen Versuchungen?«

Gewöhnlich, wenn auch nicht immer, bestehen hier Verbindungen, und mein Gesprächspartner gibt am Ende zu, dass große Bereiche seines Lebens außer Kontrolle geraten sind.

Ich verstehe, wenn der eine oder andere Leser meint, dass dies nur eine lange Reihe von Vermutungen sei, die allein auf der Basis schlechter Essgewohnheiten basieren. Aber es bleibt eine Tatsache, dass oft ein Zusammenhang zwischen den einzelnen Bereichen besteht. Ein Einbruch in einem Bereich führt oft zu weiteren Einbrüchen in anderen Bereichen.

Die Folge? Eine Schwächung der Ausdauer.

Aus diesem Grund bin ich zu der Überzeugung gelangt, dass der Weg zur Selbstbeherrschung bei der Art beginnt, wie ich mit meinem Körper umgehe.

Johannes Chrysostomos hat einmal gesagt:

Wenn niemand in der Ringerschule trainiert, wie soll er sich dann bei Wettkämpfen auszeichnen? (...) Seht ihr nicht diese (...) Fünfkämpfer, wie sie einen Sack mit viel Sand füllen und ihn aufhängen, um ihre ganze Kraft daran zu messen, wenn sie keine Gegner haben? (...) Ahmt sie nach und trainiert das Ringen der Selbstverleugnung. Denn es gibt wirklich viele, die zu Wut provozieren und Lust wecken und eine große Flamme entfachen. Steht deshalb gegen eure Leidenschaften auf, ertragt edel die Schläge gegen den Geist, damit ihr auch die Schläge gegen euren Leib ertragen könnt.

Einer der ersten, die eine Meile unter vier Minuten liefen, der Australier John Landy, blickte zurück in die Zeit, in der er auf dem Höhepunkt seiner Karriere stand. Über seine Erfahrungen als Läufer sagte er:

Laufen gab mir Disziplin und die Möglichkeit, mich selbst auszudrücken. (...) Es bringt alle Enttäuschungen, Frustrationen, Misserfolge und unerwartete Erfolge mit sich, die sich im größeren Spiel des Lebens wiederholen. Es lehrt einen Menschen die Fähigkeit, unter Druck Leistung zu bringen. Es lehrt ihn, wie wichtig es ist, enthusiastisch, engagiert und konzentriert zu sein. Das alles sind banale Aussagen, aber wenn man als junger Mann tatsächlich diese Dinge alle durchmacht, sind sie sehr, sehr wichtig.

So sehr ich in diesem Buch auch Bezug nehme auf das Leben und das Training von Läufern, ist es kein Buch über das Laufen. Ebenso wenig ist Laufen das Thema dieses Kapitels. Das Laufen ist nur ein Beispiel für den Versuch, unseren rebellischen, trotzigen Körper unter Kontrolle zu halten. Wenn Gottes Geist in uns ist, wirkt sich das auch dadurch aus, dass wir unseren Körper beherrschen und ihm Ausdauer und Disziplin beigebracht haben.

Kapitel 23

Menschen mit Ausdauer
halten sich geistig fit

Ich habe schon öfter die Geschichte vom Besuch des amerikanischen Präsidenten Franklin Roosevelt bei Oliver Wendell Holmes Jr. im Jahr 1933 gehört. Als der Präsident eintraf, saß der zweiundneunzigjährige Holmes gerade in seiner Bibliothek und las Plato.

Nachdem es sich die zwei Männer bequem gemacht hatten, wagte Roosevelt die Frage: »Darf ich fragen, warum Sie Plato lesen, Euer Ehren?«

»Gewiss, Herr Präsident. Um geistig zu wachsen.«

Menschen mit Ausdauer wollen ständig geistig wachsen. Auch wenn sie über neunzig sind.

Der Verstand ist wie ein Muskel. Wenn wir ihn vernachlässigen, wird er schlaff. Wenn wir ihn anstrengen, ihn trainieren, viel von ihm fordern, wird er stark und gut zu gebrauchen sein.

Stephanus, der erste christliche Märtyrer, hatte einen erstaunlichen Verstand. Als Gegner des christlichen Glaubens mit ihm diskutierten, heißt es: »Doch sie vermochten nicht zu widerstehen der Weisheit und dem Geist, in dem er redete« (Apostelgeschichte 6,10).

Es ist ziemlich wahrscheinlich, dass unter denen, die mit Stephanus diskutierten, auch Saulus von Tarsus war, ein junger Pharisäer mit erstaunlichen intellektuellen Fähigkeiten. Aber nicht einmal er konnte es in einer intellektuellen Konfrontation mit Stephanus aufnehmen. Als die Frustration bei Saulus und anderen überkochte, arrangierten sie einige vorgetäuschte Anschuldigungen wegen Gotteslästerung, die Stephanus das Leben kosteten.

Ich war schon Anfang dreißig, als die Frage nach einem starken Verstand eine Leidenschaft für mich wurde. Erst zu diesem Zeitpunkt begriff ich, dass intellektuelle Disziplin wichtig ist, und ich nahm mir vor, mein Denken zu trainieren. Genauso wie ein Gewichtheber trainiert, um immer schwerere Gewichte zu heben, musste ich lernen, schwerere Gedanken »zu stemmen«.

In Victor Hugos *Die Elenden* steht ein Satz über den Priester, Myriel, der, wie Hugo sagt, »dazu bestimmt war, das Los jedes Neuankömmlings in einer Kleinstadt zu tragen, in der es viele Münder gibt, die sprechen, aber *nur wenige Köpfe, die denken.*«

Ich lernte es zu schätzen, einen Denker in Aktion zu sehen. Und ich sehnte mich danach, die Fähigkeit zu bekommen, in die Gemeinschaft der Denkenden einzutreten. Bis heute habe ich von mir dieses Bild, dass ich einige Stufen unter den großen Köpfen stehe, mit denen ich täglich zu tun habe. Und ich bedaure, dass ich meinen Verstand nicht in einem früheren Alter trainiert habe. Aber das heißt nicht, dass ich mich nicht sehr bemühe, hier aufzuholen. Wenn ich 200 Jahre alt werde, kann ich es vielleicht schaffen.

Ein nicht trainierter Verstand wird ein träger Verstand und unterliegt leicht der Herrschaft eines anderen Geistes. Ich muss zugeben, dass mein Unbehagen angesichts unserer amerikanischen christlichen Welt wächst, die – dank christlicher Medien – in Büchern, Fernsehprogrammen und Rundfunksendungen versinkt, in denen Prediger fertige Gedankensysteme anbieten, die vom Zuhörer ohne den leisesten Anflug eines Dialogs absorbiert werden. Durch den einseitigen Monolog, sei es eine Predigt oder ein Vortrag, lernt man nur wenig, das wirklich einen Wert und echten Tiefgang hat. Trotzdem gibt es viele Redner, die pausenlos ihre Meinung und ihr Urteil zu fast jedem Thema kundtun und ein Denkmodell vorgeben, das den Einzelnen davon befreit, den Dingen selbst auf den Grund zu gehen.

Die kleine Gruppe in Beröa, von der in Apostelgeschichte 17,11 die Rede ist, bildet einen erfrischenden Gegensatz zu vielen Situationen, in denen ein undisziplinierter Geist vorherrscht. Über sie sagt der Verfasser: »Diese aber waren freundlicher als die in Thessalonich; sie nahmen das Wort bereitwillig auf und forschten täglich in der Schrift, ob sich's so verhielte.«

Man bekommt den Eindruck, dass diese Menschen in Beröa es gewohnt waren, Gedanken zu prüfen und sie durch Nachforschungen und im Dialog zu verarbeiten. Wir wissen wenig über sie, aber es sieht so aus, als hätte es dort einige aktive Köpfe gegeben.

Der undisziplinierte Verstand akzeptiert zu leicht eine fertige Ideologie, die auf alles eine »korrekte« Antwort hat. Man geht durch die christliche Gemeinde und weiß ganz genau: Mit einer unpassenden Bemerkung zu einem politischen Kommentar, einer Lehrfrage oder einer gesellschaftspolitischen Frage kann man Freunde, seinen Ruf oder sogar seinen Arbeitsplatz verlieren. Der disziplinierte, trainierte Verstand widersteht jedoch diesem vorgefertigten Denken. Er wägt jede Frage ab und fragt, ob die Bibel direkt oder indirekt etwas zu diesem Thema sagt. Er wägt sie im Licht der Geschichte ab: Wie ging die christliche Gemeinde früher mit dieser Frage um? Er misst die Sache daran, ob sie die erlösende Liebe Gottes widerspiegeln kann. Und er fragt: »Wird das der christlichen Bewegung Glaubwürdigkeit oder Schande bringen?«

Mir wurde eines Tages bewusst, dass die Disziplin des Verstandes sich nicht sehr von dem Trainingsprogramm unterscheidet, das Trainer Goldberg mich Monat für Monat absolvieren ließ, während er versuchte, aus mir einen Läufer zu machen. Ich musste dafür sorgen, dass mein Verstand auf regelmäßiger Basis trainiert wurde, damit er mit den immer größer werdenden Gedanken fertig werden konnte, denen ich mit zunehmendem Alter begegnen würde.

Lesen war eine Form des intellektuellen Trainings. Zum Glück entdeckte ich Bücher schon sehr früh und tat nichts lieber – da ich ziemlich introvertiert bin –, als mich in mein Zimmer zurückzuziehen und zu lesen.

Heute ist Lesen ein unerlässlicher Teil meines Lebens, und ich versuche, dabei ein Gleichgewicht zwischen alten und neuen Büchern zu halten. Biographien stehen ganz oben auf der Liste. Bücher, die sowohl die Vergangenheit als auch die Zeitgeschichte analysieren, sind wichtig. Große geistliche Klassiker, die unsere Seele für die Gegenwart Gottes öffnen, sind ein wichtiger Teil meines Leseplans.

Der Verstand wird trainiert, wenn ich mich bewusst Menschen aussetze, die besser und klüger sind als ich. Warum das manchen Menschen leichter fällt und anderen schwerer, ist mir ein Rätsel. Ich bin mit der Annahme an das Leben herangegangen, dass alle anderen klüger seien als ich, und habe deshalb vielleicht keine Probleme damit, dass eine große Zahl von Menschen, die ich treffe, klüger sind als ich.

In der Gegenwart solcher Menschen ist es weise, still zu werden und zuzuhören. Ich liebe die Worte von G. K. Chesterton, der über Abraham Lincoln sagte:

> Dieser große Mann hatte ein heimliches Laster, das unter seinen Anhängern weitaus weniger beliebt war als das Laster des Trinkens. Er hatte das Laster des Denkens. Wir könnten es fast die Gewohnheit des heimlichen Denkens nennen, ein Trost in der Dunkelheit wie das heimliche Trinken.

Wir sollten die Gemeinschaft mit solchen Menschen pflegen. Mein Freund Tony Campolo ist ein solcher Denker. Deshalb bereite ich mich vor einem Treffen mit ihm immer gut darauf vor, ihm zuzuhören. Ich habe gelernt, eine Karte oder ein Blatt Papier mitzunehmen, auf dem ich mir Notizen machen kann. Am Ende des Tages habe ich ein halbes Dutzend Buchtitel, die ich lesen kann, viele Bibelstellen, die ich nachschlagen will, genügend Ideen, über die ich nachdenken sollte, einige Geschichten für meine Predigten und mehrere Fragen, die ein paar meiner Einstellungen ins Wanken bringen.

Ein trainierter Verstand ist ein Meister im Fragen. Ich muss dabei an die alten Krimis mit Inspektor Colombo denken. Colombo beherrschte es meisterhaft, Fragen zu stellen. Er legte den Kopf schief und setzte eine verwirrte Miene auf, was den Verdächtigen immer entwaffnete. Seine Fragen schienen von irgendwoher zu kommen und zuerst keinen Sinn zu ergeben. Colombo verabschiedete sich vielleicht und ging schon zur Tür, was den anderen in Versuchung führte, seine Deckung fallen zu lassen. Aber plötzlich drehte sich Colombo um und entschuldigte sich. »Oh ... [er fuhr sich vielleicht mit den Fingern durch das Haar, als wäre er wirklich verwirrt], entschuldigen Sie ... ich habe etwas vergessen. Haben Sie ...?« Und die Falle schnappte zu.

Fragen zu stellen ist eine Kunst, die nicht allzu viele Menschen beherrschen. Um gute Fragen zu stellen, muss man wirklich wie ein Detektiv vorgehen. Die Fragen gehen dem Leben und Denken eines Menschen auf den Grund. Sie werfen Licht auf neue Ideen. Sie machen Informationen zugänglich, die dem Verstand und dem Herzen Nahrung geben können.

Der trainierte Verstand verfolgt, was in der Kunst passiert. Was sagen die Schriftsteller, die Dichter und die Künstler? In welche Richtung bewegt sich ihrer Meinung nach die Geschichte?

Ich bemühe mich, sonntags die Buchrezensionen in der *New York Times* zu lesen und mir auch verschiedene Zeitschriften über Kunst und Kultur zu Gemüte zu führen. Es ist klug, die Arbeit bestimmter großer Kinoregisseure, Maler, Architekten und Komponisten zu verfolgen. Sie haben viel Interessantes zu sagen.

Als Paulus nach Athen kam und auf dem Areopag landete, sprach er zu einigen klugen Köpfen der Stadt. Mit Erfolg oder nicht? Über diese Frage wird oft diskutiert. Ich denke, er hatte Erfolg. Ich finde seine Worte faszinierend; sie sind ein brillanter Beweis für seinen großen Verstand. Dies ist Beweis genug, um zu erkennen, dass Paulus kein engstirniger Mensch war, sondern ein gebildeter Mann, der Ahnung hatte von seiner Welt, der die Literatur und die Gedanken der besten und der schlechtesten Menschen seiner Zeit kannte.

Es ist kein Zufall, dass dieser Mann sich in einer abgelegenen Kleinstadt wie Derbe, einer Geschäftsstadt wie Ephesus, einer politischen Hauptstadt wie Rom und einer intellektuellen Hochburg wie Athen gleichermaßen wohl fühlte. Er konnte mit allen Menschen sprechen. Das lag zum Teil daran, dass er ein wichtiges Kennzeichen eines Menschen mit Ausdauer besaß: einen trainierten Geist.

Kapitel 24

Menschen mit Ausdauer zügeln ihre Gefühle

Viele Jahre lang spielte Mike Singleterry für die *Chicago Bears* Football. Er genoss einen erstaunlichen Ruf, sowohl als einsatzfreudiger Sportler als auch als engagierter Christ. Eines Tages schaute ich im Fernsehen Singleterry und den *Bears* zu, wie sie ein frustrierendes Auswärtsspiel verloren.

Die Fans der Heimmannschaft hinter der Bank der *Bears* wurden unangenehm. Sie warfen mit Schneebällen und schrien ausfällige Beleidigungen. Die Fernsehkameras fingen das Gesicht von Singleterry ein, als er sich umdrehte und die Zuschauer finster anschaute. Er muss etwas besonders Kränkendes von einem Zuschauer gehört haben, denn plötzlich verlor er die Beherrschung. Er lief auf die Tribüne zu und schrie zurück. Es war nicht gerade Mikes ruhmreichste Stunde.

Aber die Stunde *nach* dem Spiel kann zu Mikes besten Stunden gerechnet werden: Er trat vor die Presse und entschuldigte sich für sein Verhalten. Keine Erklärungen, keine Schuldzuweisungen: nur eine Entschuldigung. Seine Emotionen waren außer Kontrolle geraten, sagte er, und er übernahm die Verantwortung für diese Situation.

Singleterry sprach hier von etwas, das Menschen mit Ausdauer ernst nehmen: das Zügeln, das Trainieren unserer Gefühle.

Einige Menschen aus meiner Vergangenheit kommen mir in den Sinn, wenn es um das Thema geht, seine Gefühle zu zügeln (oder eben nicht).

Der erste war der frühere Leiter einer großen christlichen Organisation, der enorme Geldsummen beschaffen konnte, der aber zu

Ärger und Wutausbrüchen neigte, die er in Momenten der Frustration nicht zügeln konnte. Der zweite war ein Kollege, dessen Gefühle unberechenbar waren. Wenn ich morgens in mein Büro kam, wusste ich nie, wie dieser Mensch heute gelaunt war: ob er negativ und kritisch war oder positiv und gut gelaunt. Und ein Dritter fällt mir ein: Er war ein Mensch, der überhaupt keine Gefühle zu haben schien. Seine Reaktionen auf die unterschiedlichsten Situationen waren einander gespenstisch ähnlich. Er war immer gleich gelaunt; wir fragten uns, ob es in seinem Leben überhaupt irgendwelche Farben gebe.

Ich bin nicht qualifiziert, aus medizinischer Sicht etwas über das Thema Gefühle zu sagen, aber ich weiß, dass die meisten Menschen einen inneren Reaktionsmechanismus haben, der sich nicht unbedingt mit Logik und Vernunft steuern lässt. Er reagiert auf Menschen und Ereignisse und kann sich manchmal wie ein plötzlicher kraftvoller Sturm erheben und uns überrollen.

Ich war früher stolz darauf, dass ich meine Gefühle in Schach halten konnte. Ich hielt mich selbst nie für einen wütenden Menschen, da ich keine zornigen Worte benutzte, andere nicht beleidigte und in schwierigen Situationen auch nicht die Beherrschung verlor. Dann heiratete ich, und meine Frau diagnostizierte, dass ich ziemlich wütend werden könne. Mein Ärger äußerte sich zwar selten in Worten, er zeigte sich aber unübersehbar in meinem Gesicht (wir nannten es die Gabe des finsteren Blicks). Ich hatte davon keine Ahnung gehabt. Jetzt hatte ich etwas zu tun. Ich musste lernen, meine Gefühle zu zügeln.

Emotionale Reaktionen können uns überraschen oder sogar völlig unvorbereitet überrollen. Wir verfolgten im Fernsehen den Beerdigungsgottesdienst des früheren Präsidenten Ronald Reagan. Als der Hornist die traditionelle Abschiedsmelodie spielte, fuhr die Fernsehkamera ganz nahe an das Gesicht eines Soldaten heran, der regungslos dastand. Sein Gesicht war in einer typischen militärischen Miene wie erstarrt. Doch als die Kamera näher kam, fing sie die Tränen ein, die über seine Wangen liefen. Seine Gefühle waren stärker als das Training.

Auf der Sportseite in der Zeitung lese ich eine Geschichte von einem großen Baum auf einem Golfplatz, der gefällt werden musste. Was diese Geschichte erzählenswert macht, ist die Tatsache, dass man beim Fällen ein 9er-Eisen tief eingewachsen in der Gabelung weit oben im Baum fand. Aufgrund des Modells dieses Golfschlägers konnte man feststellen, dass er schon seit über vierzig Jahren in diesem Baum gesteckt haben musste und inzwischen völlig eingewachsen war. Offenbar hatte ihn jemand in die Luft geschleudert, der sich über einen schlechten Schlag so geärgert hatte, dass er die Beherrschung verlor.

Gefühle müssen im Zaum gehalten werden. Menschen mit Ausdauer nehmen das ernst. Sie wissen, welche Spannung entsteht, wenn man über starke Gefühle verfügt; sie können oft sinnvoll genutzt werden dürfen, aber nie die eigenen Entscheidungen oder die eigene Einstellung beherrschen.

Zu den biblischen Personen, die Probleme mit undisziplinierten Gefühlen hatten, gehört der König Ahab. Betrachten wir zum Beispiel den Tag, an dem er einen Weinberg sieht, der Nabot gehört, und ihn kaufen will. Als Nabot ihm erklärt, dass er unverkäuflich sei, verliert Ahab die Beherrschung:

Da kam Ahab heim voller Unmut und zornig um des Wortes willen, das Nabot, der Jesreeliter, zu ihm gesagt hatte: Ich will dir meiner Väter Erbe nicht geben. Und er legte sich auf sein Bett und wandte sein Antlitz ab und aß nicht. Da kam seine Frau Isebel zu ihm hinein und redete mit ihm: Was ist's, dass dein Geist so voller Unmut ist und dass du nicht isst? (1. Könige 21,4–5)

Ahab erzählt ihr, was passiert ist, und Isebel antwortet: »Du bist doch König über Israel! Steh auf und iss und sei guten Mutes! Ich werde dir den Weinberg Nabots, des Jesreeliters, verschaffen« (Vers 7).

Dieses Gespräch erinnert sehr stark an das Gespräch einer Mutter mit ihrem Kind, das beleidigt schmollt. Nabot muss sterben, und Ahab bekommt was er wollte.

Als Junge war ich ein sehr emotionaler Mensch. Ich hatte nah am Wasser gebaut. Ich weinte vor Angst, wenn mich jemand hart anpackte. Ich weinte aus Mitgefühl, wenn ich sah, dass jemand sehr litt. Ich weinte auch bei schönen Dingen: bei einer Liebesgeschichte, einem schönen Musikstück, etwas Patriotischem, einer mutigen Heldentat.

Aber oft hatte ich den Eindruck, dass die Menschen die mir am nächsten standen, solche Gefühle nicht verstanden oder ihnen keinen Raum lassen wollten. Ich kenne die Sprüche sehr gut: »Hör auf zu heulen, oder ich gebe dir einen Grund zu weinen.« Und ich habe oft gehört: »Schaut euch diese Heulsuse an«, wenn mir beim Höhepunkt einer Geschichte ungebeten die Tränen kamen. Ich begann, mich solcher Gefühle zu schämen, und versuchte, sie zu verbergen. Anscheinend gelang mir das nicht besonders gut, wenn ich mir nicht einmal einen finsteren Blick verkneifen konnte.

Als junger Pastor begann ich, meine Gefühle zu leugnen. Ich achtete immer weniger darauf, wie ich mich selbst fühlte. Stattdessen wurde mir wichtig, auf die Gefühle von anderen einzugehen. Wer war wütend? Wer war traurig? Wer trauerte? Wer freute sich? Wenn ich die Antworten auf diese Fragen fand, versuchte ich, als Pastor richtig auf die Gefühle meiner Umwelt zu reagieren. Aber meine eigenen Gefühle? Ich ignorierte sie so gut ich konnte.

Ich vermute, dass diese mangelnde Fähigkeit, meine Gefühle zu respektieren und sie dann zu kontrollieren – sie in ihre Schranken zu verweisen –, mir einige Schwierigkeiten in meinem Leben eingebracht haben, die hätten vermieden werden können. Wie oft hatte ich Gottes Frage an Kain gelesen (und darüber gepredigt): »Warum ergrimmst du? Und warum senkst du deinen Blick?«! Ich höre, wie Gott zu Kain sagt: »Hör auf deine Gefühle; hör auf deine Emotionen! Sie schicken dir eine Botschaft. Unternimm jetzt etwas dagegen!«

Aber falls es solche Botschaften gab, als ich auf meinen eigenen kainähnlichen Augenblick zusteuerte, ignorierte ich sie.

Menschen mit Ausdauer sind klüger. Sie zähmen ihre Gefühle und sorgen dafür, dass sie die Wirklichkeit genau widerspiegeln.

Sie können auf angemessene Weise zur angemessenen Zeit traurig, fröhlich, wütend oder begeistert sein. Menschen mit Ausdauer sehen ihre Gefühle als wichtigen Teil des ganzen Lebens, aber sie erlauben ihnen nicht, den letzten Ausschlag bei ihren Überzeugungen und Entscheidungen zu geben. Doch sie sind sich ihrer Gefühle deutlich bewusst und achten darauf, wenn ein bestimmtes Gefühl anfängt, das Leben zu beherrschen.

Ich denke an Jesus im Garten Gethsemane in den Stunden vor seiner Gefangennahme und Kreuzigung. Seine vorherrschenden Gefühle scheinen tiefe Traurigkeit und Bedrückung zu sein. Wir beobachten kein Anzeichen von Angst. Die mysteriöse Schilderung, dass er Blut schwitzt, sagt etwas über die Intensität dieser Stunde aus. Aber Jesus verliert nie die Haltung oder seine Würde. Seine Entschlossenheit, den Willen seines Vaters zu tun, überwiegt, und andere Aspekte seines Wesens sind unter Kontrolle.

Einige werden sich an das furchtbare Video von dem Koreaner erinnern, der von irakischen Terroristen entführt und einige Stunden später enthauptet wurde. Seine Gefühle hatten die Oberhand gewonnen. Er war beherrscht von Panik und Angst. »Ich will nicht sterben!«, schrie er in die Kamera.

Als Jesus, der demselben Schrecken ins Auge sah, zugab, dass ihm vor dem Tod graute, betete er: »Ist's möglich, so gehe dieser Kelch an mir vorüber« (Matthäus 26,39). Aber dieses Grauen beherrschte nicht sein Leben und bestimmte nicht sein Verhalten.

Was bedeutet es, die Gefühle zu kontrollieren? Vier Gedanken wurden mir in den letzten Jahren dazu wichtig.

• Erstens: Ich zügle meine Gefühle, indem ich dafür sorge, dass sie nicht die Wahrheiten blockieren, die ich hören muss.

Vor einigen Jahren stellte ich einer Gruppe, der ich für die Leitung einer Organisation verantwortlich war, ein Projekt vor. Ich bat um ihre Erlaubnis für etwas, das ich tun wollte, und sie sagten nein. Ich reagierte nicht gut darauf. Ich wurde schweigsam, wahrscheinlich missmutig, und den Rest des Abends sprach ich nur, wenn ich

gefragt wurde. Doch selbst dann muss meine Stimme gereizt ge-
klungen haben.

Nach der Sitzung bugsierte mich ein Freund zur Tür hinaus und
in eine Ecke. Seine Worte werde ich nie vergessen:

»Weißt du, dein Verhalten da drinnen war nicht gerade erst-
klassig. Diese Menschen waren da, um dir zu helfen und um dich
davor zu bewahren, einen schweren Fehler zu begehen. Aber wenn
sie merken, dass du nicht gelegentlich das Wort Nein hören kannst,
werden sie aufhören, dir zu sagen, was sie denken, und du wirst die
Konsequenzen ganz allein tragen müssen.«

Die Zurechtweisung meines Freundes brachte mich dazu, mich
mit meinen emotionalen Reaktionen auseinander zu setzen. Er hatte
Recht, das wusste ich. Die Lektion, die ich an diesem Abend gelernt habe, habe ich jahrelang nicht vergessen. Wenn ich das Gefühl habe, dass die Dinge gegen mich laufen, und wenn Gefühle
von Wut oder Abneigung anfangen, sich in mir breit zu machen, ist
es höchste Zeit, innezuhalten und mich zu fragen, was da passiert.
Ist es zum Guten oder zum Schlechten? Spricht Gott durch diesen
Moment zu mir oder nicht? Ich darf mich von meinen Gefühlen
nicht irreführen lassen.

- Zweitens: Ich diszipliniere meine Gefühle, indem ich darauf achte, dass sie das nicht über den Haufen werfen, was ich in meinem Herzen als gut und richtig erkannt habe.

Im Gegensatz zu Jesu bemerkenswerter Haltung in jener furchtbaren
Nacht verlor Simon Petrus seine Haltung. Nachdem er Jesus im
Obergemach (wo es sicher war) seine bedingungslose Treue geschwo-
ren hatte, vergaß Petrus im Hof des Hohepriesters von Jerusalem
sein Versprechen. Als er von einem jungen Mädchen gefragt wurde,
ob er Jesus kenne, verließ ihn der Mut, und er tat genau das Gegenteil von dem, was er vorher versprochen hatte: Er verriet den Herrn.

Jesus hatte ihn natürlich gewarnt, dass das passieren würde. Er
kannte Petrus besser, als dieser sich selbst kannte. Er hatte Petrus'
emotionale Höhenflüge und Talfahrten beobachtet, und er wusste,

213

dass der Druck der bevorstehenden Nacht Petrus' emotionale Stabilität ins Wanken bringen würde. Die guten Absichten dieses Mannes würden vor der Angst kapitulieren.

Ein Simon Petrus mit gezähmten Gefühlen hätte Jesu Warnung ernst genommen. Er hätte überlegt und vielleicht mit anderen darüber gesprochen, was die nächsten Stunden wohl bringen würden. Was wäre unter solchen Umständen das richtige Verhalten? Wie konnten die Jünger einander unterstützen? Welche Wahrheiten und Überzeugungen würde man gewinnen, wenn der Druck zu groß würde?

Offenbar lernte Petrus das alles auf die harte Tour, denn einige Zeit später stand er vor einer eindrucksvollen Gruppe einflussreicher Leute und sagte, als er aufgefordert wurde nicht länger auf den Straßen zu predigen: »Wir können's ja nicht lassen, von dem zu reden, was wir gesehen und gehört haben« (Apostelgeschichte 4,20). Der Mann, der das sagt, ist ein neuer Mensch!

• Drittens: ich zähme meine Gefühle, indem ich mir kurze Auszeiten nehme, in denen ich innehalte und frage: Welche Gefühle beherrschen mich im Augenblick? Spiegeln sie meine Situation korrekt wider? Wenn ich mich niedergeschlagen fühle, habe ich einen Grund, niedergeschlagen zu sein? Wenn ich begeistert bin, rechtfertigt die Realität dieses Gefühl? Ist der Ärger, den ich empfinde, gerechtfertigt, steht er im richtigen Verhältnis zur Situation?

Israels König Saul hätte sich diese Fragen stellen sollen. Die Eifersucht in seinem Herzen gegenüber dem jungen David begann, ihn zu zerstören. Langsam wurde er von dem Ziel besessen, David loszuwerden. Man sieht ihn durch das ganze Land jagen, um David aufzuspüren und ihn zu töten. Je weniger er David erwischen konnte, umso besessener wurde er. Nichts anderes zählte mehr.

Es wäre gut gewesen, wenn Saul innegehalten und sich gefragt hätte: »Was passiert hier, das mein Verhalten rechtfertigt? Warum lasse ich zu, dass ein Kind mein Denken beherrscht?«

- Viertens: Ich zähme meine Gefühle, indem ich sie in eine verantwortungsbewusste Handlung umsetze.

Wenn das Gefühl eine genaue Widerspiegelung des Augenblicks ist, müssen wir handeln. Manchmal kann das bedeuten, unsere Gefühle in Schach zu halten und das zu tun, was getan werden muss. Ein Beispiel dafür können wir auf dem Deck eines Schiffes beobachten, das im Sturm in Seenot geraten ist. Die Matrosen und Soldaten an Bord haben große Angst, und sie haben die Selbstbeherrschung verloren. Da steht Paulus in ihrer Mitte auf und sagt:

Doch nun ermahne ich euch: Seid unverzagt; denn keiner von euch wird umkommen. (...) Denn diese Nacht trat zu mir der Engel des Gottes, dem ich gehöre und dem ich diene, und sprach: Fürchte dich nicht, Paulus, du musst vor den Kaiser gestellt werden; und siehe, Gott hat dir geschenkt alle, die mit dir fahren. Darum, liebe Männer, seid unverzagt; denn ich glaube Gott, es wird so geschehen, wie mir gesagt ist. (Apostelgeschichte 27,22–25)

Jemand sagt uns, dass jeden Tag siebenundzwanzigtausend Kinder auf der Welt an Ursachen sterben, die man verhindern könnte. Die Kosten, um diese Menschenleben zu retten, sind relativ gering. Bei vielen Menschen, die das hören, regen sich Gefühle: Mitleid, Abscheu über die Hartherzigkeit von Regierungen, Entsetzen darüber, dass unschuldige Kinder so jung sterben. Aber einen Augenblick später ist dieses Gefühl vergessen, weil wir uns mit etwas anderem beschäftigen, das angenehmer und schöner ist. Diese Gefühlsregung war vergeudet.

Wir sind stark aufgewühlt, weil jemand einen anderen falsch behandelt hat, und wir sind so weit erregt, dass wir sagen: »Jemand müsste etwas in dieser Sache unternehmen.« Uns spricht etwas in einem Gespräch oder in einem Buch an, und wir empfinden den starken emotionalen Druck, etwas in unserem Leben zu ändern. Aber eine Stunde später ist das Gefühl vergessen und nichts geschieht.

William Barclay schrieb dazu:

Nichts ist gefährlicher als das wiederholte Empfinden eines schönen Gefühls, ohne den Versuch zu unternehmen, es in die Tat umzusetzen. Es ist eine Tatsache, dass jedes Mal wenn ein Mensch einen noblen Impuls spürt, ohne etwas zu unternehmen, die Wahrscheinlichkeit sinkt, dass er überhaupt jemals etwas unternehmen wird. In gewissem Sinne stimmt es, dass ein Mensch kein Recht hat, Mitgefühl zu empfinden, solange er nicht wenigstens versucht, dieses Mitgefühl in die Tat umzusetzen. Ein Gefühl ist nicht etwas, das wir als Luxus genießen sollen; es ist etwas, das mit Mühe, Schweiß, Disziplin und Opfer im Leben umgesetzt werden muss.

Wie ich schon erwähnt habe, haben Gail und ich in der Woche nachdem Terroristen die *Trade Towers* zum Einsturz gebracht hatten, mehrere Tage am *Ground Zero* verbracht. Wir waren jeden Tag von Mittag bis weit nach Mitternacht an der Unglücksstelle und versuchten, einige der körperlichen und geistlichen Nöte der Polizisten und Feuerwehrleute zu lindern, die an vorderster Front versuchten, Überlebende zu finden und zu retten. Das war in den Tagen, in denen immer noch Hoffnung bestand, dass wir unter dem Schutt noch Überlebende finden könnten.

Jene Tage am *Ground Zero* gehören wahrscheinlich zu den emotional anstrengendsten Tagen meines Lebens. Wir sahen Menschen, die völlig die Kontrolle über ihre Gefühle verloren und in untröstlicher Trauer versanken, während andere ihre Gefühle in Zaum hielten und Kraft sammelten für die schrecklichen Aufgaben, die sie zu bewältigen hatten.

Ich war am Westtor, wo Männer und Frauen in Teams den rauchenden Schutthaufen, der ein paar Tage zuvor das World Trade Center gewesen war, nach Überlebenden durchsuchten. Hier war eine Gruppe von Feuerwehrleuten, die sich ihr Werkzeug und ihre Atemgeräte aufluden.

»Wie lange sind Sie schon da?«, fragte ich.

»Wir sind hier, seit die Türme einbrachen.«

»Das sind vier Tage am Stück«, sagte ich. »Meinen Sie nicht, Sie sollten wenigstens drei oder vier Stunden Pause machen und ein wenig schlafen?«

»Da drinnen sind Brüder von uns; sie könnten noch am Leben sein. Wenn sie noch leben, werden wir sie finden. Bis dahin brauchen wir keinen Schlaf.«

»Dann lassen Sie mich für Sie beten.« Als ich mein Gebet beendet hatte, sagte ich noch: »Herr im Himmel, lass diese Männer nicht vergessen, dass New York City sie liebt. Und dass du sie von ganzem Herzen liebst.«

Wenn ich fertig gebetet hatte, schluchzten die meisten. Ich hielt mehrere in einer brüderlichen Umarmung in den Armen und fühlte, wie ihr Körper unter der Trauer und dem Schock angesichts dessen was passiert war, zitterte. Ich fühlte ihre verschwitzten, unrasierten Wangen auf meinem Gesicht. Wir waren alle gefühlsmäßig so angespannt wie nie zuvor.

Dann zähmten sie ihre Gefühle, reihten sich ein, warfen sich die Sauerstoffflaschen über die Schultern, hoben ihre Schaufeln und ihre Wasserflaschen auf und begaben sich in den Schutthaufen hinein.

In solchen Zeiten erfährt man, wie viel Ausdauer man wirklich hat. Und ob man seine Gefühle im Zaum hat.

Kapitel 25

Menschen mit Ausdauer bändigen ihr Ego

Das Wort »Spießrutenlauf« hat in den letzten Jahren eine neue Bedeutung bekommen. Es beschreibt den demütigenden Augenblick, wenn ein reicher oder mächtiger Mensch vor laufenden Kameras von der Polizei in Handschellen abgeführt und vor einen Richter gestellt wird.

Jeder von uns, der schon irgendeine Art von öffentlicher Demütigung erfahren hat, kann sich leicht mit dem Opfer eines solchen Spießrutenlaufs identifizieren. Wir kennen das Gefühl der Demütigung, selbst wenn wir es nicht in Worte fassen können. Früher hat man gedacht, man wäre etwas oder jemand. Aber ein Spießrutenlauf (oder etwas ähnliches) vermittelt einem das Gefühl, nichts zu sein. Hinter all dem steht unser Ego.

Das Ego sitzt tief in unserem Inneren. Es ist der Mittelpunkt des Ich, und es hat die unternehmerische Leidenschaft, sich auszubreiten ... wenn es sein muss, auch auf Kosten anderer. Der Bibelleser glaubt, dass dieses Ego Teil des Schöpfungswerks Gottes ist, dass das Ego aber von einem geistlichen Virus (so könnte man sagen) befallen ist, seit das Böse in die Welt kam. Seitdem ist das Ego sowohl ein Problem als auch ein Gewinn.

Wenn etwas das Potenzial zu etwas Gutem hat, tilgt man es nicht aus. Aber wenn es auch ein zerstörerisches Potenzial hat, muss es diszipliniert, *unter Kontrolle* gebracht werden. Aus diesem Grund betrachten Christen die *Demut* als große Gnade.

»Demut«, schrieb Erzbischof William Temple, »bedeutet nicht, von sich selbst weniger zu halten als von anderen Menschen; Demut bedeutet auch nicht, eine geringe Meinung von den eigenen

Gaben zu haben. *Sie ist die Freiheit, überhaupt nicht an sich selbst zu denken«* (Hervorhebung durch den Verfasser).

Mose muss die Macht des Ego sehr ernst genommen haben. Vielleicht, weil es in seinem Leben Zeiten gegeben hatte, in denen er sein eigenes Ego stark hatte bändigen müssen. Was steckt hinter den Worten: »Aber Mose war ein sehr demütiger Mensch, mehr als alle Menschen auf Erden« (4. Mose 12,3)?

Ich denke an seine impulsive Handlung, als er einen Ägypter tötete und offensichtlich dachte, damit würde er sich als Führer des Volkes auszeichnen und sich den Respekt der hebräischen Sklaven verschaffen. Der Schuss ging nach hinten los, und Mose musste als Flüchtling die Stadt verlassen. Ein selbst verschuldeter Spießrutenlauf.

Er musste vierzig Jahre als Hirte leben (Die Ägypter verachteten Hirten!), um sein Ego zu bändigen. Erst dann – mit achtzig Jahren – war er bereit, nach Gottes Bedingungen zu leben. Der Mann, der aus der Wüste zurückkam, war eindeutig ein anderer als der, der in die Wüste gegangen war.

Vielleicht komme ich deshalb immer wieder zu dieser Episode in Moses Leben zurück, weil sie eine der großen Fragen der Bibel widerspiegelt: Wie bändigen Menschen mit Ausdauer ihr Ego und ordnen es den Zielen Gottes unter? Offenbar ordnet sich bei den meisten von uns das Ego nicht so leicht Regeln unter. Es besteht darauf, seinen eigenen Willen durchzusetzen und »Raum« und Anerkennung zu bekommen, die es nicht verdient.

Am deutlichsten zeigt sich ein Ego, das außer Kontrolle geraten ist, bei Luzifer, dem gefallenen Erzengel:

Du aber gedachtest in deinem Herzen: »Ich will in den Himmel steigen und meinen Thron über die Sterne Gottes erhöhen. (...) Ich will auffahren über die hohen Wolken und gleich sein dem Allerhöchsten.« (Jesaja 14,13–14)

Die Antwort der Bibel darauf lautet:

»Ja, hinunter zu den Toten fuhrst du, zur tiefsten Grube!« (V. 15).

Ein babylonischer König, Nebukadnezar, schien ähnlich gesinnt zu sein, als er auf dem Dach seines Palastes spazieren ging, über die Stadt schaute und prahlte: »Das ist das große Babel, das ich erbaut habe zur Königsstadt durch meine große Macht zu Ehren meiner Herrlichkeit« (Daniel 4,27).

In beiden Fällen gab es später so etwas wie einen Spießrutenlauf. Sowohl Luzifer als auch Nebukadnezar wurden gedemütigt.

Menschen mit Ausdauer wissen, dass eines der Geheimnisse der Selbstbeherrschung die bewusste Disziplinierung des Ego ist, denn wenn es sich selbst überlassen bleibt, wird es uns betrügen und schwächen.

Vor einigen Jahren hatten Gail und ich Gelegenheit, eine Woche in einem Projekt von *Habitat for Humanity* in Ungarn mitzuarbeiten. Der frühere amerikanische Präsident Jimmy Carter und seine Frau Roselyn waren dem Haus zugeteilt, das rechts neben dem Haus gebaut wurde, an dem wir arbeiteten. Das gab mir Gelegenheit, von Zeit zu Zeit einen Blick hinüber zu werfen und zu sehen, was der frühere Präsident machte.

Er schien unablässig zu arbeiten. Er traf all morgendlich vor allen anderen ein, machte eine Runde durch die zehn im Bau befindlichen Häuser und sorgte für leichte Modifikationen bei der Materiallieferung, damit keine Arbeitsmannschaft in einem der zehn Häuser schneller wäre als die anderen. Dadurch verhinderte er ein unnötiges Konkurrenzdenken. Er machte den anderen Bauarbeitern klar, dass er hier war, um zu arbeiten, und keine Zeit hatte für »Schaulustige«. Falls jemand Fotos machen wollte, sagte er, müsse das warten, bis das Projekt abgeschlossen sei.

Zur Essenszeit versammelten wir uns alle in einem riesigen Speisezelt. Mir fiel auf, dass Präsident Carter immer einen Platz am Ende der Schlange vor der Essensausgabe einnahm. Er benutzte dieselben mobilen Toiletten wie jeder andere. Er wohnte in derselben Unterkunft, die wir alle hatten. Während der ganzen Woche war klar, dass er auf alle eventuellen Privilegien verzichtete, auf die er vielleicht einen Anspruch gehabt hätte.

Auf diese Weise zähmte Präsident Carter sein Ego.

Usija, ein König in Israel, lernte diese Disziplin nie. Nachdem er als junger König ungewöhnlich erfolgreich gewesen war, scheint ihm das Leben langweilig geworden zu sein. Er wurde stolz und begann sich selbst zu zerstören, wie wir in der Bibel ausführlich nachlesen können.

Eines Tages meinte er, es könne lustig sein, sich dem Räucheraltar im Tempel zu nähern. Er dachte, damit könnte er seine Macht vergrößern. Schließlich war er der König. Warum sollte er das nicht tun? Obwohl ihn die Priester warnten, tat er genau das Gegenteil von dem, was sie ihm sagten. Als Folge davon erkrankte er an Aussatz. Usija starb in Schande. Sein beschämendes Ende können wir in 2. Chronik 26 nachlesen.

Menschen mit Ausdauer wissen, dass das Ego den unstillbaren Wunsch hat, sich auszubreiten. Ohne Disziplin wird es süchtig danach, immer größer zu werden. Das Ego baut an einem falschen Bild von sich selbst, bis ein Mensch jeden Bezug zur Realität verliert. Das Äußere schmückt das Ego mit jedem erdenklichen Symbol des Glanzes, der Macht und zweifelhafter Berühmtheit. Im Extrem sieht man das bei Tyrannen, die nie genug Paläste besitzen können.

Es ist leicht, auf die so genannten Reichen und Berühmten zu zeigen. Aber der Kampf gegen das Ego ist für jemanden der sich im Leben für relativ einfach und bescheiden hält, nicht weniger ernst.

Ich lebe fast jeden Tag mit der Versuchung, mein Ego aufzubauschen. Vielleicht hat es nach meinem eigenen »Spießrutenlauf« vor fast zwanzig Jahren eine gewisse Disziplinierung erfahren. Aber es ist immer noch da, und wenn ich nicht aufpasse, gerät es auf eine Weise außer Kontrolle, mit der ich nicht gerechnet habe.

Vor vielen Jahren war ich eingeladen, einer der fünf Referenten bei einer großen internationalen Konferenz für christliche Leiter zu sein. Ich schäme mich zuzugeben, welche Gedanken mir durch den Kopf gingen, wenn ich daran dachte, dass ich einer der Referenten war, und als ich die Namen all der Leute las, die nicht als Referenten eingeladen waren. Der Tag kam, und ich hielt meinen Vortrag (der, nach den Maßstäben die ich heute an mich stelle, wirklich ein mittelmäßiger Vortrag war) und bekam höflichen Applaus.

Am Tag nach meinem Vortrag lud jemand der in der christlichen Welt jener Tage bestens bekannt war, eine kleine Gruppe von »echten Leitern« zu einem Treffen in einen abgetrennten Raum ein. Ich wurde nicht eingeladen. Ich war am Boden zerstört. In dem einen Augenblick hatte ich mich fast ganz oben gewähnt, und im nächsten Augenblick wurde ich übersehen, als relativ unbedeutend übergangen. Mein Ego war tief beleidigt.

Diese dumme Episode, die über fünfundzwanzig Jahre zurückliegt, war ein kritischer Wendepunkt bei der Bändigung meines Ego. Meine unreife Reaktion offenbarte, wie dringend es diszipliniert werden musste. Das war der Anfang einer drei- bis vierjährigen Periode, die einige Ähnlichkeit mit Moses Wüstenjahren hatte. Als ich aus meiner eigenen persönlichen Wüste zurückkehrte, war es nicht so, dass mein Ego vollständig an seinen rechtmäßigen Platz verwiesen worden wäre, aber etwas stand fest: Ich wusste, dass es etwas in mir gab, das ich regelmäßig beobachten und sorgfältig disziplinieren musste.

Dieses Kapitel ist das am schwersten zu schreibende in diesem Buch. Das Thema »Ego und Demut« ist so trügerisch? Es ist unmöglich, die Gedanken auf einfache, leicht anzuwendende Formeln zu reduzieren. Und es ist so beängstigend, dass wir den Herausforderungen unseres Ego wahrscheinlich nie ganz gewachsen sein werden. Wir wissen alle nur zu gut, dass die Zähmung des Ego wahrscheinlich einer der größten Kämpfe bis zu unserem Lebensende sein wird.

Wenn wir in der Bibel nachforschen, wird das die Tatsache unterstreichen, dass Gott das Ego einiger berühmter Männer läutern musste. Abraham, Josef, Mose, David, Simon Petrus, Paulus: Jeder Einzelne von ihnen litt auf die eine oder andere Weise unter einem zu starken Ego, das erst unter Kontrolle gebracht werden musste.

»Nichts kommt der Demut gleich«, schrieb Johannes Chrysostomos. Er fährt fort mit den überaus ausdrucksstarken Worten: »Sie ist die Mutter und die Wurzel und die Grundlage und das Band aller guten Dinge: ohne [Demut] sind wir abscheulich und grässlich und verschmutzt.«

Ein alternder Mensch hat Probleme mit seinem Ego, wenn er sich darüber entrüstet, dass eine neue Generation ihn übergeht und sich wenig darum kümmert, was er getan hat oder was er denkt. Ein Mensch in mittleren Jahren hat Probleme mit seinem Ego, sobald er anfängt, sein Leben mit dem Leben zu vergleichen, das andere führen. Ein junger Erwachsener hat Probleme mit seinem Ego, wenn er glaubt, nichts sei gut genug für ihn.

Was heißt es also, das Ego zu bändigen?

Ich habe festgestellt, dass ich jeden Tag darüber nachdenken muss, was in meinem Leben kaputt ist, und dass ich mir bewusst machen muss, dass Jesus sterben musste, um es wieder in Ordnung zu bringen. Oberst Samuel Logan Brengle von der Heilsarmee wurde einmal einem Publikum als der »große Oberst Brengle« vorgestellt. Später schrieb er in sein Tagebuch:

Wenn ich in ihren Augen groß erscheine, hilft mir der Herr großzügig zu sehen, wie absolut nichts ich ohne ihn bin, und er hilft mir, in meinen eigenen Augen klein zu bleiben. Er gebraucht mich. Aber mir ist ganz genau bewusst, dass *er* mich gebraucht, und dass die Arbeit nicht aus mir heraus geschieht. Die Axt kann nicht prahlen, dass sie Bäume gefällt hat. Ohne den Holzfäller könnte sie nichts tun. Er hat sie geschaffen, er hat sie geschärft, er hat sie benutzt, und in dem Augenblick, in dem er sie auf die Seite wirft, ist sie nur noch ein altes, gebrauchtes Eisen. Oh, dass ich das nie aus den Augen verliere!

Ich habe gelernt, wie wichtig es ist, die Gesellschaft von Menschen zu suchen die schwach sind, die kämpfen, die arm sind. Wenn ich etwas für sie tue, muss ich das für mich behalten. Es sollte geschehen, ohne an Anerkennung oder Lohn zu denken. Wenn wir unablässig für unsere Arbeit an anderen gelobt werden, wächst das Ego wieder.

Um unser Ego zu bändigen, bemühen Gail und ich uns, unserem Lebensstil vernünftige Grenzen zu setzen. Diese Grenzen müssen durch unser Gewissen und durch das Wirken des Geistes Gottes bestimmt werden. Mit den Worten von Amy Carmichael ausgedrückt: »Wir folgen einem gekreuzigten und nackten Erlöser.« Und es ist eine tägliche Herausforderung, das nicht zu vergessen, damit wir uns nicht von dem Denken verführen lassen, es gebe Privilegien und Dinge, die uns zuständen und anderen nicht.

Albert Schweitzer wurde einmal gefragt, warum er dritter Klasse fahre, wenn er auf Reisen sei. »Weil es keine vierte Klasse gibt«, antwortete er. Das Ego bekommt gefährliche Nahrung, wenn ich mir alle Freiheiten gönne, um meinen Lebensstil mit materialistischen Mitteln zu verbessern, die mich immer mehr von den Menschen trennen, die weniger haben.

Wer von uns will – ganz tief im Innern – nicht gern bewundert, geachtet, ja sogar beneidet werden? Uns selbst überlassen, lechzen wir nach jedem bisschen Selbstwert, den wir aus dem Applaus und der Anerkennung von Menschen herausholen können. Daher stehen wir in der Versuchung: »Gib ihnen etwas, für das sie dich bewundern können.«

Und so reden wir.

Das Ego wird diszipliniert, wenn ich *sowohl* den Menschen die mich am meisten lieben *als auch* meinen Kritikern aufmerksam zuhöre. Besonders den Kritikern, bei denen ich annehmen muss, dass ihre Worte zumindest einen Kern Wahrheit enthalten und ich daraus lernen kann.

Es gibt einen kleinen Kreis von Freunden, die wahrscheinlich ehrlicher wären, wenn sie sicher sein könnten, dass wir ihnen ihre Ehrlichkeit nicht verübeln. Aber die meisten von denen, die wir unsere Freunde nennen, sprechen wahrscheinlich nicht – um es in Paulus' Worten auszudrücken – die Wahrheit in Liebe (siehe Epheser 4,15). Dadurch bleibt es manchmal unseren Kritikern überlassen, uns zu helfen unser Ego zu bändigen, indem sie uns, oft mit harten Worten, an unsere dunklen Seiten und schlechten Entscheidungen erinnern.

Es wird erzählt, dass ein junger Mann, der gerade an einer der größten Universitäten Englands seinen Abschluss gemacht hatte, in die Gemeinschaft kam, die von Gandhi geleitet wurde. Bald nach seiner Ankunft wurde er dazu eingeteilt, die Latrinen zu reinigen. Das sollte sein täglicher Beitrag zum Gemeinschaftsleben sein. Er protestierte gegen diese Aufgabe und sagte zu Gandhi: »Sehen Sie denn nicht, wer ich bin? Ich kann Großes leisten.« Gandhi antwortete: »Ich weiß, dass Sie Großes leisten können; aber ich weiß nicht, ob Sie auch Kleines leisten können.«

Auf diese Weise wurde sein Ego gebändigt. Das ist der Weg zu Ausdauer.

Kapitel 26

Menschen mit Ausdauer öffnen ihr Herz für die Gegenwart Gottes

Ich habe schon einiges über meinen Großvater, Thomas MacDonald, geschrieben. Er gehörte zu den gottesfürchtigsten Männern, die ich je kennen gelernt habe. Als er alt wurde, litt er unter einer starken Demenz und konnte niemanden mehr erkennen, auch nicht die Menschen mit denen er sein ganzes Leben verbracht hatte und die ihn treu besuchten.

Der Tag an dem ich ihn das letzte Mal besucht habe, war unerträglich heiß und schwül. Aber als ich in das Zimmer meines Großvaters trat, saß er ruhig neben seinem Bett, im Anzug und mit Krawatte. Er schaute mit ernster Miene aus dem Fenster. Auf seinem Schoß lag eine große aufgeschlagene Bibel.

»Hallo, Großvater!«, begrüßte ich ihn.

»Und wer sind Sie?«, fragte er.

»Ich bin dein Enkel Gordon. Warum hast du einen Anzug an und eine Krawatte umgebunden? Es ist doch viel zu heiß für eine solche Kleidung.«

»Ach«, sagte er, »man muss immer bereit sein, falls die Leute hier in der Bibel lesen oder mit mir beten wollen.«

So war mein Großvater. Von seinem Leben war nur wenig oder fast gar nichts übrig geblieben. Aber diesen Dingen war er immer treu gewesen: seiner Liebe zu Gott, seinem Respekt vor der Bibel und seiner Bereitschaft anderen zu dienen.

Großvater überquerte die Ziellinie seines Lebens. Das tat er mit einer gewissen Ausdauer. Er starb so, wie er gelebt hatte: treu, opferbereit und sanftmütig.

Großvater war Eisenbahningenieur in New York gewesen, als er sich von Gott berufen fühlte, in den Missionsdienst zu gehen. Er gab eine vielversprechende Karriere auf und setzte sich vierzig Jahre lang mit Leib und Seele für Europa ein und leitete eine Missionsorganisation, die mehrere hundert Menschen in Städte und Dörfer schickte, die dann nach dem Zweiten Weltkrieg unter kommunistische Herrschaft gerieten.

Er gehörte zu den geistlich diszipliniertesten Menschen, denen ich je begegnet bin. Als sein Leben seinem Ende zuging, behielt er die geistlichen Disziplinen bis zum Ende bei.

Als ich bei jenem letzten Besuch neben ihm saß, konnte ich an den Gerüchen im Raum erkennen, dass sein Körper immer mehr verfiel. Er konnte nicht klar denken; er konnte nicht ohne Hilfe ins Bett kommen oder aufstehen; er konnte nicht einmal allein essen. Aber tief in ihm, im Kern seines Wesens, war etwas noch sehr stark am Leben: seine Liebe und seine Hingabe an Gott.

John Milton, der mit vierundvierzig Jahren erblindete, dachte in seinem Sonett *On His Blindness* (*Über seine Blindheit*) laut darüber nach, ob er für Gott noch irgendeinen Wert hätte. Er schrieb:

Tausende ziehen auf sein Wort hin los
und verteilen sich ohne Ruhe über Land und Meer.
Auch die dienen, die nur dastehen und warten.

Großvater war früher einer von denen gewesen, die »ohne Ruhe über Land und Meer« zogen, aber jetzt war es seine Aufgabe, »nur dazustehen und zu warten«. Und das tat er mit Ausdauer.

Eine quälende Erinnerung lässt mich seit Jahren nicht los: die Erinnerung an den Tag, als die Nachricht kam, dass ein junger Ehemann in unserer Gemeinde bei einem Jagdausflug durch einen fehlgegangenen Schuss getötet worden war. Als Pastor der Familie war es meine Aufgabe, zu ihnen zu fahren und ihnen beizustehen. Auf dem Weg zu ihnen fragte ich mich: »Was kann ich dieser Familie geben? Meine geistlichen Quellen sind ausgetrocknet. Alles, was ich habe, sind Worte, aber mein Geist scheint leer.« Es war ein Augenblick, in dem ich mich sehr hilflos fühlte, ein beängstigender Augenblick für einen jungen Pastor. Und es war ein Augenblick, in dem ich beschloss, dass ich nie wieder mit einer leeren Seele dastehen wollte, wenn andere geistlichen Beistand brauchten.

Ich erkannte, dass ich meiner Gemeinde eine übersprudelnde Seele schuldig war. Das brauchten sie viel mehr von mir als alle Gemeindeprogramme und Visionen, die ich ihnen vorsetzen könnte. Ob sie mich auf der Kanzel erlebten oder mir während der Woche in den Straßen unserer Gemeinde begegneten, sie sollten wissen: Selbst wenn – ein furchtbarer Gedanke! – es nur einen einzigen Menschen in ihrer Welt gäbe der in der Gegenwart Gottes lebte, dann wäre ich dieser Mensch.

Für mich ist geistliche Disziplin relativ unkompliziert. Sie beginnt mit Zeit – gewöhnlich früh am Morgen –, wenn alles noch ruhig ist. Ich habe diese Zeiten lieben gelernt. Oft können sie eine oder zwei Stunden dauern. Es ist nicht so, dass jeder Morgen eine aufregende Erfahrung wäre, aber die Summe der vielen Morgenstunden, Tag für Tag, baut den Geist auf und macht aus ihm eine Wohnung für den Herrn.

Perternus werden folgende Worte zugeschrieben, die er angeblich seinem Sohn schrieb:

Als Allererstes, mein Kind, denke groß von Gott. Lobe seine Vorsehung; bewundere seine Macht; besuche häufig seinen Gottesdienst; und bete häufig und jederzeit zu ihm. Trage ihn immer in deinem Denken; lehre deine Gedanken, ihn überall zu ehren, denn es gibt keinen Ort, an dem er nicht ist. Deshalb, mein Kind, fürchte Gott und bete ihn an und liebe ihn. An erster und an letzter Stelle denke groß von Gott.

Gemäß diesen Worten versuche ich, früh aufzustehen und Gottes Herz zu suchen. Wie fülle ich diese Zeit? Ich *bete ihn an*, gelegentlich schreibe ich *Lob- und Dank*gebete. Ich *lese* (in der Bibel und in meditativer Literatur). Ich *bete*. Ich *denke* über die Ereignisse des vergangenen Tages nach, und schließlich versuche ich, mich darauf zu *konzentrieren*, was Gott meiner Meinung nach über die Verwendung der heutigen Stunden sagt, und schreibe meine Ziele auf.

Anbetung: Jeder Tag sollte mit der stillen Anbetung der großen Taten Gottes und seines Wirkens in der Geschichte beginnen. Man beginnt seinen Tag am besten mit rühmenden Worten wie »heilig«, »Liebe«, »Treue«, »Gnade«, »Majestät«, »rechtschaffen«, »ewig« und »erlösend«. Jeder Tag sollte mit Gedanken an die Taten Gottes beginnen: Schöpfung, Verwandlung, Erlösung, Sendung, Verheißung, Inspiration, Kommen.

Ich liebe den liturgischen Gottesdienst, der im Kirchengesangbuch und in anderen Büchern überliefert wird, die mir Worte der Anbetung von Christen aus anderen Zeiten vorgeben. Es gibt bestimmte Kirchenlieder, die ich immer wieder singe.

Ich *lese* zuerst in der Bibel und dann in den großen christlichen Klassikern. Augustinus' *Bekenntnisse*, Thomas à Kempis' *Imitationes,* Fenelons Briefe, Catherine Booths Briefe und A. W. Tozers Bücher sind Nahrung für meine Seele.

Wiederholt greife ich zu John Bunyans *Pilgerreise zur seligen Ewigkeit*, und mit Vergnügen versuche ich meine eigene, persönliche Übersetzung seiner alten Sprache in heutiges Englisch. Alexander Whytes *Bunyans Charaktere* ist ein hilfreicher Wegweiser, wenn ich mit Bunyans Christ seinen Weg gehe. Ich nehme in meine Andachtszeiten auch gern die christlichen Biographien auf, die von großen Männern und Frauen erzählen, die für den Glauben gelitten und sich als Menschen mit Ausdauer erwiesen haben.

Vor nicht allzu langer Zeit las ich die Biographie des großen anglikanischen Bischofs Handley Moule und notierte mir Bemerkungen, die er über seinen Vater gemacht hat:

Ich kann nur dankbar auf ihn zurückblicken, sagt Moule, dankbar, dass eine solche Persönlichkeit mir das große Wort »Vater« verkörpert hat, ein Mann, so voll Energie und Fähigkeiten, so absolut einfach, so ganz ohne Furcht, so frei von jedem Streben nach eigenem Ruhm, so bereit, sowohl zu hören als auch zu handeln, ein wahrer Edelmann, ein Christ, so stark, so tief, ein solcher Pastor, ein solcher Vater, ein solcher Großvater, ein solcher Freund.

An dem Tag, an dem ich diesen Absatz las, schrieb ich ihn in mein Tagebuch, weil ich diese Merkmale für einen Mann oder eine Frau Gottes so inspirierend fand.

Beten! Eine Herausforderung für einen ständig beschäftigten Kopf wie meinen. Ich habe gelernt, die Psalmen zu beten, die großen Gebete der biblischen Heiligen nachzubeten, die Gebete aus dem Gesangbuch zu formulieren und über die Gebete von anderen Christen nachzusinnen. Ich bin kein kreativer Beter, und die Gebete von anderen helfen mir, darauf zu achten, dass sich mein Horizont beim Beten erweitert.

»Herr, stört es dich, wenn ich so zu dir rufe, wie es in meinem Herzen aussieht?«, habe ich vor kurzem gebetet. Ich war wütend und aufgewühlt angesichts der Nachrichten, die uns aus Afrika erreichen: von sterbenden und elternlosen Kindern, von vergewaltigten Frauen, von obdachlosen Flüchtlingen, von Millionen von Frauen mit AIDS, von Dörfern mit verseuchtem Wasser. Ruft so etwas nicht nach einem wütenden Aufschrei, nach einem schmerzerfüllten Schrei gegen das Leid in der Welt?

Ich bete für meine Familie, für meine Freunde, für die Kirche auf der ganzen Welt. Ich bete für ein Ende von Ungerechtigkeit und Armut. Ich bete für die geistlich Verlorenen und Suchenden. Ich bete für mich selbst: Bekenntnisse, Bitten um Mut, um Weisheit ... um viel, viel Weisheit. In meinem Herzen habe ich eine tiefe Sehnsucht danach, tiefgründiger zu werden, ein Mensch der mehr das Wesen Jesu widerspiegelt. Manchmal dauert mir das viel zu lange, und deshalb ist Gebet nötig.

Dank. Herr, ich danke für eine wunderbare Ehefrau, für Kinder, die mich lieben und gern mit mir zusammen sind, für enge persönliche Freundschaften, für Menschen, die bereit sind, meinen Predigten zuzuhören und meine Bücher zu lesen, für Kraft, Gesundheit, Erkenntnis; aber auch für Gelegenheiten, in das Leben anderer Menschen zu treten und ihnen Ermutigung und Hoffnung zu bringen; für all die guten Dinge die jeden Tag passieren, und für die Weisheit die ich daraus lernen kann.

Nachdenken. Ein Wort, das die stillen Augenblicke beschreibt, in denen man fragt, welche Bedeutung etwas hat: Was ist gestern passiert, und was kann ich daraus lernen? Wo wurden Dinge gesagt, für die ich Buße tun muss? Wo wurde Zeit vertan? Wurden falsche Entscheidungen getroffen? Und was war der Segen? Wo hat Gott Gebete erhört, sich auf überraschende Weise gezeigt, Warnungen ausgesprochen, die ich befolgen muss? Welche menschlichen Bedürfnisse habe ich ignoriert? Und wozu beruft Gott mich heute?

Bruder Lawrence hat gesagt:

Wir müssen sorgfältig untersuchen, (...) welche Tugenden wir am meisten brauchen, welche Tugenden wir am schwersten erlangen können, auf welche Sünden wir am häufigsten hereinfallen, und bei welchen Gelegenheiten wir am häufigsten unausweichlich versagen. Wir müssen uns in der Stunde des Kampfes im vollen Vertrauen an Gott wenden, stark in der Gegenwart seiner göttlichen Majestät bleiben, ihn demütig anbeten und unsere Schwachheit vor ihm ausbreiten. So werden wir in ihm alle Tugenden finden, auch wenn wir vielleicht an allen Tugenden Mangel haben.

Konzentration. Wohin führt Gott mich heute? Welche Prioritäten muss ich setzen? Wer braucht meine Aufmerksamkeit? Was muss ich lernen? Wo könnten auf meinem heutigen Weg »Landminen« liegen? Was muss sich ändern?

Wenn ich diese Fragen stelle, hoffe ich, dass meine Seele immer besser lernt, auf die Stimme Gottes zu hören, damit ich seine Führung durch den ganzen Tag hindurch erlebe.

W. E. Sangster übte sich in einem solchen Nachdenken, als er in sein Tagebuch schrieb:

Ich glaube, dass Gott in letzter Zeit laut an die Tür meines Herzens geklopft hat. Ich bin aus folgenden Gründen davon überzeugt:

a. Ich habe den Frieden verloren. Gedanken von großer Unruhe und persönlicher Ungewissheit sind in mein Herz eingedrungen.

b. Ich habe die Freude verloren. Große Depressionen überrollen mich, und ich empfinde das Leben als eine große Last.

c. Ich habe die Freude an meiner Arbeit verloren. Ich muss mich dazu zwingen und gehe nicht bereitwillig und fröhlich daran.

d. Trotz verschiedenster Ermutigungen fühle ich mich als Versager.

Eine solche persönliche Offenheit, zu Papier gebracht, half Sangster zu erkennen, wo er wieder auf den richtigen Weg zurückfinden musste. Jetzt wusste er, wofür er beten musste; er begriff, was er ändern musste.

Selbst wenn ich zweihundert Jahre alt würde, schaffte ich es wahrscheinlich nie, das sanfte, gottesfürchtige Verhalten meines Großvaters an den Tag zu legen. Aber ich weiß, wie ein Mensch mit Ausdauer und geistlicher Disziplin aussieht, und ich bin entschlossen, seinen Fußspuren zu folgen. Wenn auch der Abstand zu ihm groß ist, will ich ihm trotzdem folgen.

V

Menschen mit Ausdauer laufen im Kreis von »glücklichen Wenigen«

Sie kennen den Wert des Verweilens.

Sie meiden die Gefahren eines Lebens
ohne Gemeinschaft.

Sie wissen, wie Freundschaft funktioniert.

Sie suchen »eine bestimmte Art« von Menschen.

Die »glücklichen Wenigen«

»Uns wen'ge, uns beglücktes Häuflein Brüder«
(Shakespeare, *König Heinrich der Fünfte*)

Es war ein strahlender Samstagmorgen Ende Mai. In ein paar Tagen würde meine Klasse ihren Schulabschluss in *Stony Brook* machen, und ich würde die Schule, die Aschenbahn und die weiße Anschlagtafel verlassen und nach Colorado zurückkehren und danach an die Universität von Colorado in Boulder gehen.

Aber das alles war heute relativ unwichtig. Heute war der Tag, an dem die acht Mannschaften unserer Schulliga an den jährlichen Lauf- und Crosslaufmeisterschaften teilnahmen. Ich startete in drei Wettkämpfen: über 400 Meter, über 800 Meter und zum Abschluss des Wettkampftages in der 800-Meter-Staffelmannschaft.

Drei von uns freuten sich noch auf etwas anderes an diesem Tag. Wenn der Wettkampf vorbei wäre, wollten zwei meiner Mannschaftskameraden und ich uns mit Freundinnen treffen, mit ihnen essen und ins Kino gehen. Die Erlaubnis dazu hatten wir von der Schule eingeholt. Sie war uns erteilt worden. Es war vereinbart, dass wir um 22.30 Uhr mit dem Zug von Huntington nach *Stony Brook* zurückfahren sollten. Damit wären wir vor dem Zapfenstreich um Mitternacht wieder im Haus.

Die Ausgangsregeln wurden in *Stony Brook* sehr streng gehandhabt. Schon vor Wochen war der Abschlussklasse klar gemacht worden, dass die Regeln auch an den letzten Wochenenden des Schuljahrs streng eingehalten werden mussten. Eine Verletzung konnte ernste Strafen nach sich ziehen: Man bekam sein Abschlusszeugnis erst später und verlor das Privileg mit den anderen Absolventen bei der Abschlussfeier feierlich einzumarschieren. Das wäre eine Katastrophe, wenn die Eltern extra zweitausend Meilen weit gekommen waren, um dabei zu sein, wenn ihr Sohn sein Zeugnis überreicht bekam.

Unsere Pläne für den Abend waren das Gesprächsthema der ganzen Mannschaft, als wir den Bus bestiegen, um zum Wettkampf zu fahren. Es wurden gnadenlos Witze gerissen. Am schlimmsten von allen trieb es Trainer Goldberg. »Gordie«, sagte er mit einem Grinsen, »ich habe Angst, dass du wegen dieses schönen Mädchens so einen verträumten Blick bekommst, dass du den Zug verpasst. Ich will nicht, dass du mich mitten in der Nacht mit einem Anruf aus dem Schlaf reißt und sagst: ›Sir, wir sitzen in Huntington fest, könnten Sie bitte kommen und uns abholen.‹

»Sir«, versicherte ich ihm, »Sie brauchen sich keine Sorgen zu machen. Wir haben den Abend perfekt geplant. Wir werden noch vor dem Zapfenstreich in unseren Betten liegen. Sie können beruhigt schlafen.«

Stony Brook gewann an jenem Tag die Ligameisterschaft, und ich marschierte mit der Befriedigung, dass ich zum Sieg meiner Mannschaft beigetragen hatte, von der Aschenbahn. Als wir unsere Freundinnen trafen und der Mannschaft hinterherwinkten, rief MWG von der Tür des Mannschaftsbusses noch einmal: »Vergiss nicht ... keine Anrufe heute Nacht.«

Das Essen lief perfekt. Der Film war herrlich. Dann kam der letzte Teil des Abends. Mit dem Vater eines der Mädchen war vereinbart, dass er käme und alle drei Mädchen nach Hause brächte, während wir zum Bahnhof, der nur wenige Häuserblöcke entfernt war, gehen wollten. So sah unser Plan aus; er klang idiotensicher.

Aber keiner hatte mit der Möglichkeit gerechnet, dass der Vater zwanzig Minuten zu spät kommen und dass wir uns als echte Kavaliere gezwungen sehen würden, bis zu seinem Kommen bei den Mädchen zu bleiben. Als er endlich vorfuhr, sprinteten wir los. Leider sahen wir nur noch die roten Rücklichter des Zuges nach *Stony Brook*, als wir keuchend am Bahnhof ankamen. Zum ersten Mal seit Jahren war der Zug pünktlich gekommen und pünktlich wieder abgefahren.

Angesichts unserer sehr begrenzten finanziellen Mittel kam ein Taxi nicht in Frage. Unser jugendlicher männlicher Stolz verbot uns, eines der Mädchen oder ihre Väter anzurufen.

»Wen können wir anrufen und bitten, uns mitten in der Nacht abzuholen?«, fragten wir uns. Die zwei oder drei Leute, die uns einfielen, gingen kurz vor elf Uhr nachts nicht mehr ans Telefon. Die Hauptnummer der Schule anzurufen wäre die dümmste Idee gewesen, denn damit würden wir unser Dilemma amtlich machen und uns die Bestrafung wegen Verstoßes gegen die Ausgangsregeln zuziehen, die wir am meisten fürchteten.

»Wir könnten Goldberg anrufen«, schlug jemand leise vor. Die Erinnerungen an seine Bemerkungen an diesem Nachmittag standen uns allen klar vor Augen.

»Nein, wir können ihn nicht anrufen. Er würde meinen, dass wir es die ganze Zeit so geplant haben.«

Die Minuten verstrichen. Inzwischen war es 23.15 Uhr. Nach *Stony Brook* war es eine Stunde. Es war, als weigere sich die ganze Welt, ans Telefon zu gehen.

Schließlich blieb uns keine andere Wahl. »Wir müssen ihn anrufen. Gordie, du kannst so etwas gut.«

Widerstrebend und wahrscheinlich auch etwas zittrig, wählte ich seine Nummer. Als er sich meldete, war nicht zu überhören, dass der Trainer und seine Frau bereits geschlafen hatten. Ich erklärte ihm unser Dilemma.

»Gordie, lügst du mich auch wirklich nicht an? Ihr habt den Zug wirklich nicht absichtlich verpasst?«, fragte MWG misstrauisch.

»Sir, ich sage Ihnen die absolute Wahrheit. Einen so schlechten Scherz würden wir uns nie erlauben.«

»Ich bin in einer Stunde da. Gordie, bleibt, wo ihr seid.«

Eine Stunde später fuhren die Goldbergs vor dem geschlossenen Bahnhof vor und luden drei sehr nervöse Teenager ein, die wussten, dass sie gegen die Ausgangsregeln verstoßen hatten. Vergessen waren die ruhmreichen Stunden auf der Aschenbahn; vergessen waren die Mädchen. Aller Stolz und Vorwitz schmolzen dahin.

Jeder von uns fragte sich, wie der Trainer sich in dieser Situation wohl verhalten würde. Wäre er verärgert? Würde er uns auf der Rückfahrt schelten, weil wir verantwortungslos waren und die Goldbergs um ihren Schlaf gebracht hatten? Würde er uns an die Strafen erinnern, mit denen wir rechnen mussten, weil wir zu spät zurückkamen?

Wenn wir das erwartet hatten, lagen wir völlig falsch.

Auf der Heimfahrt wurde viel gelacht, über den Wettkampftag und andere Themen gesprochen, bei denen wir drei uns wieder entspannen konnten und unsere Würde wiederhergestellt wurde.

Als wir auf den Campus einbogen, sagte MWG schließlich: »Also, meine Herren, euch ist natürlich klar, dass es am Montag einige schwierige Gespräche wegen dieser Angelegenheit geben wird. Ich weiß zwar nicht, wie die Sache ausgeht, aber ich werde dem Rektor versichern, dass ihr nicht die Absicht hattet, dass dieser Abend so enden würde.«

Was geschah am Montag? Meine Erinnerungen sind ein wenig verschwommen. Etwas Wunderbares muss passiert sein, denn ich bekam mein Abschlusszeugnis (zum geplanten Zeitpunkt), und bald danach fuhr ich nach Colorado zurück.

»Gordie, in Zukunft kannst du mich Marvin nennen«, hatte MWG gesagt, kurz nachdem die Abschlussfeier vorbei war. Das war ein Symbol für die Tatsache, dass ich jetzt nicht mehr sein Schüler und Läufer war, sondern sein Freund. Als wir uns das erste Mal begegneten, hatte er meinen Namen geändert. Und jetzt, da ich wegging, forderte er mich auf, ihn mit einem anderen Namen anzusprechen.

Von diesem unvergesslichen Samstagabend ist mir etwas Wichtiges im Gedächtnis geblieben. Marvin Goldberg lehrte mich ein weiteres Element eines Lebens mit Ausdauer: *Wie wichtig persönliche Beziehungen sind.* Im Gegensatz zu anderen Lektionen lernte ich diese nicht auf der Aschenbahn, sondern mitten in der Nacht, als drei seiner Schützlinge in der Klemme saßen und ziemlich verzweifelt waren. Der Trainer erteilte uns eine letzte Lehre, dieses Mal über die Wichtigkeit von Freundschaft und Barmherzigkeit. Genauso wie er mich drei Jahre zuvor aufgefordert hatte, ihm zu vertrauen, hatte er sich jetzt entschieden, mir zu vertrauen und meiner Erklärung, warum wir in dieser Klemme saßen, zu glauben. Und er hatte sein gemütliches Haus und Bett verlassen, um dorthin zu kommen, wo wir waren.

Jetzt hieß es nicht: »Gordie, komm bitte.« Vielmehr war es umgekehrt. Ich rief: »Sir, bitte kommen Sie und holen Sie uns ab.« Er tat es. Können Sie sich vorstellen, was es bedeutete, mit einer solchen Würde behandelt zu werden, wenn man gerade erst achtzehn geworden ist?

Mein Leben lang hatte ich Gelegenheit, auf Rufe von Freunden zu reagieren, die sich nicht allzu sehr von dem Anruf unterschieden, den ich in jener Nacht an MWG losgelassen hatte. Ich habe die verschiedensten Versionen von »Komm bitte und hole mich ab« gehört. Gelegentlich waren die Rufe ziemlich verzweifelt, und es kostete mich einiges, richtig darauf zu reagieren. Wenn ich versucht war, mich zu drücken oder Gründe zu finden, warum der Augenblick nicht gerade passend war, erinnerte ich mich an diese verrückte Nacht, in der ich als Jugendlicher selbst in Schwierigkeiten gesteckt hatte und der Trainer gekommen war und mich gerettet hatte.

Je älter wir werden, umso besser verstehen wir den unschätzbaren Wert eines Kreises enger Freunde, die auch dann noch da sind, wenn die Lichter der schnellen, oberflächlichen Welt schon längst erloschen sind. Dieser enge Freundeskreis kann der wertvollste Schatz sein, den man auf dieser Welt besitzt. Menschen mit Ausdauer wissen das aus eigener Erfahrung.

Kapitel 27

Der Wert des Verweilens

»Und er setzte zwölf ein, (...) dass sie bei ihm sein sollten.«
(Markus 3,16)

Unsere Tochter Kristy und ihre Familie wohnen in unserer Nähe.
Das gibt mir Gelegenheit, hin und wieder mit ihr in unserem Egg
Shell Restaurant zu frühstücken. Heute war wieder so ein Tag.

Als wir unsere Bestellung aufgegeben hatten, begannen wir, uns
über den letzten Freitag zu unterhalten. An jenem Abend hatten
sich rund vierzig Leute aus unserer Kleinstadt in einem Garten
getroffen, um ein zehnjähriges Hochzeitsjubiläum zu feiern. Es war
keine kirchliche Gruppe, obwohl viele der Anwesenden zu der
einen oder anderen Gemeinde gehören. Nein, die Gruppe bestand
aus ... nun ja, Freunden, Nachbarn, Leuten mit denen wir unser
Leben teilen.

Viele Frauen in der Gruppe sind Mitglieder einer Einkaufs-
gemeinschaft. Jede hat gewisse Fertigkeiten, und sie treffen sich oft,
um einander bei den verschiedensten Dingen zu helfen. Die Mütter der Vorschulkinder treffen sich Donnerstag vormittags, damit
ihre Kinder gemeinsam spielen können. Die Männer treffen sich
mehr oder weniger regelmäßig, um über »Männersachen« zu reden.
Sie leihen sich gegenseitig ihr Werkzeug, helfen einander Projekte
fertig zu stellen oder im Winter Schnee zu räumen. Man bekommt
das Gefühl, wenn man mit dieser Gruppe zusammen ist, dass jeder
die anderen wirklich mag.

Im Laufe der Zeit haben viele von diesen Menschen angefangen,
sich zu treffen und gemeinsam in der Bibel zu lesen und sich darüber auszutauschen. Manchmal beschließen sie, ein bestimmtes

Buch zu lesen und darüber zu plaudern. Als Folge davon haben einige langsam, fast unbemerkt die Grenze zu einem persönlichen christlichen Glauben überschritten.

Wenn man sein Leben lang Pastor war, geht es bei den meisten Treffen mit anderen Menschen um ernste Gespräche über Probleme und Projekte. Man fühlt sich verantwortlich, dafür zu sorgen, dass jede Begegnung einen Zweck hat. Wenn solche Treffen enden, geht man nach Hause und wägt ab, was erreicht worden ist. Es ist Arbeit. Hoffentlich eine gute Arbeit. Aber trotzdem Arbeit.

Das Zusammensein am Freitagabend war irgendwie anders. Keine Arbeit. Kein Stress, keine Hektik, keine Sorge ob es allen gut geht. Einfach vierzig Leute (Erwachsene und Kinder) die unter dem Sternenhimmel zusammen sind und sich immer wieder neu aufteilen, um miteinander zu spielen oder sich zu unterhalten. Vierzig Leute die dafür gesorgt haben, dass zwei Freunde die ihren zehnten Hochzeitstag feierten, wussten, dass sie geliebt werden.

»Was ist das Geheimnis einer solch entspannenden Gemeinschaft?«, fragte ich Kristy an diesem Morgen.

»Verweilen«, sagte sie und benutzte ein Wort, das ich noch nie zuvor aus ihrem Mund gehört hatte. »Keiner hat es eilig. Es besteht kein Druck, etwas tun zu müssen. Jeder ist frei von Erwartungen. Es gibt keinen Kleiderzwang, man muss nicht die richtige Meinung vertreten, und man ist nicht für irgendein Projekt verantwortlich. Man ist einfach gern zusammen. Man mag sich einfach. Niemand hat es eilig, irgendwo anders hin zu kommen. Sie verweilen einfach.«

Verweilen. Ein interessantes Wort. Ich fragte Kristy, was dieses Wort für sie bedeutet.

»Papa, wenn die Frauen sich bei mir zum Bibellesen treffen, kommen sie im Pyjama [in einer ländlichen Gegend kann man das machen]. Man weiß, dass man eine wirkliche Offenheit erreicht hat, wenn man das kann. Und die Männer ... wenn sie sich treffen, erzählen sie ihre Geschichten und lassen zu, dass sich ernste Themen einfach so ergeben. Sie lernen viel voneinander. Das beginnt damit, dass alle davon ausgehen, dass jeder etwas beizutragen hat. Verweilen bedeutet also, dass wir einfach zusammen sind.«

Kristy beschreibt hier etwas, von dem ich wünschte, ich würde in der organisierten Kirche mehr davon sehen. Was sie beschreibt, klingt richtig. Eine Ansammlung von Leuten, die es für richtig halten, einfach zusammen zu sein, ohne alles an Ergebnissen messen zu müssen.

Vor zwanzig Jahren, als ich gezwungen wurde die Richtung und Qualität meines Lebensweges zu beurteilen, kam ich zu dem Schluss, dass einer der Bereiche, in denen ich dringend etwas verbessern müsste, meine Einstellung zu persönlichen Beziehungen war. Bis zu diesem Zeitpunkt hatte ich in dem Bereich, den Kristy Freundschaften, in denen man verweilen kann, nannte, nicht viel zu bieten. Solche Freundschaften hatten einfach keinen Platz in meinem Leben.

Als ich mich kritisch unter die Lupe nahm, stellte ich fest, dass ich denen, die ich meine Freunde nannte, ein schlechter Freund war. Ehrlich gesagt, bemerkte ich es wahrscheinlich gar nicht, wenn einer von ihnen versuchte, mit mir eine engere Freundschaft einzugehen. Ich war zu sehr mit meiner Arbeit beschäftigt; ich war wahrscheinlich völlig mit mir selbst beschäftigt; und ich verstand nicht wirklich, was die Bibel über die große Bedeutung von *zwischenmenschlichen Beziehungen* sagt. Ich glaubte denjenigen, die sagten, dass man als Leiter einfach Einsamkeit in Kauf nehmen müsse und nicht viele Freunde habe.

Wenn sich in diesem Bereich nichts geändert hätte, würde ich heute wahrscheinlich nicht viel Ausdauer in meinem Leben haben.

Als wir dann in der Mitte unseres Lebens Bilanz zogen, kamen Gail und ich zu einer unangenehmen Erkenntnis in Bezug auf unsere persönlichen Beziehungen. Obwohl wir einander liebten und unsere Ehe als gut und stabil betrachteten, ließ sich nicht leugnen, dass ihr etwas fehlte. Wir hatten zugelassen, dass unser Leben zu ernst wurde, als die Kinder das Haus verließen. Unser Leben wurde zu sehr durch unsere Arbeit definiert. Das meiste von dem, was wir taten, machten wir gern, aber es war eine Tatsache, dass es weniger Lachen, weniger Spielen und weniger Zeit zum ...Verweilen miteinander oder mit Freunden gab.

Dieser wunde Punkt kam uns teuer zu stehen.

Bei genauerem Hinsehen erkannten wir, dass die meisten Beziehungen die wir hatten, sich nur darum drehten, wer Probleme hatte, bei denen wir helfen mussten, wer die Programme in der Gemeinde leitete, und wer daran mitarbeitete, oder wer bei einer Konferenz, bei der einer von uns beiden oder wir beide sprachen, auf der Rednerliste stand.

Wir begriffen, dass diese Lebensweise nicht gesund war. Wenn wir daran nichts änderten, würde es unerwünschte Konsequenzen haben, wenn wir auf die zweite Lebenshälfte mit ihren vielen kritischen Punkten zusteuerten.

Als wir das erkannten, gingen wir daran, einige Freundschaften aufzubauen, in denen man verweilen kann.

Im Laufe der Jahre nannte ich diese besondere Gruppe von Menschen, »die glücklichen Wenigen«, eine Formulierung aus Shakespeares *König Heinrich der Fünfte*. In dem Versuch, seine belagerten englischen Truppen zu versammeln, die in der Schlacht von Agincourt gegen die Franzosen kämpfen mussten, spricht Heinrich von einem »Häuflein Brüder ... uns wen'ge, uns beglücktes Häuflein Brüder«.

Und Edelleut in England, jetzt im Bett,
Verfluchen einst, daß sie nicht hier gewesen,
Und werden kleinlaut, wenn nur jemand spricht,
Der mit uns focht am Sankt Crispinustag.

Beim Nachdenken darüber, wie dieses »beglückte Häuflein Brüder« aussehen könnte, begriff ich, dass ich einige Männerfreundschaften bräuchte. Und Gail und ich erkannten gemeinsam, dass es uns außerdem gut täte, uns mit einigen Ehepaaren regelmäßig zu treffen.

Ich will betonen, dass wir dabei nicht an Kaffeekränzchen oder so etwas dachten. Wir hatten begriffen, wie wichtig so etwas wie eine erweiterte Familie ist, in der es allen ein Anliegen ist, sich regelmäßig zu treffen, das Leben und seine Herausforderungen miteinander zu teilen und gemeinsam herauszufinden, was Gott uns sagen will.

Ein Leben mit Ausdauer – dieser Langstreckenlauf – ist ohne eine solche persönliche Gemeinschaft nicht möglich. Man kann nicht alle Bedürfnisse nach tiefer menschlicher Intimität allein in den Grenzen einer Ehe stillen. Es muss noch mehr Menschen geben, mit denen wir unseren Weg gemeinsam gehen. Wenn wir erwarten, dass eine Ehe alle unsere Bedürfnisse nach menschlicher Intimität stillt, kann es passieren, dass die Ehe unter der Last dieser großen Ansprüche zusammenbricht.

Als ich jung war, sangen wir in der Kirche ein bekanntes Lied, durch das ich heute teilweise verstehe, warum ich so lange nicht begriffen hatte, wie sehr wir andere brauchen.

Wenn du den Herrn kennst, *brauchst du niemanden sonst,*
der dich durch die dunkelste Nacht begleitet.
Du kannst allein gehen, du brauchst niemanden sonst,
um auf der richtigen Straße zu bleiben.
(Hervorhebung durch den Verfasser).

Dieses Lied wollte natürlich betonen, wie wichtig es ist, dass wir uns zu allererst Jesus hingeben, aber dies geschah auf Kosten einer wichtigen Wahrheit: Wir *brauchen* andere. Im Gegenteil, es kann genau der *andere* sein, den Jesus gebraucht, um uns durch die dunkelste Nacht zu begleiten, oder um uns auf der richtigen Straße zu führen. In den meisten Fällen tut Jesus so etwas durch genau die Menschen, von denen das Lied sagt, dass wir sie nicht brauchen.

Wer sind die engen Freunde in unserem Leben? Wir sind zu folgender Antwort gelangt: *Die engen Freunde sind letztendlich die Menschen, mit denen wir sterben wollen.*

Wir alle haben Beziehungen zu Menschen mit denen wir arbeiten, zu Menschen mit denen wir in unserer Nachbarschaft leben, und zu Menschen mit denen wir in unseren Gemeinden zusammenarbeiten und mit denen wir Gottesdienst feiern. Aber diese Beziehungen sind häufig wie die Wellen eines Ozeans: sie steigen hoch, schäumen einen Augenblick auf und verlaufen sich dann wieder. Bei dem immer schnelleren Tempo unseres Lebens sind die meisten Beziehungen kurzlebig. Aber inmitten all dieser stürmischen Wellen muss es ein paar Wenige geben, die miteinander den Weg bis zum Grab gehen.

Es wird geschätzt, dass die meisten von uns fähig sind, ungefähr 150 Menschen zu kennen. In seinem Buch *The Tipping Point* sagt Malcolm Gladwell: »Die Zahl 150 gibt die höchste Zahl von Menschen an, zu denen wir echte soziale Beziehungen haben können, die Art von Beziehungen, die sich ergeben, wenn man weiß, wer der andere ist und in welchem Verhältnis wir zu ihm stehen.« Anders ausgedrückt: Das ist die Zahl der Menschen, zu denen wir uns, ohne verlegen werden zu müssen, ungebeten an den Tisch setzen, wenn wir sie irgendwo zufällig treffen.

Aber dann identifiziert Gladwell eine andere Gruppe innerhalb dieser 150, eine Gruppe aus 10 bis 15 Leuten, mit denen uns mehr verbindet. »Erstellen Sie eine Liste«, schlägt er vor, »mit all den Menschen, deren Tod Sie wirklich sehr traurig machen würde.«

Das ist es: Die Menschen die an unserem Grab stehen würden, nicht als Zuschauer, sondern als *tief betroffene Trauernde,* falls uns etwas zustoßen sollte. Sie sind gleichzeitig die Leute, an deren Grab wir stehen würden, wenn ihnen etwas zustieße.

Als ich vor zwanzig Jahren streng mit mir ins Gericht ging, weil ich meine persönlichen Beziehungen so sehr vernachlässigt hatte, stellte ich mir meine eigene Beerdigung vor und fragte mich, wer wohl kommen würde. Ich vermutete, dass mir bestimmt einige die letzte Ehre erweisen würden, aber es fiel mir sehr schwer, diejenigen zu benennen, die man als *tief betroffene Trauernde* bezeichnen würde. Diejenigen Menschen also, mit denen ich »verweilt« hatte. Bis zu diesem Zeitpunkt hatte ich mir dafür nicht viel Zeit genommen. Ich hatte nach der Devise jenes Liedes gelebt: »Du brauchst niemanden sonst.«

So gingen Gail und ich daran, eine Gemeinschaft mit Menschen aufzubauen, auf die diese Beschreibung passen würde. Natürlich hoffe ich, dass sie, wenn dieser Augenblick am Grab kommt, wenigstens für ein paar Minuten die *unglücklichen Wenigen* sind.

Das Zusammenleben mit einem kleinen, engen Freundeskreis beginnt mit einem biblischen Prinzip: Gott handelt oft durch persönliche Beziehungen in unserem Leben.

Jesus sagte zu seinen Jüngern, bevor er ans Kreuz ging:

Ein neues Gebot gebe ich euch, dass ihr euch untereinander liebt, wie ich euch geliebt habe, damit auch ihr einander lieb habt. Daran wird jedermann erkennen, dass ihr meine Jünger seid, wenn ihr Liebe untereinander habt. (Johannes 13,34–35)

Als ich vor zwanzig Jahren über diese Aussage mit dem geläuterten Blick eines Menschen nachdachte, der sein Leben neu gestalten musste, erkannte ich, dass ich unseren Herrn völlig falsch verstanden hatte.

Seine Liebe zu diesen Menschen äußerte sich nicht nur dadurch, dass er sie zu Veranstaltungen rief, damit er eine Institution aufbauen und organisieren konnte. Vielmehr hatte er sie herausgefordert: »Folgt mir nach!«, und er hatte ihnen versprochen, dass diese Nachfolge mit Wachstum und Veränderungen verbunden sein würde. Ein Evangelist hat es einmal so ausgedrückt: Er lud sie ein, »bei ihm zu sein«. Das klingt für mich nach Verweilen.

Jesus öffnete auf sehr praktische Weise sein Leben, indem er mit den Zwölfen lebte, mit ihnen unterwegs war und mit ihnen das Leben mit allen seinen Härten teilte. Er sagte ihnen die Wahrheit, auch wenn sie manchmal schmerzlich für sie war. Er lehrte sie, durch sein eigenes Vorbild, zu beten, in das Leben von Menschen zu treten, zu entscheiden, wann sie die Tradition respektieren und wann sie sie brechen sollten. Er gab ihnen die Fähigkeit, andere zu leiten und Beziehungen zu pflegen. Und dann gab er ihnen durch seine Macht die Möglichkeit, einer Berufung zu gehorchen und in ihren Fähigkeiten zu wachsen.

Aber es gab noch etwas anderes als dieses Training und diese Vorbereitung auf ein Leben als Apostel. Der Herr berief sie, »ein beglücktes Häuflein Brüder« zu werden. Am Anfang dieses Prozesses muss das ziemlich absurd angemutet haben. Diese Gruppe war bei ihrer Entstehung wahrscheinlich eher ein »unglückliches Häuflein« gewesen.

Wie sollte Matthäus, der Zöllner, mit Simon, dem Zeloten, klarkommen, wenn sie vorher einander wegen ihrer unterschiedlichen politischen Ansichten mit Begeisterung getötet hätten? Wie sollte ein impulsiver Simon Petrus mit einem melancholischen, zweifelnden Thomas klarkommen? Die Tatsache, dass diese so unterschiedlichen Männer ein Häuflein Brüder wurden, ein »beglücktes Häuflein«, ist fast ein genauso großes Wunder wie Jesu Auferstehung von den Toten.

Jesus machte das möglich, indem er bei seinen Jüngern »verweilte«, so wie es Kristy an diesem Morgen beschrieb. Als wir das Restaurant verließen und jeder an seine Arbeit ging – sie widmete sich ihren Kindern und ich mich diesem Buch –, hatte sie mir einiges zu denken aufgegeben.

Kapitel 28

Die Gefahr eines Lebens
ohne Gemeinschaft

Zu meinen liebsten Aktivitäten gehört die Teilnahme an Konferenzen auf der ganzen Welt, bei denen Männer und Frauen, die in christlichen Organisationen Leitungsaufgaben wahrnehmen, ein paar Tage zusammenkommen, um geistlich aufzutanken. Meinen ersten Beitrag bei solchen Konferenzen beginne ich gern mit den Worten: »Ich bin nicht hier, um Sie aufzufordern, ihre Gemeinde zu vergrößern, oder um über große Visionen zu sprechen oder darüber, warum Sie ein neues Programm starten sollten. Das überlasse ich anderen. Ich bin hier, um über *Sie* und den Zustand Ihrer Seele zu sprechen.«

Vielleicht bilde ich es mir nur ein, aber wenn ich das sage, spüre ich, wie eine Welle der Erleichterung durch die Zuhörer geht. Sie werden aufgefordert, all ihre Aufgaben und Aktivitäten zu vergessen und sich in den nächsten paar Stunden einfach auf ihr geistliches Wohlergehen zu konzentrieren. Leiter hören so etwas nicht sehr oft.

Wenn man über den Zustand unserer Seele spricht, dauert es nicht lange, bis das Thema »enge Beziehungen zu ein paar guten Freunden« auf den Tisch kommt. Wer sind die Menschen, die diesen inneren Kreis ausmachen, der mit uns durch das Leben geht und einen unschätzbar wertvollen Beitrag zur Entwicklung unserer Ausdauer leistet?

Wenn man dieses Thema anspricht, hören alle mit großer Aufmerksamkeit zu. Viele haben keinen solchen Freundeskreis. Henri Nouwen sagte dazu:

> Der Großteil christlicher Leitung wird ausgeübt von Menschen, die keine gesunden, engen Beziehungen aufbauen können und

sich stattdessen für Macht und Kontrolle entschieden haben. Viele, die christliche Imperien aufbauen, sind Menschen, die unfähig sind, Liebe zu geben und zu empfangen.

Mir ist bewusst, dass viele von denen, die dieses Kapitel lesen, sich selbst nicht als »christliche Leiter« sehen, aber ich bitte Sie, die Möglichkeit in Erwägung zu ziehen, dass Nouwens Kommentar trotzdem auch Ihnen gelten könnte.

Bei den Konferenzen, die ich erwähnt habe, gibt es immer Gelegenheit zu Fragen und Diskussionen. Das Thema, das in diesen Situationen am häufigsten angesprochen wird, ist wahrscheinlich die Frage nach persönlichen Beziehungen. Es kommen Fragen wie: »Wo findet man Freunde?« »Wie entwickelt und erhält man eine enge Freundschaft?« »Was macht man mit seinen Freunden?« »Woher nimmt man die Zeit?«

Wie ich die Dinge sehe, rangiert die Frage nach einem engen Freundeskreis ganz oben im Denken von christlichen Männern und Frauen, wenn man nach ihrem Seelenzustand fragt. Diese Frage gewinnt an Bedeutung, je älter man wird. Irgendwie ist der Gedanke an die zweite Lebenshälfte ohne ein paar gute Freunde entmutigend.

Wenn ich mit Menschen privat spreche, höre ich einige Themen immer wieder. Das erste dieser Themen ist im Grunde theologischer Natur: Der Glaube der so vielen von uns beigebracht wird, ist ein individualistischer Glaube. Er konzentriert sich stark auf die Beziehung zwischen Jesus und *mir*. Es geht bei ihm kaum um Jesus und *uns*. Ich erinnere nur an das Lied im letzten Kapitel.

Jesus sprach nie mit einem seiner Jünger unter vier Augen. Selbst die persönlichen Gespräche wurden immer im Beisein von anderen geführt, die zuhören und ihre eigenen Schlussfolgerungen ziehen konnten.

Einige meiner asiatischen Freunde haben mich überzeugt, dass man die Bibel durch die Brille der *Gemeinschaft* lesen muss. Gott wirkt durch andere in unserem Leben. Mit anderen Worten: Ich kann nicht zu dem Menschen heranreifen, als den Gott mich haben will, solange ich nicht mit einigen anderen fest verbunden bin.

Wenn ich mit Menschen spreche, die keinen engen Freundeskreis haben, höre ich oft, dass sie zu beschäftigt sind, um sich die Zeit zu nehmen, Beziehungen aufzubauen. Sie haben große Absichten; sie bestreiten nicht einmal, dass es notwendig ist, enge Freunde zu haben. Aber Beziehungen aufzubauen ist zeitintensiv, und sie reden sich ein, dass diese Zeit einfach nicht da ist.

Viele Jahre lang bewegte ich mich zwischen den wunderbarsten Menschen, die ich mir als Bekannte nur wünschen konnte. Manchmal waren es Prediger und Leiter von Organisationen, aber meistens waren es Christen, die interessanten Berufen und Aufgaben im Leben nachgingen. Immer wieder sagte ich zu ihnen: »Wir müssen uns einmal treffen.«

Wenn Gail mich das sagen hörte, sagte sie später zu mir: »Ich habe gehört, wie du zu diesem Mann gesagt hast, dass du dich gern mit ihm treffen würdest. Wahrscheinlich geht er heute Abend nach Hause und sagt sich: ›Gordon will sich mit mir treffen.‹ Vielleicht erzählt er seiner Frau, was du gesagt hast. Und er wird auf deinen Anruf warten. Aber weißt du was? Er wird keinen Anruf bekommen, weil du zu beschäftigt bist. Ich weiß, dass du in diesem Augenblick ehrlich meintest, was du sagtest, aber morgen beschäftigst du dich schon wieder mit anderen Dingen und hast dein Versprechen vergessen.«

Ich habe oft protestiert, wenn Gail so etwas sagte. Ich hatte in dem Augenblick die feste Absicht, das zu tun, was ich versprochen hatte. Aber die schmerzliche Wahrheit war: Sie hatte Recht. Ich tat nicht, was ich angekündigt hatte. In gewissem Sinn hatte ich diese Menschen und auch mich selbst belogen. Meine Absicht mich mit ihnen zu treffen, war nichts weiter als eine gute Absicht ein nobler Wunsch. Aber ich war zu beschäftigt. Das Lebenskarussell drehte sich zu schnell.

Mein Freund Tony Campolo und ich sprachen vor vielen Jahren bei einer Konferenz. Er war gebeten worden, über persönliche Freundschaft zu sprechen. »Wie willst du über so etwas sprechen, wenn du zu beschäftigt bist, um Freunde zu haben?«, fragte ihn seine Frau, Peggy. »Warte nur ab«, lautete seine Antwort.

Seine Rede war brillant. Er sorgte dafür, dass sich von den zehntausend Menschen die ihm an jenem Tag zuhörten, viele dafür entschieden Freundschaften einzugehen. Das weiß ich genau. Denn ich war einer von ihnen.

Als Campolo mit seiner Rede fertig war, stürmte er von der Plattform und steuerte geradewegs auf mich zu. »Du wirst mein Freund«, sagte er. »Ich rufe dich nächste Woche an.«

»Komm schon, Campolo«, winkte ich ab. »Wir wissen beide, dass daraus nichts werden wird. Du reist um die ganze Welt. Ich habe Termine ...«

»Ich rufe dich am Dienstagvormittag an«, unterbrach er mich. Er rief tatsächlich an.

Eine Woche später trafen wir uns in New York City, setzten uns in ein Restaurant, versprachen dem Kellner ein großes Trinkgeld wenn wir den Tisch für den ganz Tag »mieten« könnten, und begannen uns zu unterhalten. Es war ein wunderbarer Tag, an dem eine Freundschaft aufgebaut wurde. Campolo und ich hatten es geschafft, einen Tag aus unserer Geschäftigkeit auszubrechen. Wir begriffen, dass eine Freundschaft wichtiger ist als eine weitere Veranstaltung.

Ich erkannte, dass Geschäftigkeit ein Zustand ist, in den wir uns selbst hineinmanövrieren. An dem Tag, an dem ich begriff, dass ein Leben mit Ausdauer stark von meinen Beziehungen zu einigen engen Freunden abhängt, setzte ich meine Freunde ganz oben auf meine Prioritätenliste. Ich muss zugeben, dass mir meine Frau dabei hilft. Sie führt den Familienkalender und sorgt dafür, dass mehrere Wochen – oder manchmal auch Monate –, bevor etwas anderes sich in meinen Terminkalender schleicht, Freunde einen wichtigen Platz darin bekommen.

Ich stelle fest, dass einige von uns das Leben in der Gesellschaft von einigen engen Freunden verpassen, weil wir uns entscheiden, den größten Teil unserer Zeit mit Menschen zu verbringen, die unsere Hilfe brauchen. Wir gefallen uns in der Rolle des Starken, desjenigen, der die Probleme löst, der Fragen beantwortet, der den Ton angibt, nach dem sich alle anderen richten.

Das ist in christlichen Kreisen, in denen es anscheinend eine hohe Priorität hat, Menschen in Schwierigkeiten zu helfen, ganz typisch. Wir sind versucht zu denken, ein Gespräch wäre überflüssig, wenn es dabei nicht darum geht, das kaputte Leben eines Menschen in Ordnung zu bringen oder seine Prioritäten neu zu ordnen.

Das ist eine Falle, in die wir leicht tappen. Sie gibt einem das Gefühl, groß und wichtig zu sein. Ich weiß das. Ich fürchte, ich habe jahrelang so gelebt. Ich ging davon aus, dass Gottes Werk auf diese Weise geschehe. Es war ein gutes Gefühl, am Ende eines Abends nach Hause zu fahren und zu Gail zu sagen: »Es war ein wunderbarer Dienst heute Abend.«

Mir fällt eine Frau ein, die sich dafür einsetzte, unzähligen Frauen in persönlichen Krisen und Fragen zu helfen. Fast alle ihre Beziehungen, erkannte sie später, waren (wenn auch unbeabsichtigt) Beziehungen, die nur in eine Richtung gingen: Sie war immer diejenige, die den anderen half, die Ratschläge erteilte und tröstete. Aber keine dieser Beziehungen beruhte auf echter Gegenseitigkeit. Dann geriet sie selbst in eine familiäre Krise.

In diesem Augenblick geschah etwas, das ihr die Augen öffnete: Fast niemand – keine von all diesen Frauen denen sie geholfen hatte – rief sie an, um zu fragen, wie es *ihr* gehe. Niemand rief an, um ihr seine Hilfe anzubieten. Niemandem *schien* so viel an ihr zu liegen, dass er versuchte, das herauszufinden. Das war für sie eine schmerzliche Desillusionierung. Ihr drängte sich die logische Frage auf: Wer ist für mich da, nachdem ich mich so sehr bemüht habe, für andere da zu sein?

Später kamen die Erklärungen. »Ich kann mir nicht vorstellen, dass du ein Problem hast, das du nicht selbst lösen kannst«, sagte eine Frau. »Ich hatte nicht die leiseste Ahnung, was ich zu jemandem wie dir sagen sollte«, kommentierte eine andere. »Du wirkst immer so stark«, sagte eine dritte. »Ich schätze, wir alle hatten gedacht, du kämst mit allem ganz gut ohne unsere Hilfe zurecht.« Und: »Ich wollte dich nicht in Verlegenheit bringen.«

Es ist offensichtlich, warum man vielleicht nicht zu einem engen Freundeskreis gehören will, wenn man, vielleicht sogar unbewusst, Angst hat, seine Gefühle zu zeigen. Der Mann oder die Frau, die es sich nicht leisten können Schwäche zu zeigen, die immer Recht haben müssen, oder die immer alles unter Kontrolle haben müssen, haben wahrscheinlich nur sehr wenige oder gar keine engen Freunde.

Ich habe schon öfter den Augenblick erwähnt, als Jesus mit seinen Jüngern in den Garten Gethsemane ging. »Könnt ihr denn nicht eine Stunde mit mir wachen?«, fragt er Petrus (Matthäus 26,40). Ich höre in diesen Worten Jesu eine Verwundbarkeit, die für einen Menschen der immer stark erscheinen muss, unangenehm sein kann. Der Herr gibt zu, dass er Freunde braucht. Aber sie enttäuschen ihn.

Die Gemeinschaft mit engen Freunden ist für einen Menschen, dem es widerstrebt, sich in der Art wie er lebt, in der Art wie er denkt, oder in der Art wie er mit Gott lebt, hinterfragen zu lassen, wahrscheinlich nicht gerade reizvoll. Wenn wir Freundschaften aufbauen, werden wir Zurechtweisungen, Korrekturen, Warnungen hören. Es ist viel leichter, durch das Leben zu gehen und unsere Meinung und unser Urteil zu allem möglichen kundzutun; viel schwerer ist es, zuzuhören und zu lernen.

In meinem Leben als Pastor habe ich jede Menge Menschen kennen gelernt, die Mauern um sich herum aufgebaut haben; eine Mauer des Humors beispielsweise oder eine Mauer aus einer starken politischen oder theologischen Meinung oder eine Mauer aus unvergleichlicher Kompetenz. Sie sorgen dafür, dass diese Mauer so hoch bleibt, damit niemand dem wahren Menschen hinter dieser Mauer nahe kommt. Sie lassen niemanden an ihre Seele herankommen.

Aber wenn man, aus welchem Grund auch immer, hinter diese Mauern gelangt, entdeckt man wahrscheinlich eine riesengroße Unsicherheit. Wenn man einen solchen Menschen herausfordert, stößt man wahrscheinlich auf Ärger oder verletzende oder beleidigende Worte oder auf Rückzug. Wir sehen einen Menschen, der es nicht ertragen kann, wenn jemand die Struktur seiner Welt bedroht. Es ist leichter hochnäsig und einsam zu bleiben, als sich auf Beziehungen einzulassen, in denen es ein beiderseitiges Geben und Nehmen gibt, wie es in soliden und belastbaren Beziehungen üblich ist.

Es gibt noch einen weiteren Grund, aus dem Menschen engen Beziehungen aus dem Weg gehen. Vielleicht ist er der wichtigste Grund, der hinter allen anderen Gründen steht:

Viele von uns haben Angst, verletzt, verraten, abgewiesen zu werden ... wie schon früher. Sie sind Menschen, die einmal große Hoffnungen auf die Intimität in einer guten Ehe oder in guten Freundschaften gesetzt hatten. Aber etwas Furchtbares passierte. Die Beziehungen verschlechterten sich oder gingen in die Brüche. Der Verlust war sehr schmerzlich. Was bleibt, ist die Entschlossenheit, nie wieder das Risiko eingehen zu wollen, noch einmal sein Leben einem anderen Menschen zu öffnen. Eine Jalousie wird um das Herz gezogen, genauso wie man eine Jalousie nach unten zieht, um ein Fenster abzuschirmen. Basil Pennington schrieb dazu:

Wir sind verwundete Menschen und leben in verwundeten Gemeinschaften in einem verwundeten Zustand. Wir sind von uns selbst und voneinander entfremdet. Wir passen nicht leicht zusammen. Wir sind wie Stachelschweine, die versuchen, sich zusammenzukuscheln, um sich zu wärmen, die aber immer wieder auseinander getrieben werden aus Angst vor der Wunde, die wir uns mit unseren Stacheln zufügen könnten.

Ein Filmstar verkündet vor der Presse: »Ich heirate nie wieder.« Sie sagt das nach ihrer zweiten Scheidung. Zu beiden Scheidungen war es aufgrund der Untreue ihres Partners gekommen. »Ich werde nie wieder eine Freundschaft mit jemandem eingehen, der mit mir in der Gemeinde zusammenarbeitet«, sagt ein anderer, als es zu einer schmerzlichen Trennung zwischen ihnen kommt. »Das Risiko, dass man sich nahe kommt, ist einfach zu groß.«

Ich frage mich, ob Jesus verletzt war, als seine engsten Freunde, die Jünger, ihn im Stich ließen. Und ich frage mich, was hinter Paulus' Bemerkung steckt, als er Timotheus in einem wehmütigen Augenblick schreibt: »... stand mir niemand bei, sondern sie verließen mich alle« (2. Timotheus 4,16).

Schmerz und Enttäuschung gehören zu den Risiken von Beziehungen. Denn schließlich sind wir, wie Pennington schrieb, »verwundete Menschen und leben in verwundeten Gemeinschaften in einem verwundeten Zustand«.

Wenn Gott uns treulosen Menschen immer wieder die Hand hinhält, weil er eine enge Beziehung zu uns aufbauen will, sollte uns das dann nicht allen etwas Wichtiges sagen? Sagt uns das nicht, dass man einfach nicht aufhören kann, immer wieder zu versuchen, die Freundschaft mit ein paar guten, engen Freunden zu suchen? Dass wir es versuchen müssen und wieder versuchen müssen und wieder versuchen müssen?

Ein Leben mit Ausdauer ist allein nicht möglich.

Kapitel 29

Wie Freundschaft funktioniert

Ein Mann, den ich sehr schätze, und ich diskutierten über Dinge, bei denen wir verschiedener Meinung waren. An einer Stelle in dem Gespräch sagte er: »Gordon, in dir steckt eine gewisse Bitterkeit.«

Diese Worte trafen mich. In Teilen meiner Familie gibt es Spuren von Bitterkeit, und ich habe mich mein Leben lang bemüht, in mir der Bitterkeit keinen Raum zu geben. Als dieser Mann, dessen Meinung ich immer geachtet habe, sagte: »In dir steckt eine gewisse Bitterkeit«, war ich deshalb wie vor den Kopf gestoßen.

»Darüber will ich genauer nachdenken«, sagte ich zu ihm.

Und das tat ich. Ich traf mich mit drei engen Freunden. Ich erzählte ihnen von dieser Bemerkung. Dann fügte ich hinzu: »Ich fände es schön, wenn ihr euch in der nächsten Woche oder in den nächsten zwei Wochen Zeit nehmen und darüber nachdenken würdet. Wenn ihr euch ohne mich treffen und über mich sprechen wollt, habe ich nichts dagegen. Aber ich muss eines wissen: Habt ihr in meinen Worten etwas gehört oder in meinem Verhalten etwas gespürt, das auf Bitterkeit oder Wut schließen ließe? Ich muss das wirklich wissen.«

Eine Woche später setzten die drei sich wieder mit mir zusammen. »Gordon«, sagte einer von ihnen, »wir haben über deine Frage viel nachgedacht, und wir haben uns darüber ausgetauscht. Du sollst wissen, dass wir nichts dergleichen in dir gesehen haben. Dieser Mann hat sich geirrt.«

Ich kann gar nicht beschreiben, wie wichtig mir dieses Gespräch war. Mir selbst überlassen, wäre ich einfach davon ausgegangen, dass dieser Mann mit seiner Kritik Recht hatte. Ich hätte viel Energie darauf verwandt, einer Sache auf den Grund gehen zu wollen, die überhaupt nicht da war. Aber meine Freunde ersparten mir ein solches vergebliches Bemühen. Das gehört dazu, wenn man einen engen Freundeskreis hat. Und genau das streben Menschen mit Ausdauer an.

»Ich betrachte meine christlichen Freunde gern als Brennstoff«, sagte Charles Simeon, mein Vorbild aus dem neunzehnten Jahrhundert, zu einer Gruppe von Pastoren. »Ihr seid alle an meinem Herd zusammen, und ich wärme mich an eurem Feuer, und meine christliche Liebe brennt und glüht.«

Ein sorgfältiges Bibelstudium öffnet uns die Augen für etwas, das vielen von uns früher nicht ausreichend beigebracht worden ist: In der Bibel geht es um Beziehungen. Ohne Beziehungen ist niemand ein vollständiger Mensch.

Jesus selbst wusste, dass der schlimmste Schmerz seines Leidens am Kreuz weniger mit den körperlichen Schmerzen zu tun hatte, sondern mehr mit dem Alleinsein. »Vater, warum hast du mich verlassen?«, schrie er. Isolation ist ein Bild für die Hölle.

In Nelson Mandelas Autobiographie, *Der lange Weg zur Freiheit,* beschreibt er das Leben auf *Robben Island,* wo er und andere politische Gefangene fast dreißig Jahre verbracht hatten. Er erinnert an die Beziehungen, die sich während jener Jahre intensiven Leidens gefestigt hatten:

Der größte Fehler der Behörden war es, uns zusammenzulassen, denn gemeinsam wurde unsere Entschlossenheit verstärkt. Wir unterstützten einander und gaben einander Kraft. Alles was wir wussten, alles was wir gelernt hatten, teilten wir miteinander, und durch dieses Teilen vervielfältigten wir den Mut, den jeder persönlich hatte. Das soll nicht heißen, dass wir auf die Qualen die wir ausstanden, alle gleich reagiert hätten. Menschen haben verschiedene Fähigkeiten und reagieren unterschiedlich auf Stress. Aber die Stärkeren richteten die Schwächeren auf, und beide wurden dabei stärker.

Das ist ein Leben mit Ausdauer aus der Sicht von jemandem, der erkannt hat, dass man es ohne die Gemeinschaft mit einigen engen

Freunden nicht ein Leben lang aushalten kann. Wir haben kurz betrachtet, warum manche Menschen solche engen Beziehungen meiden. Aber ich glaube, es wäre noch hilfreicher, wenn wir uns selbst fragen würden, warum es so wichtig ist, solche Beziehungen einzugehen.

Ich bin zum Beispiel überzeugt, dass wir in der Gemeinschaft mit einigen engen Freunden Gott viel leichter das sagen hören, was wir hören müssen. Eine Gruppe gottesfürchtiger Männer war zusammen, als der Heilige Geist sprach und Saulus und Barnabas zu einer bahnbrechenden Missionsreise berief, auf der sie das Evangelium in die nichtjüdische Welt brachten. »Als sie aber dem Herrn dienten und fasteten, sprach der Heilige Geist ...« (Apostelgeschichte 13,2).

Als Franz von Assisi Gottes Willen zu erfahren suchte, ob er in die Welt gehen und den Armen dienen oder ob er sich aus der Welt zurückziehen und für die Armen beten sollte, rief er seine engsten Freunde zu sich und bat sie, längere Zeit für ihn zu beten.

Dann, zu einem angemessenen Zeitpunkt, viele Wochen später, rief er sie wieder zu sich, wusch ihnen die Füße, bereitete ihnen ein Mahl und gab ihnen frische Kleidung. Als sie genügend erfrischt waren, kniete er vor ihnen nieder und stellte ihnen folgende Frage: »Was befiehlt mir mein Herr Jesus?«

Mit einer solchen Frage brachte er seine Überzeugung zum Ausdruck, dass Gott durch die engen Freunde in seinem Leben zu ihm sprechen würde. »Er befiehlt, dass du zu den Armen gehst«, lautete ihre Antwort. Franziskus gehorchte.

Menschen mit Ausdauer entdecken auch, dass sie in einer engen Gemeinschaft mit Freunden einen klareren Blick für die Realitäten im Leben um sich herum bekommen. Ich habe erfahren, dass meine Sicht von den Dingen die passieren, wirklich nur *eine* Sicht ist. Oft ist mein Eindruck von dem was jemand gesagt oder getan hat, von dem was wirklich wichtig ist, oder was die beste Reaktion auf eine Situation wäre, völlig unangemessen, solange ich nicht auf andere höre, denen ich vertraue. Erst dann habe ich festeren Boden unter den Füßen und kann sagen, was »wirklich wahr« ist.

Ein afrikanisches Sprichwort warnt vor dem Versuch, durch das Leben zu gehen und sich eine Meinung und ein Urteil zu bilden, ohne Freunde zu haben, die einem dabei helfen: »*Allein* habe ich viele wunderbare Dinge gesehen, von denen nicht eines wahr ist.«

Als Mann habe ich die große Möglichkeit schätzen gelernt, dass die Sicht einer Frau mir eine Perspektive eröffnet, auf die ich selbst nie kommen würde. Die Perspektive von jemandem, der viel älter oder jünger ist als ich, wird mir Dinge zeigen, die ich selbst nicht sehe. Selbst ein Kind kann mich manchmal etwas entdecken lassen, das ich nie erkannt hätte, wenn ich ihm nicht zugehört hätte. In der Gesellschaft mit einigen engen Freunden erleben wir unschätzbare Unterstützung und Ermutigung, die wir anderen geben und die wir selbst bekommen. Wir gehen gemeinsam den Weg und feuern uns gegenseitig an.

An mehreren Stellen in diesem Buch habe ich voller Zuneigung von einigen meiner engsten Freunde gesprochen. In einem Kapitel erwähnte ich Al Napolitano, der zu Jesus heimging, als ich dieses Buch schrieb.

Eine der kostbarsten Erinnerungen in meinem Leben ist die Erinnerung an eine lange Wanderung, die ich vor drei Jahren mit Al und zwei anderen Freunden in den Schweizer Alpen unternahm. Das waren die drei Freunde, von denen ich am Anfang dieses Kapitels gesprochen habe.

Der Weg, den wir uns an jenem Tag vorgenommen hatten, stellte sich als viel länger und beschwerlicher heraus, als irgendeiner von uns erwartet hätte. Als wir ungefähr die Hälfte der Strecke zurückgelegt hatten, bemerkten wir, dass Al, der zehn Jahre älter war als wir anderen, ziemlich erschöpft war. Wir hatten noch einen sehr weiten Weg vor uns, bevor wir zu einer Übernachtungsmöglichkeit kommen würden, und ich begann, mir Sorgen zu machen. Al hatte einige Jahre zuvor schwere Herzprobleme gehabt, und ich fürchtete, dass wir ihn vielleicht unabsichtlich in Gefahr gebracht hatten.

Ich schlug vor, dass die zwei anderen aus unserer Vierergruppe vorausgehen und einen Platz suchen sollten, an dem wir die Nacht verbringen konnten. Al und ich würden weitergehen, aber viel langsamer.

Ich sagte zu Al: »Wir gehen hundert Schritte. Dann machen wir eine Pause. Dann gehen wir wieder hundert Schritte und machen wieder eine Pause. Wenn wir bergauf gehen, gehst du voran. Bergab gehe ich voraus.« Wir einigten uns auf diese Vorgehensweise und gingen los. Auch mit einer Pause nach jeweils hundert Schritten wurde es für meinen Freund immer anstrengender.

Bald gingen wir Arm in Arm, als würde einer von uns den anderen in der Kirche zum Altar führen. Wir beteten miteinander, erzählten uns Geschichten und flüsterten uns mutmachende Worte zu. Auf diese Weise kamen wir langsam voran, bis wir, als schon die Dunkelheit über uns hereinbrach, bei dem Berggasthof eintrafen, den unsere Freunde gefunden hatten. Diese Wanderung brachte mich dem Herzen eines anderen Mannes so nahe, wie ich es noch nie erlebt hatte.

Al ist erst vor einigen Tagen heim zum Herrn gegangen. Ich wurde gebeten, seine Beerdigung zu leiten, und machte diese Wanderung zum Thema meiner Predigt. Ich sprach von den Geschichten die wir einander erzählt hatten, von den Gebeten die wir gebetet hatten, von der Freude die wir miteinander geteilt hatten. Man konnte sehen, dass die Anwesenden tief berührt waren von diesem Drama, in dem zwei Männer sich gemeinsam abgemüht und einander so tief ins Herz hatten schauen lassen.

Jeder von uns sehnt sich nach engen und befriedigenden Beziehungen. Wie schön ist es, Teil eines engen Freundeskreises zu sein, in dem man die Freiheit hat, seine Erschöpfung oder Aufregung, seine Träume oder seine Enttäuschung zu offenbaren! Jeder Mensch wünscht sich einfach ein paar Freunde, mit denen er Arm in Arm gehen kann ... hundert Schritte und Pause ... hundert Schritte und Pause. In den Pausen können wir verweilen.

In den Tagen bevor Al von uns ging, saßen er und ich zusammen und tauschten unsere Erinnerungen an jene Wanderung aus. Wir saßen nahe nebeneinander und streckten instinktiv die Hand nach dem anderen aus. Mit einem Händedruck der brüderliche Zuneigung verriet, sprachen wir über seine Krankheit und die große Wahrscheinlichkeit, dass er nicht mehr lange bei uns sein würde. »Ich bin bereit zu gehen, wenn meine Zeit gekommen ist«, sagte er.

Als es Zeit wurde mich von ihm zu verabschieden, erinnerte ich Al an unsere damalige Vereinbarung: »Al, jeder Tag deiner Krankheit ist wie hundert Schritte. Hundert Schritte und Pause. Wieder hundert Schritte und Pause.«

Al ist der erste aus meinem engsten Freundeskreis, der gestorben ist. Er war ein Mensch mit Ausdauer.

Wer zu einem engen Freundeskreis gehört, wird auch zu höheren Maßstäben in seinem Leben als Christ angespornt. Wozu sind Beziehungen nütze, wenn sie uns nicht zu einem besseren Leben als Christ ermutigen?

Es ist »nett« in Freundschaften, in denen man, wie man so schön sagt, *man selbst* sein kann. Aber was ich wirklich brauche, sind Beziehungen, in denen ich ermutigt werde, *besser als ich selbst* zu werden. *Ich selbst* muss jeden Tag ein wenig wachsen. Ich will nicht das »ich selbst« sein, das ich gestern war. Ich will das »ich selbst« sein, das Jesus jeden Tag ähnlicher wird.

Stanley Jones schrieb von einer Situation, in der er auf einen Brief, den er von einem unbarmherzigen Kritiker bekommen hatte, eine Antwort zu Papier brachte. Durch den Brief gereizt, machte Jones seinen Gefühlen Luft. Er war verletzt und verteidigte sich. Er wollte ehrlich, sachlich und respektvoll sein. Bevor er den Brief abschickte, bat er seine Freunde, ihn zu lesen und ihm ihre Meinung dazu zu sagen.

Als er den Brief zurückbekam, sah er, dass einer seiner Freunde oben auf die Seite geschrieben hatte: »nicht demütig genug.« Jones war ein weiser Mann und vernichtete den Brief. Seine Freunde hatten ihn ermutigt, einen höheren Maßstab anzulegen.

Ich blicke auf die Jahre meines Lebens zurück und frage mich: »Welche Männer und Frauen schätze ich am meisten?« Wenn ich anfange die Namen aufzuzählen, entdecke ich, dass fast jeder von ihnen ein Mensch war der streng mit mir war, der von mir erwartet hat meinen Charakter und mein Verhalten stärker zu verbessern, als ich es selbst für nötig gehalten hätte.

In meinen alten Schulunterlagen ist eine Arbeit, die ich während meines Studiums für einen Professor geschrieben habe, der meine Liebe zum Schreiben gefördert hatte. Diese Arbeit war so schlecht, dass der Professor auf die letzte Seite geschrieben hat: »Wenn ich an Ihrer Stelle wäre, würde ich mich schämen, meinen Namen unter diese Arbeit zu setzen.«

Als ich ihn traf und ihn an diesen Kommentar erinnerte, den er vor vierzig Jahren geschrieben hatte, stöhnte er. Er wollte sich für seine Grobheit entschuldigen. Aber ich sagte ihm, dass ich genau das gebraucht hatte. Ich schreibe heute kein einziges Manuskript, ohne mich zu fragen: »Will ich meinen Namen unter diese Arbeit setzen?« Das ist das Geschenk, das ein Freund uns macht, wenn er uns herausfordert, unser Bestes zu geben.

Wenn wir zu einem engen Freundeskreis gehören, bringen wir gemeinsam besondere Dinge zustande, die wir allein nie geschafft oder nie so gut geschafft hätten. Das nennt man Synergie.

Ich habe das bei dem Projekt von *Habitat for Humanity* in Ungarn erlebt, von dem ich erzählt habe. Ungefähr dreißig Leute, die sich untereinander kaum kannten, kamen an einem Montagmorgen um halb sieben zusammen. Ein Bauleiter beschrieb uns unsere Aufgabe: Das Baumaterial nehmen, das zur Baustelle geliefert wird, ein Haus mit zwei Schlafzimmern bauen und am Freitag um 16.00 Uhr fertig sein, damit wir es eine halbe Stunde später einweihen und den neuen Bewohnern die Schlüssel überreichen können. Die künftigen Bewohner arbeiteten auch mit uns auf der Baustelle. Sie hatten eine neunjährige Tochter, die noch nie zuvor ein enges Zimmer gehabt hatte, geschweige denn in einer eigenen Wohnung gewohnt hatte.

Motiviert gingen wir ans Werk. Am Ende des ersten Tages stand das Grundgerüst des Hauses. Wir alle waren so sehr motiviert, dass wir wenig Interesse an Kaffeepausen oder Essenszeiten hatten. Wenn irgendeine Arbeit erledigt war, riefen wir sofort: »Wer braucht mich? Wer braucht mich?« In der einen Stunde leitete ich eine Gruppe bei irgendeiner Arbeit an. Eine Stunde später wurde ich von jemand anderem bei einer anderen Arbeit angeleitet. Keiner von uns hatte je so schwer gearbeitet, seine Arbeit so sehr genossen und sich so motiviert gefühlt, unser Ziel, um 16.00 Uhr am Freitagnachmittag fertig zu werden, zu erreichen.

Wir waren ein bunt zusammengewürfelter Haufen aus Büroangestellten, Forschern, Computerprogrammierern, ungeschickten Pastoren und ein paar Verkäufern. Aber mit jedem Tag wurden wir mehr ein »beglücktes Häuflein Brüder« (und Schwestern).

Am Freitagnachmittag hatten wir unser Ziel erreicht, und unser Bauteam stand im Halbkreis um die Haustür des gerade fertig gestellten Hauses. Wir waren Deutsche, Amerikaner, Südafrikaner, Israelis und Kanadier. Während der ganzen Woche hatten wir uns bemüht, die anderen mit unserem Durchhaltevermögen und unserer Stärke zu beeindrucken. Aber jetzt wischten sich alle die Tränen aus den Augen, als unseren ungarischen Freunden die Schlüssel überreicht wurden und ihre Tochter vor Freude tanzte, weil sie nun ein eigenes Zimmer bekam.

Ich will hinzufügen, dass wir mit unseren engen Freunden auch echten Spaß haben sollten. Es gibt ein Ehepaar (dessen Namen ich aus Rücksicht auf sie hier nicht nennen will), mit dem wir uns seit fast zwanzig Jahren monatlich treffen. Die Frauen sorgen dafür, dass wir ein halbes Jahr im Voraus die Termine in unseren Kalendern stehen haben, denn wir alle sind viel beschäftigt. Bei diesen Zusammenkünften wird viel gelacht, wir erzählen uns Geschichten und helfen einander, unsere Probleme zu lösen.

Der Druck in ihrem und auch in unserem Leben ist manchmal groß. Da ist der Druck, dem man als Leiter ausgesetzt ist, die Selbstzweifel bei schweren Entscheidungen, das Ringen um Mut, wenn Ziele erreicht werden müssen. Aber wenn wir vier uns treffen, vergessen wir diesen ganzen Druck für eine Weile, und wir tanken alle auf. Es wird viel gelacht, wir tauschen Erkenntnisse aus, und wir versprechen, füreinander zu beten. Eine Freundschaft, die zwanzig Jahre hält, ist unbezahlbar.

Noch ein Gedanke dazu: Ein enger Freundeskreis mit Jesus in der Mitte ist das wichtigste Zeugnis dafür, dass wir echte Nachfolger Jesu sind. »Daran wird jedermann erkennen, dass ihr meine Jünger seid, wenn ihr Liebe untereinander habt« (Johannes 13,35).

Vergessen wir das manchmal? Menschen mit Ausdauer nicht.

Kapitel 30

Es gibt bestimmte Menschen ...

In einem Buch aus dem Jahre 1987, *Jesus – Man of Prayer*, zitiert Margaret Magdalene Edward Farrell:

> Zuhören ist selten. *Es gibt bestimmte Menschen,* die wir treffen und bei denen wir das Gefühl haben, wir können mit ihnen sprechen, weil sie so ein gutes Hörvermögen haben; sie hören nicht nur Worte, sondern sie hören uns auch als Person. Sie machen uns fähig, auf einer Ebene zu sprechen, die wir nie zuvor erreicht haben. *Sie machen uns fähig, so zu sein, wie wir nie zuvor waren.* Wir werden uns nie wirklich selbst kennen, solange wir nicht Menschen finden, die zuhören können, die uns fähig machen, aufzutauchen, aus uns herauszugehen, zu entdecken, wer wir sind. Wir können uns nicht durch uns selbst entdecken (Hervorhebung durch den Verfasser).

Hören wir noch einmal, was Farrell sagt: »*Es gibt bestimmte Menschen (...), [die] uns fähig [machen], so zu sein, wie wir nie zuvor waren.*« Auf dem Weg zur Ausdauer ist es nötig, dass ich mein persönliches Leben mit einigen ganz besonderen Beziehungen bereichere. Wer ist in Ihrem Leben das »beglückte Häuflein Brüder« und Schwestern?

Im Mittelpunkt der Menschen in meinem Leben steht meine Frau Gail. Dass ich mit ihr durchs Leben gehen darf, ist Gottes größtes Geschenk für mich.

Daran muss ich oft denken, wenn ich mich neben sie auf das Sofa in unserem Wohnzimmer setze und wir miteinander die Abendnachrichten anschauen. Ich stelle fest, wie tief unsere Beziehung ist, in die wir uns beide stark investieren. Alle paar Minuten bewegt sich einer von uns und versucht, ein wenig näher an den anderen heranzurücken. Wenn die Nachrichten vorbei sind, reden wir oft über unseren Tag. Was ist passiert? Was haben wir gelernt? Vor welchen Herausforderungen stehen wir? Wo spricht in der ganzen Betriebsamkeit Gott zu uns? Und ich frage mich: *Kann es denn noch etwas Besseres geben?* Man könnte diese Minuten Augenblicke des Verweilens nennen, wenn wir, um es mit Edward Ferrells Worten auszudrücken, einander durch den anderen besser kennen lernen.

Der gemeinsame Weg, den Gail und ich gehen, trägt Narben durch eine einmalige, tiefe Verletzung, aber weitaus wichtiger ist, dass er mit unzähligen Freuden und Segnungen geschmückt ist. Wir kennen einander so gut, dass wir normalerweise die Sätze des anderen beenden können, die Entscheidungen des anderen vorhersagen können, die Bedürfnisse des anderen stillen, bevor er sie ausspricht.

So soll Intimität sein. Ursprünglich waren die Menschen vom Schöpfer so angelegt, dass sie die Intimität der Trinität widerspiegelten. »Ich bitte«, sagte Jesus zu seinem himmlischen Vater, »(...) [dass] sie alle eins seien. Wie du, Vater, in mir bist und ich in dir« (Johannes 17,20–21). Wir haben das Gefühl, ein kleines Stück davon zu kosten.

Niemand wird je an das herankommen, was Gott beabsichtigt hatte. Die ersten beiden Menschen in der Bibel waren nackt, ohne dass sie sich voreinander schämten (siehe 1. Mose 2,25). Das verrät eine Offenheit, die so tief war, dass beide dem anderen in die Seele schauen konnten. Gail und ich haben noch einen weiten Weg vor uns, bevor unsere Intimität sich mit solchen Worten beschreiben ließe, aber sie ist unser Ziel.

Menschen mit Ausdauer suchen diese Intimität. Sie wissen wie wichtig es ist, mit einigen engen Freunden durchs Leben zu gehen, zu denen sie tiefe persönliche Beziehungen haben, die ihnen immer wieder Kraft für das Rennen geben. Die Suche nach solchen engen Freunden gehört zu ihren obersten Prioritäten.

Beim Nachdenken über ein Leben mit Ausdauer habe ich mir neugierige Fragen über »enge Freundschaften« gestellt. Vielleicht liegt das mit daran, dass ich aus einem religiösen Hintergrund komme, in dem Beziehungen verwirrend und oft unbefriedigend waren. Die Erinnerungen an ein Leben in einer streitsüchtigen Umgebung, in der man sich nicht die Zeit nahm, einander zu verstehen, und keine Möglichkeit finden konnte, etwas Positives zum Leben der anderen beizutragen, haben mich mein ganzes Leben lang begleitet. Als ich erwachsen wurde, wollte ich herausfinden, wie ich daran etwas ändern könnte.

Ich habe meine Beziehungen untersucht, zu Gail, zu unserer Familie, zu unseren Freunden und zu denen, mit denen wir zusammenarbeiten. Ich habe versucht, die Schlüsselelemente all dieser Beziehungen herauszufinden. Was kann ich geben? Und was brauche ich?

Ich habe meine Suche nach engen Freunden in Fragen formuliert. Die folgenden Fragen wurden mir dabei besonders wichtig. Ich habe gefragt:

- »Wer ist mein Coach?«

»Coach« ist ein anderes Wort für »Trainer«, »Lehrer« oder »Mentor«. Mir gefällt es, weil es das Bild von einem älteren, weiseren, erfahreneren Menschen ist, der an der Seitenlinie meines Lebens steht, mich beobachtet und dabei ein großes Bild vor Augen hat. Ein Coach versucht nicht, für seine Sportler das Rennen zu laufen. Aber er legt die Maßstäbe für das Rennen fest und beurteilt nach dem Rennen unsere Leistung.

Ich habe dieses Buch mit der Beschreibung von meinem Ideal eines Trainers begonnen: Marvin Goldberg. Er war der erste von mehreren Trainern in meinem Leben.

Ich kann mir das Leben nicht ohne Trainer oder Mentor vorstellen, einem Menschen, der mir Stabilität und Rückhalt gibt. Der Trainer ist ein Mensch, dessen Wort und dessen Meinung wir vertrauen können. Er ist der Mensch, der uns das ehrlichste Bild von uns selbst zeigt. Schließlich ist er auch derjenige, der wahrscheinlich am besten beurteilen kann, wie weit wir es bringen können.

Ich erinnere mich gern an einen meiner Mentoren, Chet Amsden, der inzwischen zu Jesus heimgegangen ist. Als ich Pastor einer Gemeinde in Neuengland wurde, die sich *Grace Chapel* nannte, war Chet Amsden Vorsitzender des Leitungsgremiums der Gemeinde. Beruflich arbeitete Amsden in einem großen Konzern, aber ich denke, insgeheim arbeitete er für *Grace Chapel.*

Ich war erst zweiunddreißig, als ich in Lexington, Massachusetts, ins Gemeindeleben hineintrat, und ich brauchte einen Mentor – jemanden, der mich mit allem vertraut machen konnte, der mich auf die Gefahrenstellen der Organisations- und Verwaltungsarbeit hinweisen konnte, der missbilligend den Finger hob, wenn ich Zeichen von Unreife zeigte.

Chet Amsden gehörte zu den Leuten, die einem eine Schachtel Pfefferminzbonbons reichten, wenn man sie brauchte, weil man mit Leuten sprechen und beten sollte. Er konnte einem die Art von Fragen stellen, die dafür sorgten, dass man bestens vorbereitet zu Sitzungen kam. Und er scheute sich nicht, die Logik einer Predigt in Frage zu stellen, wenn er das Gefühl hatte, dass sie mehr »Substanz« vertragen könnte. Aber über das alles hinaus war er auch der erste der mich lobte, wenn ich etwas richtig gemacht hatte. Ich wusste immer genau, wo ich mit der Gemeinde von *Grace Chapel* stand, solange Chet Amsden mein Mentor war.

Der Autor, der mich am meisten inspiriert hat, Elton Trueblood, schrieb über seinen Mentor:

Immer wenn ich schreibe, versuche ich, mir den strengen Standard vor Augen zu halten, den mein Lehrer, Professor Arthur O. Lovejoy, demonstrierte und erwartete. Nach seinem Tod sagte einer seiner früheren Studenten: »Wenn seine Augen auf dich gerichtet waren, wogst du deine Worte zweimal ab, bevor du sie kundtatest. Seine Anwesenheit ließ keine unüberlegten Gedanken, keine intellektuelle Angeberei und kein oberflächliches Gerede zu.«

Wer will schon ohne die Disziplin durch einen solchen Mann oder einer solchen Frau durchs Leben gehen? Ist so jemand zu finden?

Ich muss Ihnen sagen, dass ich nie Probleme hatte, einen zu finden. Schüler und Lehrer finden einander. Jeder der Fragen hat, findet Menschen mit Antworten.

Abraham Joshua Heschel schrieb:

Was wir mehr als alles andere brauchen, das sind nicht Lehrbücher sondern Lehrer. Die Persönlichkeit des Lehrers ist der Text, den die Schüler lesen; der Text, den sie nie vergessen werden.

Mose war vierzig Jahre lang Josuas Mentor. »Schreib diese Dinge auf«, sagte Gott einmal zu Mose, »damit er hat, was er braucht, wenn du nicht mehr da bist« (meine Übertragung). Das ist der erste Mensch, den ich unter meinen »glücklichen Wenigen« suche: der »alte Freund«, dem daran liegt, wohin ich gehe. Aber wenn ich es mir recht überlege ... bin ich jetzt mehr oder weniger für einige, die auf der Suche nach einem Mentor sind, dieser »alte Freund«. Das ist für mich sehr ernüchternd.

- »Wer erweitert mein Denken?«

Zu den engen Freunden in meinem Leben gehören einige Denker, Männer und Frauen, die sich nicht scheuen, mein Denken mit anderen Ansichten als ich sie habe in Frage zu stellen. Sie fordern mein politisches Denken heraus, meine Theologie, meine Selbstsicherheit in Bezug auf die Richtung, in die mein Leben geht, meinen Leitungsstil, die Leitgedanken in meinem Leben. Sie versorgen mich mit Buchtiteln und Zeitschriftenartikeln; sie machen mich auf Ereignisse in der Welt aufmerksam; sie führen mich in Themenbereiche ein, von denen ich keine Ahnung hatte, dass es sie überhaupt gibt. Und sie lassen mich oft zusammenzucken, wenn sie mir die vielen Facetten meiner Unwissenheit offenbaren ... was mir ganz gut tut.

Genauso wie Marvin Goldberg mich früher bei der Entwicklung meines Körpers vorantrieb, treiben mich diese »Denktrainer« an, in meinem Denken zu wachsen und mich weiter zu entwickeln. Sie lassen mich nicht so leicht mit intellektueller Oberflächlichkeit davonkommen.

- »Wer hört meinen Träumen zu und macht mir auch Mut zu träumen?«

Ein Merkmal des Menschen ist seine Fähigkeit, sich Möglichkeiten vorzustellen und darüber nachzudenken, was morgen sein könnte. Dies geschieht am besten in der Gesellschaft von Freunden, die bereit sind zuzuhören.

Träume sind keine intellektuellen Annahmen, die bewiesen werden müssen. Träume sind etwas für Visionäre; sie sind wild, ungewöhnlich, häufig furchtbar, gelegentlich gut. Ich war mein ganzes Leben lang ein Träumer. Zu sehr ein Träumer, sagte einer meiner Lehrer oft. Als romantischer Träumer erntete ich viel spöttisches Gelächter von Menschen, die keine Geduld mit Menschen hatten, die Luftschlösser bauten.

Ich erinnere mich an das hämische Grinsen, das sich breit machte, als ich das erste Mal versuchte, etwas vorzulesen, das ich selbst geschrieben hatte. Sicher hatte es den Spott verdient, aber Spott entmutigt viele, die es wagen zu denken, dass es Gaben und Visionen und Möglichkeiten geben könnte, an die bis jetzt niemand gedacht hat.

Deshalb ist es wichtig, einige Menschen im Leben zu haben, die unseren Träumen zuhören und uns zeigen, wo wir sie vielleicht verwirklichen können.

Ich bin überzeugt, dass der erste Grund, warum ich mich in Gail verliebt habe, ihre Bereitschaft war, meinen Träumen zuzuhören. Die Mädchen mit denen ich vorher ausgegangen war, verdrehten oft die Augen, wenn ich es wagte, über die Zukunft und meine Ziele zu sprechen. Sie machten keinen Hehl aus ihren Zweifeln, ob aus mir je etwas werden würde. Aber als Gail und ich uns unterhielten, sagte sie: »Ich kann mir gut vorstellen, wie das wahr werden könnte ... Das klingt großartig. Gott könnte das wirklich segnen.« Ich liebte sie dafür.

»Deine Träume sind ziemlich teuer«, sagte Gail gelegentlich. Aber das war nur liebevolles Necken. Ich wusste, dass sie hinter mir stand, dass sie in meinen ganzen verrückten Träumen die Möglichkeit für ein Leben im hauptamtlichen Dienst sah. Gemeinsam haben wir seitdem jene Träume (und noch viele mehr) wahr werden sehen.

Auf der Suche nach einem »beglückten Häuflein Brüder« sollte man sich auch fragen:

- »Wer wird mich beschützen?«

Gemeint ist der Freund, der nicht zulässt, dass andere schlecht oder die Unwahrheit über mich reden. Wenn man einen Fürsprecher braucht, einen Menschen, der dafür sorgt, dass andere hören, was wirklich mit einem los ist, ist der *Beschützer* derjenige, der dafür sorgt, dass die Wahrheit gesagt wird.

In der Bibel erwies sich Barnabas als ein solcher Mensch. Als die Christen in Jerusalem mit dem neu bekehrten Saulus von Tarsus nichts zu tun haben wollten, setzte sich Barnabas als sein Fürsprecher für ihn ein. Er war derjenige, der Saulus in die christliche Gemeinde einführte und sich für ihn verantwortlich fühlte.

Als die neu entstandene Gemeinde in Antiochia einen Hirten brauchte, ging Barnabas in Saulus' Heimatstadt Tarsus, suchte ihn, brachte ihn nach Antiochia und setzte ihn als Hirten ein. Dank Barnabas' Einsatz wuchs eine Gemeinde.

Als Barnabas' Neffe, Johannes Markus, bei seiner allerersten Missionsreise, zu der Saulus (Paulus) und Barnabas ihn mitnahmen, den Test nicht bestand, setzte sich Barnabas später für den jungen Mann ein und verlangte, dass man ihm eine zweite Chance geben sollte.

Barnabas war ein solcher beschützender Freund, von dem ich hier spreche. Ob es Saulus von Tarsus, die Gemeinde in Antiochia oder Johannes Markus war, Barnabas schaute immer darauf, was für die anderen das Beste war.

In einem seiner ersten Bücher, *Ich hörte auf die Stille*, berichtet Henri Nouwen von seiner Arbeit in der Kloster-Bäckerei der Abtei *Genesee*. Plötzlich, so sagt er, schaltete einer der Mönche, mit denen er arbeitete, die Maschine aus. Er hatte ein Geräusch gehört, das ihm verriet, dass ein Stein unter den Rosinen war. Er musste gefunden werden, beharrte er, da er verheerende Folgen haben könnte, falls sich jemand beim Kauen des Brotes einen Zahn abbräche.

Es erschien unmöglich, sagte Nouwen, unter den Millionen Rosinen in dem badewannenartigen Behälter einen so kleinen Stein zu finden. Aber die Mönche ließen nicht locker. »Wir müssen sie [die Rosinen] nochmals durchlaufen lassen, bis wir den Stein finden.«

Millionen von Rosinen liefen zum zweiten Mal durch die Maschine, und als ich die Hoffnung gerade aufgegeben hatte, (...) klickte etwas. (...) Da war er! Ein kleiner, violett schimmernder Stein, genauso groß wie eine Rosine.

Auf eine eigenartige Weise hatte dieser Vorfall für mich große Bedeutung. Gestern habe ich Granitsteine aus dem kleinen Fluss geschleppt. Heute haben wir einen kleinen Stein unter Millionen von Rosinen gesucht. Ich war beeindruckt, nicht nur von Theodores wacher Aufmerksamkeit, sondern mehr noch von seiner Entschlossenheit, den Stein zu finden und keinerlei Risiko einzugehen. Er ist wirklich ein sorgfältiger Diagnostiker. (...)

Und ich habe über Reinheit und Reinigung nachgedacht. Selbst dieses Steinchen, das genauso ausschaut wie alle diese wohlschmeckenden Rosinen, musste herausgefischt werden. Meine eigenen kleinen Sünden kann ich noch nicht einmal erkennen; aber es tröstet mich zu wissen, dass da einer ist, der sorgfältig auf mich Acht hat und die Maschine ausschalten wird, wenn er einen Stein unter den Rosinen hört. Das nennt man liebevolle Sorge!

• »Wer von meinen engsten Freunden teilt meine Tränen?«

Drei Evangelisten erzählen die Geschichte von Maria von Bethanien, die einen oder zwei Abende bevor Jesus festgenommen und gekreuzigt wurde, teures Öl auf seine Füße und sein Haupt goss. Man gewinnt den Eindruck, dass alle anderen im Raum, einschließlich der Jünger, das nicht so gut fanden. »Warum diese Verschwendung?«, fragte Judas – wahrscheinlich aus ganz eigenen Beweggründen.

Meine Frau hat mich oft darauf aufmerksam gemacht, dass Maria die Einzige im Raum war, die verstand, was Jesus durchmachte. Irgendwie hatte sie seine zunehmende Anspannung und innere Traurigkeit gespürt, als die furchtbare Stunde immer näher rückte. Sie allein teilte seine Tränen.

Jesus wusste, dass sie ihn verstand. »Sie hat meinen Leib im Voraus gesalbt für mein Begräbnis«, sagte er (Markus 14,8). Während dieser gesamten letzten Woche gab es keinen einzigen Menschen, der die leiseste Ahnung davon hatte, dass Jesus der Kampf seines Lebens bevorstand. Sie begriffen es einfach nicht! Nur Maria verstand es.

Menschen mit Ausdauer gehören nie zu denen, die nur jammern und sich beklagen. Aber trotzdem vergießen sie in schweren Zeiten Tränen. Wer ist uns nahe genug, um zu wissen und zu spüren, wann wir jemanden brauchen, der mit uns weint? Es gibt Zeiten, in denen wir jemanden brauchen, der uns aufmuntert, der uns einen liebevollen Klaps gibt oder der uns einen Rippenstoß versetzt, aber es gibt auch Zeiten, in denen wir ermutigt werden müssen, uns eine Weile hinzulegen und die Tränen zuzulassen. Wer tut das für Sie?

Gott hat das für Elia getan, als dieser sich erschöpft in die Wildnis zurückzog. Elia hatte mit großer Vollmacht auf einem Berg gestanden und hatte die Baalspriester gedemütigt. Ein ganzes Volk war Zeuge der großen Macht Gottes geworden.

Wir reden viel davon, warum er vor den Drohungen der Königin Isebel kapitulierte, ohne uns klar zu machen, dass dieser Mann völlig ausgelaugt gewesen sein muss, als er auf dem Berg fertig war. Er hatte diese Auszeit in der Wildnis dringend nötig. Ob alles richtig war, was er sagte, ist nicht so wichtig wie die Tatsache, dass Gott ihm Raum gab und dafür sorgte, dass er Essen, Trinken und Schlaf bekam. Erst danach lehrte ihn Gott die eine oder andere Lektion. Dann muss man sich fragen:

- »Wer weist mich zurecht?«

Wer ist in unserem großen Bekanntenkreis, der uns so sehr liebt, dass er uns korrigiert?

In ihrer Biographie über Oliver Wendell Holmes erzählt Barbara Tuchman eine der Lieblingsgeschichten des Richters über ein Waisenkind, das dem Kaiser oft die Zunge herausstreckte, wenn er vorbeikam. Das Kind machte den Kaiser wütend. Wir müssen »immer jemanden haben, der uns erinnert, dass unsere Krone nicht fest auf unserem Kopf sitzt«, sagte Holmes gern.

1722 schrieb Jonathan Edwards in sein Tagebuch:

Wir müssen bedenken, dass andere immer irgendwelche Fehler finden, die wir selbst nicht sehen, oder die uns wenigstens nicht ganz bewusst sind: Es gibt viele heimliche Machenschaften von Verderbtheit, die unserem Blick entgehen und die nur andere erkennen. Ich beschloss deshalb, dass ich, wenn es mir irgend möglich ist, erfahren will, welche Fehler andere an mir finden, oder welche Dinge sie in mir sehen, die anklagenswert, nicht liebenswert oder unangebracht sind.

Wenige Jahrzehnte später – 1783, um genau zu sein – schrieb Charles Simeon seinem Freund Henry Venn von einer Zurechtweisung, die er von einem anderen Pastor bekommen hatte. Simeon war wegen einer schlampigen Predigt getadelt worden, und er nahm die Kritik gut auf. Er schrieb an Venn:

Was für ein Segen – was für ein unschätzbarer Segen ist es, einen treuen Freund zu haben! Satan zeigt uns nur allzu gern, was wir Gutes haben; aber nur ein treuer Freund entfernt das aus unserem Blick und zeigt uns unsere Unzulänglichkeiten. Unser großer Abfall von Gott besteht anscheinend hauptsächlich darin, dass wir uns selbst zum Gott machen; und derjenige ist der wertvollste Freund, der uns am meisten von der Selbstsuche – dem Selbstgefallen – und der Selbstgenügsamkeit fortholt und uns hilft, Gott wieder die Autorität einzuräumen, die wir ihm gestohlen haben.

An anderen Stellen habe ich von den Zurechtweisungen berichtet, die ich bekommen und nicht vergessen habe. Die strengsten

Zurechtweisungen in meinem Leben kamen jedoch von Gail. »Gott hat dir in Gail ein mächtiges Geschenk gegeben«, sagte der Mann, der mich mit ihr bekannt machte. »Sie wird dich viele Dinge lehren, die du wissen musst, wenn du bereit bist, ihr zuzuhören. Sei nicht wie so viele Männer, die den Menschen die ihnen am nächsten stehen, nicht zuhören und von ihnen nichts lernen können.« Meistens habe ich ihr wirklich zugehört und davon profitiert. Wenn ich nicht auf sie hörte, war es zu meinem eigenen Schaden.

- »Wer von meinen engsten Freunden spielt mit mir?«

Klingt das in einem eher ernsten Buch über ein Leben mit Ausdauer nicht nach einer harmlosen Frage? Glauben Sie mir: Es ist eine wichtige Frage, und sie muss laut gestellt werden. Spielen! Das Wort, von dem das englische Wort für »Spielen« abstammt, hat viel mit Lernen zu tun. Ein gutes Spiel ist eine Lernerfahrung.

Spielen kann für zwei Menschen Mitte sechzig ein guter Film sein, ein gemeinsames Essen in einem Restaurant, eine Bergwanderung, eine Lieblingssendung im Fernsehen. Es ist ein Moment am Tag, in dem alle Arbeit ein Ende findet, in dem das Gespräch sich nicht um die Arbeit dreht und in dem ein Auftanken des Körpers und der Seele oberste Priorität hat.

Wie ich schon in einem früheren Kapitel sagte, haben wir dieses Spielen fast verlernt, als unsere Kinder von Zuhause auszogen und ihr eigenes Leben aufbauten. Jahrelang hatten wir an der Seitenlinie gestanden und ihnen bei ihren Spielen zugeschaut und sie angefeuert. Wir hatten jeden Abend die Zeit am Esstisch genossen, wenn die Familie zusammenkam und miteinander aß und sich unterhielt. Wir mochten die Freunde die sie mit nach Hause brachten und die den Abend bei uns verbrachten. Dann war das alles plötzlich vorbei gewesen, und uns war nicht bewusst, dass wir neu lernen mussten, auf andere Art und Weise zu spielen.

Wir lieben die kostbaren Augenblicke, in denen wir mit unseren Freunden gemeinsam ins Kino oder in ein Konzert gehen oder in einer anderen Stadt übernachten. Wir schicken uns lustige Karten, schreiben uns E-Mails, rufen einander an – alles Mittel, um Freude und Leichtigkeit in unser Leben zu bringen, das sonst ein schweres, ernstes Leben sein könnte.

Wir haben Zeit gebraucht, um diese neuen Wege zu lernen. Und es gibt immer noch Zeiten, in denen es uns schwer fällt, weil so viel zu tun ist und so wenig Zeit dafür bleibt. Wir dürfen nicht zulassen, dass der Ernst des Lebens unser Bedürfnis nach Entspannung überrollt.

Eine letzte wichtige Frage muss gestellt werden, wenn wir die Bestandteile einer engen Beziehung untersuchen.

- »Wer von unseren engsten Freunden sucht mit uns Gott?«

Als Christen müssen wir unsere Beziehungen unter dem Gesichtspunkt betrachten, dass geistliche Ziele ein Teil unseres Lebens sind. Gemeinsam beten, wachsen, dienen.

Als ich jünger war, tat ich mich damit schwer. Wie so viele fühlte ich mich nicht wohl, sogar irgendwie albern, wenn ich meine Frau oder meine Freunde zum gemeinsamen Gebet auffordern sollte. Vielleicht hatte es etwas mit meinem männlichen Stolz zu tun. Bei den Männern die ich kannte, ging es mir auch nicht besser. Die Menschen die mir am nächsten standen, waren alle bekennende Christen. Wir verhielten uns auf eine Weise, die man als christlich bezeichnen konnte. Aber es war schwer, persönlich über unseren Glauben zu sprechen. Es war fast so, als wäre Gott der Elefant im Raum, bei dem niemand wusste, wie er ihn beschreiben sollte.

Als Ehepaar oder mit Freunden gemeinsam zu beten war damals nicht leicht für uns. Wahrscheinlich weil man durch das Gebet anerkennt, dass man abhängig und schwach ist, und weil wir verwundbar werden, wenn wir in persönlichen Beziehungen anfangen, miteinander zu beten.

Die meisten Männer haben Mühe, die traditionellen Gebete zu sprechen. Die Worte die üblicherweise in den meisten Gebeten verwendet werden, kommen in der Alltagssprache einfach nicht vor. Außerdem zögern Männer zu beten, weil sie Angst haben, dass sie damit Teile ihres Innersten öffnen, die sie gern verschlossen halten wollen.

Die Tiefpunkte in meinem Leben lösten dieses Problem für mich, denn es kamen Zeiten, in denen ich meine Schwächen nicht verbergen und so tun konnte, als wäre bei mir alles in Ordnung. Meine Schwächen verrieten mich, und es wurde höchste Zeit, mich an die wichtigste Person in meiner Welt, Gail, und an meine Freunde zu wenden und zu sagen: »Ich brauche euer Gebet.«

Inzwischen sind in unserer Ehe der tägliche Austausch über Erkenntnisse, Tagebucheinträge, Gebete und Eindrücke was Gott von uns will, ein normaler Teil unseres gemeinsamen Lebens geworden. Verschwunden ist die Unsicherheit, die Angst sich zu blamieren, die Sorge ich könnte nicht so reif erscheinen, wie ich es eigentlich sein sollte.

Wenn in der Gruppe, mit der wir uns monatlich treffen, die Zeit kommt, in der wir uns voneinander verabschieden müssen, treten wir in die Gegenwart des Vaters. Das Gespräch an diesem Abend hat uns alles gesagt, was wir aus dem Leben der anderen wissen müssen. Wir wissen, wessen Enkelkinder Gebet brauchen, wer zum Arzt muss, wer ein herausforderndes Projekt im Reich Gottes angefangen hat. Wir wissen, wer unter Termindruck steht, wer Weisheit braucht, wer sich auf eine Reise freut. Und wir beten leidenschaftlich füreinander. Wir bringen einander vor Gott.

»Es gibt bestimmte Menschen (...), [die] uns fähig [machen], so zu sein, wie wir nie zuvor waren«, schreibt Edward Farrell. Das sind die »glücklichen Wenigen.« In ihrer Gesellschaft finden wir Ausdauer.

Ein Brief, den ich gern geschrieben hätte

Lieber Marvin,

ich habe ein Buch geschrieben, das dich zu einem Helden macht ... auf jeden Fall zu meinem Helden. Ich kenne dich gut genug, um zu wissen, dass du mich auffordern würdest, alles noch einmal durchzugehen und alle Hinweise auf dich und deine Rolle in meinem Leben zu streichen. Du warst nie jemand, der gern im Rampenlicht stand. All deine großen Leistungen hast du im Leben anderer Menschen vollbracht.

Aber Paulus fordert uns auf, auf die Menschen zu achten, die ein gottesfürchtiges Leben führen, und von ihnen zu lernen. Dieses Buch war meine Art, dieser Aufforderung zu gehorchen, lieber Marvin.

Als ich dir im Herbst 1954 das erste Mal begegnete, war ich ein Junge, der kaum die Pubertät hinter sich hatte. Als ich mich im Juni 1957 von dir verabschiedete, war ich fast schon ein Mann. Bei unserer ersten Begegnung nannte ich dich »Sir«. Nachdem ich mein letztes Rennen für dich gelaufen war, ludst du mich ein, dich Marvin zu nennen.

Mich erinnert das an den Tag, an dem Jesus zu seinen Jüngern sagte: »Ich sage hinfort nicht, dass ihr Knechte seid; denn ein Knecht weiß nicht, was sein Herr tut. Euch aber habe ich gesagt, dass ihr Freunde seid; denn alles, was ich von meinem Vater gehört habe, habe ich euch kundgetan« (Johannes 15,15).

Danke, Marvin, dass du mich durch dein Training zu einem Läufer und später auch noch zu deinem Freund gemacht hast.

Ich habe fünfzig Jahre gebraucht, Marvin, um zu begreifen, dass meine Lebenseinstellung sich auf der Aschenbahn und beim Crosslauf in *Stony Brook*, wo du deine Mannschaften trainiert hast, herauskristallisiert hat. Ich glaube, es gab seit jenem ersten Mal, als ich zu dir an die weiße Anschlagtafel kam, keinen Tag, an dem ich nicht auf die Prinzipien zurückgegriffen hätte, die ich in jenen Tagen von dir gelernt habe.

Jetzt weiß ich, dass mein Wunsch, ein Mensch mit Ausdauer zu sein, von dir geweckt worden ist. Du warst derjenige, der immer betont hat, dass Gewinner in der zweiten Hälfte des Rennens zeigen, aus welchem Holz sie geschnitzt sind. Du hast den Sportler geliebt und geachtet, der mit voller Kraft über die Ziellinie lief.

Ich bin heute weit in der zweiten Hälfte meines Lebensrennens, und ich glaube inzwischen, dass dies die Zeit ist, in der jemand wie ich seine beste Arbeit für das Reich Gottes leistet und am stärksten Jesu Charakter in seinem Leben widerspiegelt. Du hast mich gelehrt, so zu denken, Marvin.

Danke, dass du mir beigebracht hast, das große Bild meines Lebens zu sehen und zu schätzen, und zu erkennen, wie wichtig es ist, eine große Richtung im Leben zu haben, die durch Gottes Berufung vorgegeben wird.

Danke, dass du mir klar gemacht hast, wie wichtig es ist, nicht in der Vergangenheit zu leben, außer um aus unseren Erfahrungen zu lernen.

Und danke, dass du immer wieder betont hast, wie wichtig Selbstdisziplin ist, und dass du mir klar machtest: Wenn ich mich selbst fordere, werde ich nicht nur ein Sportler, sondern auch ein Mensch, den Gott mit seinem Geist erfüllen und gebrauchen kann.

Schließlich, Marvin, danke ich dir dafür, dass du mich hast begreifen lassen, wie viel Stärke man durch eine Mannschaft bekommt – durch ein beglücktes Häuflein Brüder und Schwestern.

Du bist jetzt im Himmel, Marvin, und ich kann nicht zu dir gehen und dir sagen, wie viel du mir in meinem Leben bedeutet hast.

Aber ich kann schreiben und erzählen, welche Spuren du in meinem Leben hinterlassen hast, und ich hoffe, dass sich dadurch das Leben der Menschen, die dieses Buch lesen, verändert. Ich stelle immer wieder fest: Du gehörtest zu den Menschen mit der größten Ausdauer, die ich je gekannt habe.

Ich danke Gott für Sie, Sir,

Gordie

Über den Verfasser

Gordon MacDonald ist seit über vierzig Jahren Pastor und Autor. Er ist Redakteur des *Leadership Journal* und Vorsitzender von *World Relief.* Gordon MacDonald wandert gern mit seiner Frau Gail oder mit seinen fünf Enkeln in den Bergen Neuenglands oder in der Schweiz.